동물은
전쟁에
어떻게
사용되나?

Animals and War : Confronting the Military-Animal Industrial Complex

By Anthony J. Nocella II, Colin Salter, and Judy K. C. Bentley

First published in the United Sates by Lexington Books., Lanham, Maryland U.S.A.
This translation done by arrangement with the publisher. All rights reserved.

Korean translation copyright ©2017 by Bookfactory Dubulu.

동물은 전쟁에 어떻게 사용되나?

Animals and War : Confronting the Military-Animal Industrial Complex

고대부터 현대 최첨단 무기까지, 우리가 몰랐던 동물 착취의 역사

앤서니 J. 노첼라 2세, 콜린 설터, 주디 K. C. 벤틀리 엮음·곽성혜 옮김

 **추천사**

이런 책 덕분에 언젠가 우리는 더 이상 "서로 존중합시다. 우린 다 인간이잖아요."라고 말하지 않아도 될 것이다. 대신에 이렇게 말할 것이다. "서로 존중합시다. 우린 다 같은 생명이잖아요. 평화는 아침 식탁에 무엇이 오르는가와 함께 시작된답니다."

잉그리드 뉴커크Ingrid Newkirk, *Free the Animals* 저자

획기적인 이 책에서 대표적인 동물권 활동가들과 평화 전쟁반대 활동가들은 비판적 동물 연구와 평화 연구 사이의 중요한 연결고리를 결정적으로 밝혀냈다. 학자이자 활동가인 이 책의 저자들은 군대의 동물착취에 저항하는 최전선에 섰다. 사회정의를 위해 투쟁하는 교육가, 활동가들은 모두 이 책을 읽어보시기를!

피터 맥라렌 박사Dr. Peter McLaren, 캘리포니아 대학교 교육과 정보 연구 대학원 교수

이 책은 행동주의, 사회정의, 평화 연구에 훌륭하고도 독창적인 기여를 했다. 모든 이에게 깨우침을 주는 책이다!

제이슨 델 간디오 박사Dr. Jason Del Gandio, *Rhetoric for Radicals: A Handbook for 21st Century Activists* 저자

전쟁에 반대하는 사람, 동물해방을 위해 싸우는 사람, 이 둘을 모두 하는 사람이 꼭 읽어야 할 중요한 책이다. 이 연구 모음집은 동물이 도구로 이용되는 현실, 인간이 끝없이 일으키는 전쟁의 희생물로 전락하는 현실을 강력하게 폭로하고

있다. 만일 어떤 책이 동물해방운동을 '단일 쟁점'이라는 부당한 분류 너머로 끌어올릴 수 있다면 바로 이 책이다. 이 책은 학대, 착취, 지배의 징후가 전쟁 시기에 뒤얽히는 방식에 모두 주목해야 한다고 요구하고, 군·동물 산업 복합체라는 기구를 망가뜨리는 매우 긴요한 구호로 기능한다.

킴 소샤 박사Dr. Kim Socha,
Women, Destruction and the Avant-Garte: A Paradigm for Animal Liberation 저자

물질을 생명, 인간보다 더 중시하는 듯 보이는 세상에서 이 책은 아무도 귀 기울이지 않는 동물의 목소리, 그저 전쟁을 계속하기 위해 비인도적인 방식으로 취급되는 동물의 목소리를 대중의 관심 속으로 끌어들인다. 이 책은 매우 드문 연구 분야에 대한 긴요한 통찰을 제공한다. 동물 연구와 폭력을 다룬 최고의 책이다.

대니얼 화이트 호지 박사Dr. Daniel White Hodge,
청년사역연구 센터 소장, 노스 파크 대학교 청소년과 대중문화학부 조교수

이 책은 전쟁에 대한 일반적인 우려를 넘어선다. 인간 고통에 머무르는 일반적인 이해와 우려를 더욱 증폭시켜 가장 인간적이고 파괴적인 실행인 전쟁이 다른 동물에게 미치는 영향을 올바르게 진단한다.

토비 밀러 박사Dr. Toby Miller, *Makeover Nation: The United States of Reinvention* 저자

전쟁의 끔찍한 파괴력을 생각할 때 전쟁의 참상이 인간에게만 미친다고 생각하기 쉽다. 하지만 이 책은 동물 역시 예로부터 전쟁의 '도구'인 동시에 희생물이 되어 왔고, 이런 흐름은 고도의 과학기술 시대인 현재까지 계속될 위기에 처했다는 매우 긴요한 관점을 제시한다. 이전까지 도외시되었던 영역을 조명하는 중요한 저작이다.

데이비드 P. 바라시Dr. David P. Barash,
Approaches to Peace: A Reader in Peace Studies 편집자

이 책은 전통적인 반군사주의에 내재된 인간중심주의를 폐기하고 현대의 군사주의가 형성되어 온 뿌리 깊은 토대 자체를 폭로한다. 저자들이 자세히 기술하

듯이 '덜 중요한' 종들의 삶은 전략적 유용성이라는 명목 아래 너무나 철저하게 폄하되어 왔다. 이러한 폄하는 '덜 중요한' 인종, 국가, 민족만이 아니라 모든 형태의 생명에게도 적용되었다. 우리가 직면하고 있는 사회역학의 치명적 특성을 이 책을 통해 알 수 있게 될 것이다.

워드 처칠Ward Churchill, A Little Matter of Genocide 저자

이 책은 인간 쇼비니즘(배타적 애국주의)이 동물에게, 그리고 실제로는 지구 전체에 미치는 철저히 파괴적인 결과에 대해 경이로울 정도로 적나라하게 탐구한다. 이론적 깊이와 너비 면에서 매우 비범하고, 조직화된 죽음과 고통의 물질적 현실을 다루는 면에서도 보기 드물게 탁월하다. 그러면서도 희망과 행동을 모두 불러일으키는 데 성공했다.

데이비드 나기브 펠로 박사Dr. David Naguib Pellow, 미네소타 대학교 사회학부 교수

전쟁은 인간의 고통이라는 것만으로는 그 사악함을 다 설명할 수 없다. 이 책은 평범한 관점 속에 숨어 있는 무시무시한 현실을 고발한다. 군산 복합체가 동물을 대대적으로 강제동원 하고 고문하는 현실 말이다.

크리스 한나Chris Hannah, 펑크 록 밴드 프로파간디Propagandhi 리더

훌륭하다! 환하게 불타오르는 이 책의 핵심 주장들은 독자가 이 도전적이고 시기적절하며 귀중한 문헌을 다 읽고 난 뒤에도 오랫동안 잊을 수 없을 진실을 밝혀 준다.

리처드 J. 화이트 박사Dr. Richard J. White, Journal for Critical Animal Studies 편집자

탁월한 책이다. 이 책은 전쟁 속에서, 평화 속에서 우리 인간이 어떻게 다른 모든 종을 지배하고 착취하고 참혹하게 학대하는지 그 끔찍한 방식들을 입증하는 독보적인 저작이다.

피어스 번 박사Dr. Piers Beirne,
Confronting Animal Abuse와 그 밖에 법과 범죄학에 관한 책의 저자

인간 종이 다른 동물을 착취하는 간담 서늘한 방식을 폭로하고 비판하고 있다.

로니 리Ronnie Lee, 동물해방 활동가, 동물해방전선 설립자

동물이 사회와 군대에 제공하는 중요한 공헌은 피와 착취이다. 강제된 동물들의 공헌에 대해 이 책은 전체론적이고 깊이 있는 분석을 제공한다. 새롭게 떠오르는 연구 분야 가운데 최고의 분야인 비판적 동물 연구와 평화 연구의 새로운 발걸음이다.

제이슨 J. 캠벨 박사Dr. Jason J. Campbell, 제노사이드 의식과 응용연구협회 창립자이자 대표

차례

서문

동물학대 문제에서
결백하고 무고한 사람이 있을까?

고등학교나 대학, 로스쿨에서 평화 연구 수업을 할 때 나는 토론을 시작하기에 앞서 학생들에게 동물이 인간에게 희생되는 다양한 방식을 아는 대로 읊어 보라고 요청한다. 대답은 오래 걸리지 않는다. 1분이면 긴 목록이 만들어진다. 주로 음식, 의복, 취미, 장신구, 로데오, 경마, 경견, 투우, 투견, 서커스, 동물원, 사냥, 밀렵, 오락, 실험, 과학 연구 등이 꼽힌다. 하지만 누구도 군사주의를 입에 올리면서 국방부Department of Defense, 한때 타당하게도 전쟁부Department of War라고 불렸던 조직이 어떻게 국가 안보라는 명목으로 동물을 고문하고 죽이는지 이야기하는 것은 한 번도 들어본 적이 없다.

다들 잘 모르는 것이 당연하다. 동물에게 가해지는 군사 폭력에 대해 오프라인에서든 온라인에서든 미디어가 보도하는 일이 거의 없기 때문이다. 어쩌다 보도되어도 군대에 우호적인 내용일 공산이 크다. 1990년대 초, CBS의 〈식스티미니츠60minutes〉는 군대가 자금을 지원하던 한 의료 실험에서 대략 700마리의 고양이가 기계에 고정된 채 머리에 총을 맞고 죽은 사건을 보도했다.

당시 내레이터였던 마이크 월러스Mike Wallace는 평소에 자기를 '거침없는 인터뷰어'라고 떠벌였으면서도 200만 달러짜리 연구 프로젝트에 관한 논란을 보도하던 13분 동안에는 터무니없고 무기력했다. 부적절한 인용과 빈정거림이 난무했고, 편집도 저의가 의심스러울 정도였다. 월러스와 〈식스티미니츠〉는 루이지애나 주립대학 의학대학원 신경외과 교수인 마이클 캐리Michael Carey를 대놓고 편들었다. 캐리는 고양이를 마취시킨 후 총으로 쏴 죽이는 연구의 대가로 군대로부터 돈을 받은 인물이었다. 전투 중 뇌손상을 입은 군인들을 치료하는 데 필요하다는 명목 아래에서 이루어진 연구였다.

월러스는 의학적으로 허울만 그럴 듯하고 유난히 잔인한 이 실험에 반대하는 동물권animal rights 단체들을 과학에 반대하는 '광신자'이자 극단주의자로 매도했다. 이 방송에서 캐리는 영웅으로 묘사된 반면, 워싱턴에 있는 '책임있는 의료를 위한 의사회PCRM, Physicians Committee for Responsible Medicine'의 대표 닐 버나드Neal Barnard 박사는 악마로 묘사되었다. 하지만 버나드는 물론, 루이지애나 국회의원까지 가세해 압박하여 회계감사원에서 이 실험의 결함을 찾아냈고, 결국 백지화시켰다. 군대가 이 연구를 통해 얻은 주요한 발견은 고양이도 머리에 총을 맞으면 고통을 느낀다는 사실뿐이었다.

이 책은 펜타곤[1]에서 거금을 뿌려대는 방산 로비스트들과 그들의 후원을 받는 의회 하수인들이 벌이는 어마어마한 일에 비해 시민과 언론에

---

1 펜타곤은 미국 국방부 청사이지만 일반적으로 미국 국방부를 지칭한다.

알려지는 그 전모의 수준이 매우 미미한 현실 속에서, '어마어마한 일'과 '알 권리' 사이의 불균형을 완화하려는 가치 있는 시도라 할 수 있다. 이 책에 나오는 연구는 신뢰할 수 있고, 제시되는 사실은 근거가 분명하며, 결론은 타당하다. 도덕적 기반을 둔 운동들이 동물을 학대하고 죽이는 현실을 대체할 인도적 대안을 제시할 때 뒤에서 떠밀어 주는 강력한 순풍이 될 것이다.

수많은 사람들이 미국 군사주의의 과도한 폭거로 고통을 겪고 있다. 군인과 참전용사들의 자살률은 턱없이 높고, 성폭력과 괴롭힘의 사례가 끊임없이 보고되며, 민간 군사업체들은 엄청난 폐기물을 양산할 뿐 아니라 사기에도 능하다. 이라크와 아프가니스탄에서는 셀 수 없이 많은 민간인이 살해되었다. 미군은 전 세계에 700곳이 넘는 군사기지를 두고 있고, 1991년부터는 도저히 납득할 수 없으며, 이길 수도 없고, 감당할 수도 없는 데도 이라크와 아프가니스탄에서 전쟁을 벌이느라 의회로부터 어마어마한 지원금을 받아서 썼다. 최근의 통계에 따르면 미국의 군사비와 안보비는 연간 9000억 달러를 훌쩍 넘어선다. 하루에 25억 달러, 1초에 3만 달러 가까이 쓰는 셈이다. 이 모든 수치는 마틴 루터 킹이 1967년 4월 4일, 뉴욕의 리버사이드 교회에서 했던 연설을 떠오르게 한다. "해마다 사회의 질적 향상을 위한 프로그램보다 국방비에 더 많은 돈을 쏟아붓는 나라는 정신적인 죽음에 이르게 될 것이다."

동물학대 문제에 관한 한, 그것이 미국 군대에 의해 자행되든 기업에 의해 자행되든 우리 중에 과연 결백하고 무고한 사람이 있을까? 우리는 야생동물을 그들의 서식지에서 쫓아내고는 그 자리에 집과 일터를 세우고 살고 있으며, 세금을 지불함으로써 이윤이나 오락을 위해 동물을 도축하는 것을 합법화했다. 우리는 가죽 시트가 깔린 자동차에 앉아 로드킬 방지 울타리가 세워지지 않은 도로를 달리고, 생물 수업 시간에 동물 실험을 허용하는 학교에 다니고 있다. 동물실험을 한 약을 복용하고, 고기와 달걀, 유제품과 모피 산업을 광고하는 신문을 사서 읽으며, 축산물을 팔아 이윤을 남기는 가게에서 쇼핑을 한다. 육류, 유제품, 달걀 섭취를 장려하는 법안이나 사냥 금지를 완화하는 법안을 통과시키는 정치인에게 투표를 한다. 또한 세금으로 판사에게 월급을 지불하는데, 그들은 동물의 복지나 권리에 대해서는 한 마디도 하지 않는 헌법을 실행한다. 우리는 동물에 대한 지배권을 인간에게 부여하는 종교를 받아들이고, 동물의 신성함에 대해 말하는 설교는 거의 듣지 못한다.

이 책은 잠시 멈추고 한 걸음 뒤로 물러나 우리의 공모를 밝혀내는 기회를 제공한다. 물론 대단히 어려운 일이다. 하지만 우리의 길에 아무런 어려움이 없다면, 그 길은 아마 어디에도 가닿지 못할 것이다.

콜먼 매카시(평화교육센터Center for Teaching Peace 대표)

 머리글

진보는 동물, '타자'의 죽음과 고통을
거부할 때에야 비로소 이루어진다

"전쟁은 지옥이다." 미국 남북전쟁 시절 윌리엄 셔먼 장군이 했던 말
이다. 오랫동안 나는 이 말이 무척 진부하다고 생각했고 그런데도 왜 그
토록 공감을 얻고 널리 인용되는지 이해할 수 없었다. 하지만 이제는 안
다. 전쟁은 정말로 인간 안에 악마를(또는 어떤 다른 이름으로 부르든 간에)
풀어놓는다는 사실을. 셔먼은 또 이렇게 말했다. "전쟁은 잘해 봤자 야
만이다. 전쟁의 영광이라는 것은 모두 헛소리다." 이 말 역시, 사실이다.

대다수 사람들은 '낮은 수위'의 전쟁에서조차 인간이 서로에게 가하는
야만적인 처사에 대해 잘 알고 있다. 조직적으로 강간하고, 사지를 찢고,
마을을 불태우고, 부모에게 제 자식이 학살당하는 광경을 지켜보게 하거
나 심지어 직접 학살에 동참하게도 하지 않던가.

불과 몇 해 전만 해도 인간의 전쟁으로 인해 동물이 겪는 고통은 별
관심을 끌지 못했고, 이 책에 나오는 것과 같은 체계적인 분석은 찾아보
기도 힘들었다. 전쟁과 관련해 동물에게 가해지는 위해는 다음의 다섯
가지 범주로 나눌 수 있다.

동물은 전쟁에 어떻게 사용되나?

부수적 피해

1991년 걸프전을 담은 사진 중에서 가장 잊히지 않는 것은 불타는 유정油# 언저리에서 그을리고 부어오른 채 버려진 낙타들의 사진이었다. 사진작가 스티브 매커리Steve McCurry는 이렇게 설명한다. "전투가 끝나고 나서 몇 주 동안 차를 타고 유전을 돌아보다가 좀비처럼 헤매고 다니는 말이나 낙타 떼와 심심찮게 마주쳤다. 아마 결국에는 대부분 죽었을 것이다. 샘물과 초목이 모두 기름으로 뒤덮였기 때문이다"(《가디언》, 2003. 2. 1).

고의적 공격

1990년대 초반, 세르비아 내전 때 군인들은 더러는 심심해서, 더러는 초조해서 야생동물을 쏘아 맞추며 즐거워했다. 동물원에 갇힌 동물들은 굶주리고, 두들겨 맞고, 불에 타고, 심지어 수류탄으로도 공격을 받았다.

버림받는 동물

교전이 시작되면 들판에 가축이 버려진다. 반려동물인 개, 고양이, 물고기, 기니피그, 새는 사람들이 탈출한 후 아수라장이 된 집에 남겨진다. 남겨진 동물들은 굶주리고 목이 말라 울부짖지만, 무시무시한 총성과 폭발음만이 그들을 에워싼다.

최전선 희생물

고대 그리스로 거슬러 올라가면 대격전을 치를 때 인도코끼리를 이용했다. 최근에는 독일 셰퍼드가 낙하산에 매달린 채 아프가니스탄 내 탈레반 주둔지에 파견되어 적의 은신처를 찾아내기도 했다. 최근 동물 징집병의 시대가 열렸고 과거보다 훨씬 능숙하게 통제되고 조종된다. 가령, 돌고래는 극도의 정신적·신체적 압박 아래에서 훈련을 받는다. 뇌에 전자장치가 이식되어 있는 쥐는 키보드 하나만 눌러도 쉽게 지시를 받고 벌과 보상도 받는다.

무기 연구에 동원되는 동물

영국에서 대다수 전쟁 관련 생체실험은 윌트셔 포턴 다운에 있는 국방과학기술연구소가 실행한다. 그곳에서 동물은 화학전 유독물질에 감염되고, 폭발 부상의 피험자가 되며, 강제로 감각 자극물질을 주입받고, 고의로 입힌 부상을 입고, 세균 독소로 죽임을 당한다. 포턴의 과학자들은 신경작용제 소만soman이 주입된 원숭이들이 격렬한 경련으로 몸도 제대로 가누지 못하는 상태에서 우리 안에서 기어 보려고 버둥대다가 의식을 잃는다고 묘사했다.

사람을 전쟁으로 이끄는 충동은 우리 안에 깊이 내재되어 있다. 그런 충동은 나약함, 탐욕, 야망, 두려움, 어리석음, 공감, 상상력 부족 등의 산물이다. 하지만 충동은 원초적인 반면, 전쟁계획은 종종 '정교한' 이데올로기에 의해 추진된다. 우리는 전쟁터에서 불가피한 임무만이 아니라 적이나 영웅을 생산하는 일도 하는데 이와 마찬가지로 동물은 전쟁터에서 다양한 역할을 수행한다. 동물은 소모품인 동시에 영웅이 될 수도 있다. 동물은 처벌 없이 죽일 수도 있고, 목에 메달을 걸어 줄 수도 있다. 아니면 죽이고 메달을 걸어 주거나. 대개 동물은 그저 비가시적인 존재로밖에 여겨지지 않는다.

산업화된 국가에서는 사람들이 개인의 자율성을 중요하게 생각하기 때문에 전쟁을 책동하는 세력이 다수의 동의를 얻어내기가 갈수록 어려워진다. 대다수 사람들은 더 이상 전장으로 걸어 들어가고 싶어 하지 않는다. 자국의 수많은 직업군인이 지지부진한 군사작전에 희생되도록 승인하는 것도 꺼린다. 하지만 진정한 진보는 저너머 적과 유사 종에 속한 동물, 즉 '타자'의 죽음과 고통 또한 거부할 때 비로소 이루어질 것이다.

동물들에 관한 한, 희망적인 징후가 있다. 동물권 단체 애니멀 에이드 Animal Aid는 전쟁에서 고통당하는 동물에 대한 인식을 확산시키기 위해 15년가량 노력을 기울여 왔다. 2005년, 보라색 양귀비꽃 달기 운동을 도입해 사람들에게 11월 11일 휴전기념일Armistice Day에 달아달라고 요청했다(제1차 세계대전 휴전기념일인 이 날에는 세계 여러 나라가 전쟁에서 목숨을 잃은 군인을 추모하는 의미로 빨간색 양귀비꽃을 가슴에 단다. 애니멀 에이드는 보라색 양귀비꽃을 함께 착용해 인간만이 아니라 동물의 희생도 기리는 운동을 펼쳐 왔다-옮긴이). 어떤 반응을 얻을지 예상하지 못한 채 첫 해에 1,000송이를 준비했는데, 6년 후인 2011년에는 무려 5만 송이를 배포했다. 5만 송이는 보라색 양귀비꽃 화환과 함께 프랑스와 벨기에의 제1, 2차 세계대전 전투 지역을 장식했고, 캐나다, 미국, 그 외 여러 나라에서 사람들의 가슴에 달렸다. 이제 많은 사람들이 동물이 전쟁 중에 겪는 고통을 인식한다. 런던 업마켓 공원길에 세워진 포틀랜드석 기념물과 '전쟁 속 동물들 Animals in War' 동상이 이를 입증한다.

하지만 우리가 경계해야 할 것은 동물을 죽은 영웅으로 보는 발상을 영속화하는 일이다.

2011년, 한 영국 일간지는 광란의 피바람이 몰아쳤던 제1차 세계대전 때 말 800만 마리가 겪어야 했던 고난에 대한 특집기사를 내보냈다. 당시 영국에서만도 100만 마리가 서부전선으로 보내졌다. 그중에서 고작 6만 마리만 살아남았는데, 그 말들 역시 일부 연민 어린 사람들이 집으로 돌려보내야 한다고 싸워 주지 않았다면 결국 프랑스와 벨기에의 도살장에서 죽임을 당했을 것이다.

기사에 실린 사진 중에 군마 한 마리가 군인의 주검 옆에 서 있는 사진이 있었다. 설명은 이랬다. "애끓는 마음으로 죽은 병사를 지키는 말." 하지만 말은 함께했던 죽은 병사를 지키는 것이 아니었다. 군인이 죽으면서 고삐를 움켜쥔 채 떨어지는 바람에 어디로도 갈 수 없었을 뿐이다.

오랫동안 극도의 고통을 당한 동물들을 보며 우리는 결코 이들이 자발적으로 그런 운명을 겪었다고 믿는 척해서는 안 된다. 동물들은 징집되었다. 자발적으로 목숨을 바친 게 아니라 목숨을 빼앗겼다. 얼마나 많은 훈장이 수여되든 간에 이들은 영웅이 아니라 피해자다.

전쟁에 대한 미화와 정당화가 끝날 때에만 비로소 동물의 고통 그리고 힘없는 사람의 고통도 끝이 날 것이다. 과연 그런 날이 올까? 인간의 지난 행적을 감안할 때 그런 날이 금방 올 것 같지는 않다. 하지만 우리는 반드시, 어떠한 경우에도 그런 날을 맞이하기 위해 할 수 있는 모든 일을 해야 한다. 양심 있는 사람들은 전쟁을 거부해야 하고 우리는 전쟁 미화에 동조하기를 거부해야 한다. 우리는 빚을 지고 있다. 동물 희생자들에게. 또한 우리 자신에게.

앤드류 타일러(동물권 단체 애니멀 에이드Animal Aid 디렉터)

인간의 역사 속에서 폭력적인 군사적 충돌의 결과로 고통받아 온

모든 생명에게 이 책을 바친다.

아울러 이 책을 통해 전쟁의 숨은 희생자들의 목소리가

전달되기를 바란다.

일러두기

* 인간은 인간을 제외한 동물만을 동물로 불러왔으나 인간 또한 동물의 범주에 속한다. 따라서 원
서에서는 인간은 인간 동물human animals, 동물은 비인간 동물nonhuman animals로 쓰고 있다. 하지
만 이 책에서는 가독성을 위해서 '인간 동물'은 '인간'으로, '비인간 동물'은 '동물'로 통일했다.

** 문장 중 괄호 안에 옮긴이가 적한 것은 옮긴이 주이며, 적히지 않은 것은 편집자 주이다.

들어가는 말

군·동물 산업 복합체를 소개하며

콜린 설터

21세기 전쟁에서 일어난 온갖 이상한 변화 가운데 가장 기이한 일 중 하나는 동물이 다시 전쟁터로 내몰린다는 점일 것이다. 전 쟁은 하드웨어와 소프트웨어만으로 되는 게 아니다. 전쟁은 이제 일부 과학자들이 말하는 '웨트웨어wetware'도 끌어들이고 있다.

피터 싱어P. W. Singer

본질적으로 이 책은 소극적 개념과 적극적 개념을 모두 포함하는 평 화를 다루고 있다. 단순하게 말하면 소극적 평화는 전쟁과 폭력적 갈등 이 없는 상태다. 반면에 적극적 평화는 우리가 보고 싶은 세계에 대한 더 넓고 진보적이고 긍정적인 전망이며, 그 변화를 어떻게 실천할 것인가 의 방법론이다(Galtung and Jacobsen, 2000). 적극적 평화의 전망은 갈등 을 수용하는 전망이다. 갈등이 일어나는 데는 다 이유가 있다. 갈등에는 포괄적이고 전환적인 변화, 정의가 곧 평화임을 이해하는 데서 출발하는 변화를 촉진할 잠재력이 있다. 갈등 전환conflict transformation은 지속적이고 장기적인 과정으로, 그 속에서 갈등에 휘말린 당사자들은 함께 힘을 모아 건강한 관계와 공동체를 형성해 나간다. 갈등 전환은 해결을 지향하지 않는다. 거기에는 종료 시점이 없다. 갈등 전환의 핵심 요소는 갈등 당사자들에게 제3자가 강요하는, 제한적이고 대개는 표피적인 '해결책'을 거부하는 것이다.

인간은 자기 마음대로, 다시 말해 인간중심적 종차별주의와 인간 쇼비니즘의 변덕스러운 기분대로 동물을 인간의 목적을 위한 전쟁 도구로 착취해 왔다. 이러한 착취를 강조하기 위해 이 책은 전쟁 담론에 끼어들어 전쟁 반대를 뛰어넘는 또 다른 층위의 비판적 중재를, 또 다른 일련의 목소리를 내려고 한다. 여기에 엮인 장章들은 군산 복합체military-industrial complex에 관한 비판을 더 광범위한 개념인 동물산업 복합체animal industrial complex와 관련지어 더욱 확대하고, 나아가 군·동물 산업 복합체military-animal industrial complex라는 새로운 개념을 제안한다. 바버라 노스케Barbara Noske가 1989년에 처음 소개한 동물산업 복합체 개념은 동물을 이윤을 목적으로 착취하는 것이 군산 복합체에서 영향을 받았음을, 여러 산업 부분과 역동적인 관계를 맺고 있음을 밝혀냈다. 이 책은 이 개념을 가져와 확대, 개량하면서 비평 담론에서의 획일적이고 '수사학에 가까운' 논의를 넘어서고자 한다. 그리고 "복합체를 구성한다고 볼 수 있는 다양한 관계, 관련자, 과학기술과 정체성의 무수한 복잡성"(Twine, 2012, p. 15)에 주목해 구체적 양상들을 발견하고자 한다. 노스케의 개념을 적극 활용하기 위해 리처드 트윈(Twine, 2012)은 동물산업 복합체의 "기본적이고 간단명료한 정의"를 이렇게 제시한다('농업'을 넣은 이유는 그것이 트윈 자신의 관심 분야여서다).

'동물산업 복합체는' 기업(농업) 부문과 정부, 공공 과학과 사적 이익을 추구하는 과학 사이에 불투명하고 다양하게 형성된 네트워크와 관계들이다. 경제적·문화적·사회적·정서적 차원들과 함께 이 복합체는 광범위한 범위의 실천과 과학기술, 이미지, 정체성, 시장을 포함한다(p. 23).

이 책은 군산 복합체와 동물산업 복합체의 교차 지점에 이의를 제기하면서 전쟁 찬성과 소극적 평화 담론을 비판한다. 실제로는 '비인간 동물' 문제를 고민하지 않으면서도 자칫 특정 형태의 적극적 평화를 촉진하는 것처럼 여겨질 만한 것들에 대해서도 마찬가지로 비판한다.[1, 2] 여러 가지 면에서 이 책은 전략적 평화 구축을 위한 다양한 방법을 제공하고, 더 정의로운 사회를 향한 자기 전환과 사회적 전환의 핵심 질문을 제기한다.

동물은 인간이 하는 대다수 활동에 그래왔듯이 전쟁에도 수천 년 동안 강제로 동원되어 왔다. 이 책은 동물 문제에 집중하는 까닭에 여타 전쟁 비판서들과는 길을 달리한다. 여기서는 전쟁의 원인이 분명하게 다뤄지지 않는다. 그보다는 우리의 집단적 역사 속에서 벌어졌던 일부 참상을 집중 조명하고, 어떻게 하면 소극적 평화를 이뤄내 적극적 평화의 토대로 삼을 것인가 하는 미래 가능성을 강조한다. 이 책의 핵심 전제는,

---

1 예로, 《평화에 다가서기》에서 데이비드 바라시는 "이상하고 기이한 코끼리, 바로 전쟁"이라고 표현한다(Barash, 2010). 전쟁을 비판하고 적극적 평화에 다가서라고 주문하면서도 동물을 메타포로 써서 코끼리를 재앙 같은 전쟁과 경멸적인 의미에서 동일시한다는 것은 바라시가 동물 문제를 사실상 전혀 고려하지 않는다는 것을 뜻한다.

2 '비인간 동물nonhuman animal'이라는 표현은 사회적으로 형성된 인간과 동물 사이의 잘못된 이분법을 폭로하고 이의를 제기하기 위해서 사용하는 용어다. 이 책에서는 가독성을 위해서 '비인간 동물'을 '동물'로 표기한다.

평화로운 세계의 전망은 완전한 해방이 이루어진 세계에 있다는 점이다. 완전한 해방이 이루어진 세계란, 어떤 존재의 젠더, 능력, 섹슈얼리티, 신체, 지적 능력, 종種이 그가 어떤 대접을 받을 것인가를 결정하는 데 이용되지 않는 세계다. 인간과 동물을 구별 짓는 존재론적 이원론이 거짓으로 폭로되고 거부되는 세계다. 이 세계는 구조적 폭력, 다시 말해 사회의 기본 토대 속에 착취와 폭력이 아로새겨진, 그래서 체제, 제도, 정책, 문화적 믿음이 일부의 욕구와 권리만을 충족시키고 그 대가로 다른 일부를 희생시키는, 그런 폭력이 없는 세계다(Schirch, 2004).[3]

이 책은 종간 경계란 무엇인지 그리고 동물을 향한 조직적(구조적인 동시에 직접적) 폭력을 영속화시키는 지배주의 이데올로기(종차별주의와 인간 쇼비니즘)의 지속적 영향은 무엇인지, 인간이 다른 모든 존재를 희생시켜 얻고 있는 이득이 무엇인지에 대해 주의를 환기시킨다. 여기서 이득이란 표현은 조금 모호하다. 전쟁에는 (군산 복합체를 제외하고는) 이득이 거의 없거나 있어도 많지 않기 때문이다. 전쟁의 근본적인 특징은 비인간화, 즉 누군가를 관계상 '타자'로 구성하는 데 있다. 타자화는 전쟁에 대한 전통적 이해 이전으로 거슬러 올라갈 정도로 역사가 오래되었고, 식민제국주의(일반적으로는 제국주의), 일부 종교 교리, 자본주의 경제체제의 핵심이다. 또한 이 중 일부 또는 전부에 의해 생물정치학biopolitics적으로 형

---

3 브라이언 마틴(Brian Martin, 1993)은 요한 갈퉁Johan Galtung의 '구조적 폭력' 개념 대신 '구조적 착취'라는 용어를 제안한다. "'구조적 폭력'이라는 표현의 주된 문제는 폭력이라는 말에 큰 무게가 실린다는 점이다. 대다수 사람들은 폭력을 직접적인 물리적 폭력으로만 생각한다. 풍부한 의사소통을 위해서는 '구조적 폭력'보다 착취와 억압 같은 용어가 더 명확할 수 있다." 하지만 여기서는 구조적 폭력이라는 말이 각별히 잘 들어맞는다. 동물에게 자행되는 폭력(과 착취)이 규범적이며 사회구조 자체에 얽혀 있다는 점을 반영하기 때문이다.

성된 사회적 세계의 핵심이기도 하다(Foucault, 1988). 생물정치학이란 몸의 정치학과 사회의 정치학을 가리키는 것으로, 생물물리학적 자신self의 사회적 구성과 그 영향을 뜻한다. '타자'로 배치된다는 것은 인간 이하의 존재, 부재하는 지시 대상으로 밀려난다는 것을 의미한다. 피부색에 근거하든, 계급, 문화, 종교적 신념, 도덕적 가치관, 또는 좀 더 단순하게 지리적 환경에 기초하든 간에 말이다.[4] 이것은 식민주의 역사 속에서, 가부장제 속에서도 타자를 자연에 더 가까운 무엇으로 위치시키는 것과 유사하다(Plumwood, 1993). 자연에 더 가깝기 때문에 이런 존재는 경멸적인 의미에서 '동물 같은' 위치에 놓인다. 이런 이원적인 자리 배치는 다른 대우와 다른 도덕적 관계를 가능하게 하고, 따라서 상생하는 관계, 즉 적극적 평화를 거스른다.

종간 차이를 받아들이는 것은 종 계층구조에 뿌리박힌 부정적 함축을 거짓으로 보고, 암묵적·노골적으로 거부하는 것이기도 하다. 종 계층구조란 자가 검증을 좋아하는 인간의 속성이 고안해 낸 허위에 지나지 않는다. 이 책의 저자들은 우리 모두 동물임을, 인간 역시 자연세계의 일부임을 받아들인다. 아무리 생태적 완전성에 반하게 행동한다 해도 우리는 생태계와 동떨어진 존재가 아니라 거기에 속한 일부다. 적극적 평화를 상상하는 데 있어서 그런 날조된 계층구조를 거부하고 다양성과 자연에의 소속 의식을 받아들이는 것은 완전한 해방이 움틀 수 있는 토대가 된다. 이는 적극적 평화에 바탕을 둔 생활의 기본이 되는 주춧돌이다.

---

4 동물이 동물산업 복합체의 특수한 맥락 안에서 어떻게 부재하는 지시 대상이 되는지를 다룬 캐롤 J. 애덤스(Carol J. Adams, 1997)의 저작을 보라. 더욱 광범위하고 자세하게 알고 싶다면 캐슬린 애덤스 외(Kathleen Adams et al., 2000)를 참조하라.

군산 복합체 비판을 확대하면서 이 책은 전쟁에서 동물을 착취해 온 그리고 앞으로도 착취할 과거, 현재, 잠재적 미래를 자세히 설명하고, 거기에 관여하고 맞서기 위한 기본 구상을 제공한다. 그 결과는 실제로 파급력이 훨씬 클 뿐 아니라 오늘날 우리 사회에 깊이 뿌리 내린 구조적 폭력의 근간 자체에 이의를 제기한다. 동물을 인간의 목적을 위해 이용하는 것은 종차별이고 인간 쇼비니즘에 바탕을 둔 폭력이다. 그리고 동물을 대대적으로 이용하는 것이 바로 동물산업 복합체의 주요 특징이다.

산업
복합체

●●● 이 책은 전 미국 대통령 드와이트 아이젠하워가 1961년 1월 17일 고별 연설에서 언급한 뒤에 널리 확산된 '군산 복합체'라는 개념과, 1989년에 바버라 노스케(1997)가 소개한 개념 '동물산업 복합체' 간의 연결 고리를 탐색하게 해 준다.[5] 이 책에서 말하는 군·동물 산업 복합체를 정확히 정의하려면 먼저 군산 복합체와 동물산업 복합체를 개괄하고 검토해야 한다.

칼 보그스(Carl Boggs, 2005)는 C. 라이트 밀스(C. Wright Mills, 1999)의

---

5 노스케는 동물산업 복합체 안에 동물 연구 산업은 포함시키지 않았다. 그녀가 책을 쓸 당시 동물 연구 산업은 자기 영속적 복합체가 될 정도로 이윤이 많이 남는다고 여겨지지 않았기 때문이다(Noske, 1997). 하지만 여기에서는 이 연구 산업을 군·동물 산업 복합체의 핵심 양상으로 꼽는다.

《파워 엘리트》가 "군산 복합체 출현이 미친 영향을 일찍이 가장 조직적이고 비판적으로 간파해 냈으며, 이후에 쏟아져 나온 책들에는 없는 더욱 미묘한 뉘앙스와 세부 사항을 제공한다"(p. xxii)고 본다. 《파워 엘리트》가 간단히 '전쟁 경제'라고 묘사하는 것은 미국에서 가장 대규모로 속속들이 편재하게 된 영속적인 전쟁 준비 태세를 말한다. 국가 군사기관, 과학기술과 전쟁 무기를 제공하는 기업들은 경제적·정치적으로 최강의 권력집단이 되었고, 그들이 국내외 정책들을 직접 주무른다. 밀스는 이러한 결과를 누구보다 먼저 간파하고 예견했다. 미국 정부 통계에 따르면 미국 국내총생산(GDP)의 20퍼센트가 국방부로 직행한다. 하지만 실제 수치는 이보다 훨씬 높을 것으로 추정된다.[6] 스톡홀름 국제평화연구소가 2010년을 기준으로 발표한 수치는 미국이 전 세계 군비 지출 1조 6300억 달러의 43퍼센트를 차지하는 것으로 평가한다. 이는 나머지 상위 10위 국가들의 지출을 전부 합한 것보다 월등히 높고, 2위인 중국보다 여섯 배 높은 액수다(Stockholm International Peace Research Institute, 2010).

보그스(Boggs, 2005)는 영구적 전쟁 경제라는 보편적인 표현보다 '펜타곤 체제Pentagon system'라는 용어가 "비단 경제만이 아니라 정치, 관료, 사회, 국제 문제가 복잡하고 광범위하게 연결된 제도와 절차"를 가리

---

6 전쟁저항자연합War Resisters League은 미연방기금의 48퍼센트가 미연방 예산에서 국방비로 전용된다(그중에서 18퍼센트는 재향군인 수당과 군비 지출 부채 이자를 비롯한 과거 군사 활동 비용으로 들어간다)면서 정부가 발표한 수치를 왜곡으로 간주한다(War Resisters League, "Where Your Income Tax Money Really Goes: U.S. Federal Budget 2012 Fiscal Year," 2011). 미국 군축·핵확산방지연구소 역시 2012년도 예산안을 분석하면서 정부 수치가 "에너지부의 핵무기 관련 지출이나 기타 국방 관련 기금을 포함하지 않는다."고 지적한다(Olson, 2011a; Olson, 2011b).

키는 개념으로 더 적합하다고 제안한다(p. 23). 그러나 미국 군산 복합체 또는 펜타곤 체제가 군사주의에 대한 (서구 중심적이면서도 때로는 더 광범위한) 논의와 비판을 대부분 지배하기는 해도, 실제로 그 영향은 훨씬 더 크고 많은 나라의 경제 속에 단단히 얽혀 있다. 이러한 이유로 군산 복합체라는 용어보다 명백히 군·동물 산업 복합체가 더 적합한 용어라고 생각한다.

군·동물 산업 복합체(와 군산 복합체)의 광범위한 범위를 가늠하게 해주는 한 가지 예로 펜타곤 자금이 갈수록 학술계로 더 많이 흘러들어간다는 사실을 꼽을 수 있다. 펜타곤이 연구기금, 생계수단, 교수, 학과에 계속적으로 지원하는 것은 대개 연구의 군사화로 직결된다. 한 예로, 미국 방위고등연구계획국의 기금은 다른 어떤 기관보다 따내기가 쉽다. 과학자들 중에는 평화의 원칙을 고수하며 그런 연구기금을 받지 않는 이들도 많다. 그러나 다수의 과학자들은 스스로 정치와 무관하다고 간주하는 입장을 취한다. 자신의 연구가 미치는 영향을 애써 모른 체 하면서 실제로는 현재 상황을 영속화하고 (간접적으로) 군수를 지원하는 것이다(Singer, 2009).[7]

군사주의 중독과 군산 복합체의 중추인 전쟁을 능가하는 것이 한 가지 있는데, 바로 육식주의의 인식론적이고 존재론적인 정상성normativity이다. 동물을 착취하는 것이 자연스럽고 윤리적이며 타당하다고 보는 이념 또는 믿음 체계 말이다(Joy, 2010). 육식주의는 자연세계에 대한 총체적인

---

7 군 중심 연구와 의제를 지원하지 않거나 거부하는 과학자들은 갈수록 연구기금 확보가 어려워질 뿐 아니라 광범위한 제재까지 겪는다. 구체적 사례를 살펴보고 싶다면 마크 E. 루퍼트(Mark E. Rupert, 2010)를 보라.

상업화와 나란히 현대 산업 시스템을 떠받치는 핵심이다(Boggs, 2011). 여기서 동물에 대한 착취는 보통 인종차별을 받는 인간 타자에 대한 착취와 나란히 일어난다. 가령, 역사적으로 오스트레일리아 육우 목장에서는 원주민을 '열등한' 존재로 취급하며 (대개 아무 보수 없이) 착취했다. 마찬가지로 오늘날에는 이주민과 불법체류 노동자들을 도축장의 비인간적이고 극도로 위험한 환경에서 부린다(Broome, 1994; Gouveia and Juska, 2002). 노스케(1997)는 동물산업 복합체의 뿌리를 자본주의 경제학상 가장 능률적인 생산 과정을 달성하기 위한 노동관리 기법인 테일러리즘 Taylorism이 확대된 데서 찾는다. 테일러리즘의 확대로 기업이 (공장식) 축산 부문에서 동물 이용의 상업화를 더욱 증대시키고 있다는 것이다. 테일러리즘의 기본 원리는 노동자의 업무를 가장 단순한 형태로 환원하고 경제적으로 불필요한 요소를 모두 제거해 생물정치학으로 넘어가는 데 있다. 이 고도의 환원주의는 날로 증가하는 공정의 기계화와 함께 노동을 단순화시켰고, 노동자들을 끝없이 교체 가능한 무엇으로 전락시켰다. 그 결과, 직업 불안정성이 일상이 되고, 그에 따라 경쟁이 강요된 개인화가 추진되었다.

테일러리즘의 과정과 영향을 개괄하면서 노스케(1997)는 마르크스주의의 소외 개념을 끌어와 기계화되고 단순화된 도축장에서 일하는 노동자와 거기서 도살되는 동물을 둘 다 설명한다. 동물의 소외는 가축화 domestication, 또는 데이비드 니버트(David Nivert, 2011)의 개념을 빌리자면 가축서품domescration('길들이다'라는 뜻의 'domesticate'와 '신성한 임무를 맡기다, 서품하다'는 뜻의 'conscrate'를 합성하여 '동물을 길들여 신성한 임무를 맡기다'라는 뜻으로 동물의 가축화를 비꼬는 용어인 듯하다.-옮긴이)의 긴 역사 속에 뿌리를 두고 있다. 노동자와 상품화된 동물은 둘 다 자신이 생산한 상품으로부터 소외된다. 노동자에게 상품은 동물의 신체이다. 동물에게 상품은 새끼와 우유, 알, 기타 인간이 맹목적으로 집착하는 '생산물'들이다. 이들은 생산활동으로부터도 소외된다. 노동자는 기술과 창조적 역량으로부터, 동물은 '상품' 재생산을 벗어난 모든 활동으로부터 소외된다. 이 둘은 삶과 서로의 관계로부터도 소외되고, 보람과 성취감을 주는 삶의 필수 요소인 자기 자신의 잠재력과 집단적 잠재력으로부터도 소외된다. 또 자신이 갇혀 있는 기계화된 (공장식) 축산 공정에 속박된 채 자연세계로부터도 소외된다(Noske, 1997).[8]

소외는 동물산업 복합체의 핵심인데, 또한 이것은 훨씬 많은 것들로 구성된다. 이 소외는, 자크 엘륄Jaques Ellul의 책을 인용하면, "인간 활동의 모든 영역에서… 합리적으로 만들어지고 절대적 효율성을 발휘하는 방법들의 총체(기술technique을 의미한다-옮긴이)"를 전제로 한다(1990, p. 1). 이러한 소외는 기업과 정부 관련자, 또는 그 대리인의 복잡한 네트워크(복합체)로 구성되고 또 그 네트워크 속에 두루 존재한다. 그렇게 해서 인간 쇼비니즘의 기반 위에 인간중심주의적으로 정당화된 이데올로기가 대개 표시도 없이, 고민이나 의심도 없이 세워지는 것이다. 달리 말해, 리처드 루틀리와 발 루틀리(Richard Routely and Val Routely, 1979)를 인용하면, 인간 쇼비니즘은 "현대 경제산업의 상부 구조"를 안전하

---

8 루르드 고베이아와 아루나스 유스카(Gouveia and Juska, 2002)는 도축장에서 "생산을 소비와 분리하는 가상적 거리"의 영향에 대해 조사해 '정육산업meatpacking industry'이라는 사회적으로 진부한 용어를 도입했다. 동물산업 복합체에 얽혀 있는 이 분리는 불법 체류 노동자들에게 영향을 미칠 뿐 아니라 육식주의의 확고한 정상성과 헤게모니도 강화해 준다.

게 책임져 주는 이데올로기적 보험사이고, 그 대표적인 양상이 바로 동물산업 복합체다(Routley and Routley, 1979, p. 57). 군산 복합체는 곧 군·동물 산업 복합체이다. 군산 복합체가 동물산업 복합체 없이 존재할 수 없다는 뜻이 아니라, 동물산업 복합체가 오늘날 존재하는 군산 복합체의 기본적이고 핵심적인 특징이라는 얘기다. 동물에 대한 착취는 전쟁의 가장 중요한 특징이다. 직접적으로 이용되든 간접적으로 이용되든 말이다.

인간
쇼비니즘

●●● 동물을 전쟁에 이용해 온 착취의 역사는 그 자체로 오래되었을 뿐 아니라 인간 쇼비니즘 역사와도 맞닿아 있다. 인간 쇼비니즘을 정의하기 전에, 동물이 교체 가능하고 쓰고 버리면 그만인 전쟁 무기로 얼마나 지속적이고도 폭넓게 착취되어 왔는지 그 규모를 살펴보는 것은 적절한 일이다. 이 책에서 독자들은 전쟁 시 동물 이용에 관한 핵심적인 탐구와 근거가 탄탄한 비판들을 발견하게 될 것이다. 아울러 마이클 하트와 안토니오 네그리 같은 급진적 후기 구조주의자들이 영속적이고 '일반적인 전쟁 상태'라고 불렀던, 오늘날 우리가 살아가는 세상에 실존하는 전쟁 현실에 대해서도 접하게 될 것이다(Hardt and Negri, 2004, p. 5). 본질적으로 우리가 여기서 이야기하는 것은 군산 복합체 속에 얽혀 있는 영구적 전쟁 경제다.

조직적으로, 대다수 서구인들은 매년 대략 100억 마리의 동물이 고통 당하는 참혹한 실험에 대해 전략적 무지 상태를 고수한다. 이 숫자를 좀 더 피부에 와 닿게 풀어 보면 1분에 1만 9,000마리가 넘는다.[9] 여기서 '전략적 무지'라는 용어는 비판적 인종 이론과 무지의 인식론에 관한 많은 학자들의 귀중한 연구에서 끌어온 개념이다(Sullivan and Tuana, 2007). 용어의 조합이 암시하듯이, 우리 중 대다수는 수십억 마리의 동물이 겪는 고통과 고초, 살해에 대해 전략적이고 의도적으로 무지하다. 이 무지는 인간에게 명백하게 이득이 되고, 이득이 무지의 밑바닥에 깔려 있다. 왜냐하면 이러한 착취의 규모를 아는 것만으로도, 인간 쇼비니즘을 신봉하는 이들조차 학대와 살해를 어디까지 정당화해도 괜찮은지, 정당화할 수 있다면 대체 어떤 조건으로 그렇게 할 수 있는지 성찰해 보지 않을 수 없기 때문이다. 노엄 촘스키는 인식론적 무지를 오웰의 문제라며 다음과 같이 언급했다. "증거가 이렇게나 많은데도 우리는 어떻게 이렇게나 아는 것이 적은지에 대한 문제다"(chomsky, 1987, p. xxv).

매년 고통스럽게 실험당하는 100억 마리가량의 동물은 군·동물 산업 복합체에 투자한 자본가들의 이윤을 불려 주느라 고통당하고 죽는다. 이윤과 고통을 동시에 양산하는 이러한 산업의 번창은 역사가 매우 길며, 안타깝지만 현재와 미래에도 변함없이 번창할 듯하다. 전쟁이라는 착취적·폭력적·사회적 파괴에 공정하고 지속적으로 저항하기 위해서는 모든 형태의 동물 이용에 맞서는 집요하고 창의적이고 가차 없는 행동이 필요

---

9 이 기함할 만한 수치도 매년 인간의 소비를 위해 도축되는 동물 수에 비하면 새 발의 피다. 소비용으로 (적게 잡아도) 1년에 560억 마리, 즉 1분에 10만 6,000마리의 동물이 죽어 나간다.

하다. 이 책이 동물에게 초점을 맞춘다고 해서 전쟁이 인간과 사회에 광범위하게 미치는 물리적·정신적·사회적 영향을 깎아 내리려는 것은 결코 아니다. 여기에 제기된 논의들은 전쟁에 관한 폭넓은 비판 담론에 또 다른 층위를 추가하는 것일 뿐이다. 장차 건설될 적극적 평화를 떠받쳐야 하는, 그리고 떠받칠 수 있는 기둥 중 하나인 셈이다. 동물에 대한 착취를 멈추지 않는 한 우리 종 내부의 폭력도 빠른 속도로 증가할 것임을 많은 이들이 이미 간파했다. 모든 종이 계속 신음하게 된다는 말이다.

이러한 토대를 기반으로, 인간 쇼비니즘이 무엇을 드러내고 밝히는지 탐구한다. 우리가 주목하는 것은 종차별주의보다 은밀하게 작용하는 인간중심주의다. 인간중심주의anthropocentrism라는 용어는 고대 그리스어 안트로포스antrōpos에서 유래했는데, 안트로포스는 인간과 관련된 단어들의 접두사로 쓰인다. 인간중심주의는 인간의 이익을 중심에 두고 다른 모든 존재(동물과 자연세계를 아우르는 모든 것)를 희생시킨다. 인간중심주의의 영향에서 완전히 벗어나는 것은 매우 어려운 일이고 더러는 불가능하다고 보기도 한다. 그러나 우리는 반드시 인간의 이익을 모든 종과 생태계를 포함하는 모두의 이익 속에 둘 수 있어야만 한다. 이를 위해서는 우리가 동물보다 우월하지 않다는 것, 오히려 모든 종이 뒤얽혀 살아가는 생태계라는 혼합체의 일부라는 것을 인식함으로써 인간중심주의를 재구성해야 한다. 또한 인간 쇼비니즘이 인간을 맨 꼭대기에 올려둔 종 계층구조를 만들기 위해 가져다 쓰는 기준들이 얼마나 자의적인지를 깨닫는 일이다. 이는 모든 종이 다 똑같다는 것이 아니다. 그보다는 차이 속에서의 생태적 공존을 받아들이는 것을 의미한다(Haggis, 2004).

종차별주의speciesism라는 용어는 영국 심리학자 리처드 라이더Richard

Ryder가 1970년에 처음 고안하고 피터 싱어(Peter Singer, 1975)가 획기적인 논문《동물 해방》을 통해 대중화시켰다. 종차별주의는 이데올로기다. 종차별주의는 다른 종 구성원들을 희생시켜 인간 종의 특정 행위를 옹호하는 사회적 믿음 체계다. 이는 백인이라는 (사회적) 위치를 차지한 세력이 인종차별주의를 동원하는 것과 똑같은 방식이다. 종차별주의에 관한 피터 싱어의 해석은 선호공리주의preference utilitarian 또는 결과주의 체계를 기반으로 한다. 공리주의는 간단하게 말해 최대 다수의 최대 행복이다. 행복을 최대화하려는 행동이 선호된다는 뜻이다. 이는 행동에 결과가 따른다는 점에서 결과주의다. 행복의 최대화를 판단할 수 있으려면 결과를 알아야 한다. 여기서 가장 중요한 것은 더 큰 행복이 도출되기만 한다면 동물, 즉 인간과 동물에게 미치는 피해가 정당화될 수 있다는 점이다. 종차별주의에 대한 싱어의 추론이 획기적이고 동물을 해방시키는 이론인 듯 보이기는 하지만, 많은 학자들은 피해 허용 가능성을 암시한다는 점에서 문제의 소지가 많고, 동물 문제에 관한 이익 기반이나 권리 기반 접근법에 모순된다고 본다. 또한 근본 문제 중 하나는 공동의 행복, 또는 최대화된 행복 아래 허용 가능하고 정당화될 수 있는 피해를 판단하는 분계선이 과연 어디에 놓이느냐는 점이다. 일부 학자들은 행복의 최대화와 고통의 최소화를 계산하는 셈법에 인간중심주의에 근거한 과학적 환원주의가 내포되어 있다고 폭로해 왔다(Noske, 1997; Routley and Routley, 1979). 이런 우려 속에서 인간 쇼비니즘은 인간의 변덕스러운 욕망에 따라 착취당해 온 동물의 길고도 처참한 역사를 설명하는 대단히 적절한 개념이다. 동물 이용에 관한 이데올로기적 기초는 종의 특권을 넘어서서 쇼비니즘의 하나로 확대된다.

인간과 쇼비니즘이라는 두 용어는 1973년에 리처드 루틀리가 처음 조합해 의미를 명확하게 부여했고, 이후에 그와 발 루틀리가 공동 집필한 획기적 논문 "인간 쇼비니즘의 불가피성에 반대하며"에서 더욱 깊이 탐구되었다(Routley, 1973; Routley and Routley, 1979, 1980). 이러한 견해들은 생태적 질문이 폭넓고 의미심장하게 성찰되던 시기에 생겨났다. 또한 이 시기는 현대의 환경윤리가 태동한 시기이기도 했다. 인간 쇼비니즘은 인간중심주의의 한 변종, 연장, 기본을 가리키는 것으로, 쇼비니즘 안에서는 "인류 또는 사람이 최우선이고 그 밖의 모든 것은 맨 나중"이다. 인간의 이익이 최우선이고, 동물(과 생태계)을 해치는 행동이어도 인간의 (자기) 이익을 해치지 않는 한 도덕적으로 허용 가능하다. 이것은 공리주의 원리 너머까지 확대되는데, 거기서 동물은 인간의 이익에 부합하는 이익으로만 고려된다. 로커보어locavore(자기가 사는 지역에서 재배되고 사육된 음식을 즐기는 사람-옮긴이)와 양심적인 옴니보어omnivore(잡식성 동물-옮긴이) 같은 인간중심적 개념이 생겨난 오늘날에는 특히 더 그러하다. 도덕적으로 허용되기 힘든 학대에 가까운 동물 이용에 대한 인식이 높아진 뒤로, 소비용으로 사육된 동물에 대한 관심은 죄책감을 덜어 주는 논리(고기를 먹는 것이 건강에 이롭다는 주장을 포함해서), 인간의 행동이 사회적으로 용인될 만한 것이라는 논리로 확장되었다(Sambonmatsu, 2011a, 2011b). 하지만 이러한 논리는 쇼비니스트적 종 구별을 복원함으로써 전략적 무지를 되찾으려는 시도라고 볼 수 있다.

우리가 전쟁 시 동물 이용을 본질적인 차원에서 밝혀내는 것이 바로 이 지점이다. 동물은 인간 병력을 보충하거나 대체하기 위해 일회용품처럼 이용될 때가 많다. 그 임무라는 것이 하찮거나 위험하거나 꺼려지는 것이든 상관없이. 이 책에서 독자들은 쓰고 버려지는 동물이 어떻게 취급되고 다뤄지는지에 대한 수많은 사례를 접하게 된다. 이를테면 사전 동의 없이 원격으로 폭파되는 자살폭탄 테러범으로 개를 이용한다든지 (개를 내리 굶겼다가 탱크나 다른 군용 차량 밑에서 먹이를 찾아내게 훈련시킨다), 전쟁에 동원되었던 동물 중 상당수가 무수한 인명을 구했는데도 불구하고 무력 충돌이 끝난 뒤에 본국으로 돌려보내는 것보다 싸게 먹힌다는 이유로 몰살시켜 버린다든지 하는 예들이다.

'탱크견'의 사례도 끔찍하지만, 제2차 세계대전 때 미국 중앙정보국(CIA)의 전신인 전략사무국(OSS)은 그것을 능가하는 다양한 방식으로 '상상력 풍부한' 실험을 수행했다. 고양이는 반드시 네 발로 착지하고 무슨 수를 써서라도 물을 밟지 않을 거라는 '추정' 아래, 고양이 몸에 폭탄을 묶어서 군함 위에 떨어뜨리면 거의 오차 없이 표적물을 맞힐 수 있으리라는 계획이 세워졌다. 몸에 폭발물이 부착된 고양이가 물에 떨어지지 않으려고 악착같이 노력하므로 폭탄을 군함의 갑판 위로 무사히 운반할 거라는 주장이었다. 실험은 이들이 추론한 결과에 부응하지 못했다. 고양이들이 "심지어 몸에 폭탄을 부착하지 않은 상태에서도 나치 군함 근처에 가기도 훨씬 전에 정신을 잃을 공산"이 컸던 것이다(Harris and Paxman, 1983, p. 206).

군산 복합체라고 폭넓게 지칭되는 영구적인 전쟁 경제의 출현, (지금까지도) 연구가 미흡한 군·동물 산업 복합체는 인간 쇼비니즘에 뿌리를 둔다. 역사적으로나 현대에서나 전쟁 도구로 이용하는 동물과 '조련사들' 사이에는 깊은 정서적 유대가 형성된다. 반면 동물을 하이브리드로 개조하는 작업도 빠른 속도로 진행되어 왔다. 하이브리드화는 흰담비, 돌고래, 바다표범 같은 동물에게 과학기술 장비를 물리적으로 설치하는 형태를 취하는데, 더러는 멀리 떨어져 있는 조련사와 동물을 연결시켜 주는 햅틱haptic(촉각, 진동 등을 느끼게 하는 기술) 피드백 장비를 설치하기도 하고, 더러는 뇌 속에 전자장치를 심어 신경과 직접 연결하기도 한다. 이런 신경 연결장치가 이식된 동물은 기본적으로 신데카르트주의적 하이브리드로, 한때 과학소설 영역에서나 나오던 모델이다. 이윤창출이 갈수록 분명하게 나타나는 군산 복합체라는 혼합체는 인간 쇼비니즘으로 향하고 있고 이를 나타내는 방식도 매우 다양하다. 고통과 고난의 경제적 자본화가 인간과 동물에 대한 착취를 지탱하는 주춧돌이기는 하지만, 그렇다고 재난 자본주의에 깊이 뿌리 내린 '민간 군사기업'의 경이로운 출현 이면까지 들여다볼 필요는 없다. 다만, 전쟁 민영화의 대표 얼굴로 자리매김해 온 민간 군사기업을 계속해서 주시해야 한다. 수조 달러 규모로 현대식 전쟁 무기를 제공하는 이런 기업은 수십 년 동안 국가 간, 국가 내부에서도 경제적·정치적으로 상당한 영향을 끼쳐 왔다. 기업은 군산 복합체의 주춧돌이며, 연구기관들과 나란히 군·동물 산업 복합체의 규범적이고 (전)발달기적인 하이브리드 생물정치학에서 중차대한 역할을 수행한다.

동물과
전쟁

●●●   이 책은 역사적인 대규모 동원에서부

터 현대전의 좀 더 비밀스러운 작전에 이르기까지 전쟁에 이용되는 동물에 관해 두루 기록한다. 동물들의 역할은 보급품 운송책, 기동수단, 메신저, 무기, 의료 '훈련용', 무기 실험용 등 다양하다. 동물 이용의 역사적 사례는 일부 드문 경우를 제외하고는 대체로 잘 알려져 있다. 반면 현대의 사례는 시범적으로 실행되거나 추진 중인 것들로, 인간 쇼비니즘과 군·동물 산업 복합체의 규모를 드러내 주고 전쟁의 변화하는 속성의 여러 양상을 잘 보여 준다. 전쟁이 기계화되면서 제1차 세계대전 이후 그 전까지 널리 이용되던 동물이 기계로 대체되었고, 대신 동물은 점차 전문화된 영역에서 동원되었다. 가령, 1980년대 미 해군은 돌고래를 포획해 기뢰를 찾는 훈련을 시켰고, 흰돌고래, 범고래, 들쇠고래를 미 해군 해양 포유류 프로그램의 일부로 확대했다. 인간 쇼비니즘은 《내셔널 지오그래픽 뉴스》의 기사에서도 노골적으로 드러나는데, 해당 기사는 돌고래를 직접적인 고통 속에 밀어넣는 정책을 다음과 같이 옹호했다. "돌고래는 탁월한 수중 음파탐지 능력과 뛰어난 지능 덕분에 어수선한 천해 환경 속에서 기뢰를 찾는 데 유례없이 적합하다. 천해에서 해군의 전자장비는 무용지물에 가깝다"(Pickrell, 2003. 3. 28).

개를 전쟁에 이용한 사례는 전쟁이 처음 나타난 시대로 거슬러 올라가며, 이후 개는 점차 자연스러운 활동과는 동떨어진 임무에 강제 투입되면서 오늘날까지 계속 이용되고 있다. 2010년에도 미군은 이라크와 아프가니스탄에서 군견Military Working Dogs, MWD이라고 불리는 개 2,800마리를 이용했다. 개는 항공기와 헬리콥터에 실려 '파견'되었고, 조련사들이 직접 바다로 내던지면 2인용 낙하산에 매달린 채 바다로 떨어졌다. 미 해군은 전쟁 무기로 개를 더 많이 활용하기 위해 개용 방탄조끼를 개발하는 중이다(Frankel, 2011). 이와 함께, 미 해병대는 폭발물 탐지견의 수를 2012년 말까지 600마리로 늘릴 계획을 세웠다. 이는 훈련 프로그램이 설립된 2006년에 비해 두 배가 넘는 숫자다(Kovach, 2010). 이 새로운 형태의 착취는 아이러니가 아닐 수 없다. 제2차 세계대전 때에는 개를 데려다가 스스로 알지도 못하는 사이에 자살폭탄 테러범(즉, 탱크견)으로 둔갑시켜 놓고 이제는 개에게 폭탄을 탐지해 내라고 하고 있기 때문이다(Biggs, 2008).

군·동물 산업 복합체는 이윤을 창출하고 하이브리드 동물을 생산하기 위해 유전공학 기술을 갈수록 더 많이 도입하고 있다. K-9 증기 흔적 탐지 프로그램에서는 개 유전자를 조작해 폭발물에서 흘러나오는 '냄새 구름'을 탐지하게 한다(Yager, 2010). 이는 날로 구석구석 파고드는 과학기술과 동물 간의 신데카르트주의적 결합이다(Biggs, 2008). 미국 방위고등연구계획국(DARPA)이 곤충 사이보그를 생산할 목적으로 하이브리드 곤충 미세전자기계 시스템을 개발한 사례도 있다. "여러분은 〈반지의 제왕〉에 나오는 친절한 마법사 간달프가 나방을 이용해서 공중 지원을 요청하는 장면을 떠올릴 수도 있을 것입니다." DARPA 프로그램 관리자 아미트 랄Amit Lal이 2007년 한 심포지엄에서 말했다. 이어서 그는 이렇게 덧붙였다. "이 과학소설의 상상은 이미 현실 세계 안에 있습니다"(Weiss, 2007. 10. 9).

인간의 목적을 위해 신데카르트주의적 프랑켄슈타인 같은 동물을 만드는 많은 연구가 한창 진행되고 있는 가운데, 한편에서는 동물이 입는 전쟁 피해에 대한 자각이 점차 높아지고 있다. '군복무'에 강제로 동원된 동물만이 아니라 다른 방식으로 직간접적 피해를 겪는 동물에 대해서도 마찬가지다. 베트남전 때만 해도 전투에서 죽지 않고 살아남은 개들은 대부분 서양 군대가 퇴각할 때 현지에 버려졌다. 그러나 이라크에서 유사한 상황이 벌어졌을 때 국제동물학대방지협회가 '퇴역한' 개 7마리를 미국으로 송환하는 데 드는 비용을 모금하는 데 성공했다(Society for the Prevention of Cruelty to Animals International, 2011. 3. 12). 또 다른 예로, 해병대 폭발물 탐지견 거너는 외상후스트레스장애 증상이 나타나 '퇴역 명령'을 받았다. 거너는 어느 젊은 병사의 가정으로 입양되었는데 입양되고 나서 거너가 입은 외상의 정도가 더욱 분명하게 드러났다. "카메라만 눈에 띄어도 소파 뒤로 슬금슬금 숨습니다"(Phillips, 2010. 10. 6).

영국군과 함께 아프가니스탄으로 파견되었던 어린 스프링어 스패니얼 테오 이야기도 화제를 낳았다. 2011년 2월에 테오는 그의 조련사 리암 태스커 일병과 함께 급조 폭발물과 무기를 거의 모두 탐지해 내는 기록을 세웠다. 그뒤 둘의 순찰 구역이 확대되었고, 3월 1일, 헬만드 주 나르에 사라이Nahr-e-Saraj 북부에서 태스커가 총에 맞아 전사했다. 불과 몇 시간 뒤에 테오도 사망했다. 테오의 사인은 심장마비, 발작, 스트레스, 함께 활동하던 조련사의 사망으로 인한 상심으로 보고 있다(Drury, 2011. 3. 5).[10] 갯과의 외상후스트레스장애는 2010년에 처음 밝혀진 뒤로 현대전에 이용되는 개 사이에서 크게 부상하고 있는 질환으로, 갈수

---

10 실리어 해던(Celia Haddon, 2011)도 참조하라. "놀라운 것은 가엾은 테오의 경우처럼 개가 상심 때문에 죽을 수 있다는 점이 아니다. 오히려 너무나 많은 사람들이 아직도 동물이 감정을 표현한다는 생각을 한낱 감상적이고 의인화에 빠진 헛소리라며 묵살해 버린다는 사실이다."

록 진단이 늘고 있다. 그래서 수의사는 최근 이 질환의 치료법을 새로이 배우고 있다. 개를 치료하는 목적은 전쟁 지역으로 재투입하는 데 있다(Dao, 2011; Mendoza, 2010). 캐치-22인 셈이다(catch-22는 유명한 반전 소설인 조지프 헬러의 동명 소설에서 유래한 신조어로, 돌고 도는 딜레마나 진퇴양난을 의미한다. 가령, 전투기 조종사가 스스로 미쳤음을 증명하면 임무에서 배제될 수 있지만 스스로 미쳤음을 증명할 수 있는 조종사라면 미친 것이 아니므로 계속 전투에 나가야 하고, 계속 전투에 나갔는데도 미치지 않는다면 정상이므로 역시 계속 전투에 나가야 한다.-옮긴이).

동물을 의학이나 기타 실험(생체 해부)에 이용하는 문제는 오랫동안 논쟁거리였다(Twine, 2010). 마찬가지로, 동물을 (군의관, 수련의, 의무병, 보병들을 위한) 전투 트라우마 훈련 과정에 이용하는 것도 상당한 저항에 부딪쳐 왔다. 버빗원숭이를 화학물질에 반복적으로 노출시켜 화학전 공격을 모의실험하는 훈련, 염소의 사지를 하나씩 자르면서 치명적인 출혈을 일으키는 훈련, 돼지에게 총상과 화상을 비롯해 기타 부상을 입히는 훈련 등도 포함된다. 《뉴욕 타임스》에 보도된 전투 훈련 사례에서는 돼지 한 마리가 얼굴에 9밀리미터 권총으로 두 발, 칼라슈니코프(AK-47) 돌격소총으로 여섯 발, 12구경 산탄총으로 두 발을 맞았다. 이 돼지는 그 뒤로도 15시간 동안 살아 있었다(Chivers, 2006).

2011년 11월 11일 영령기념일(미국에서는 재향군인의 날이라고 한다)에 '책임있는 의료를 위한 의사회'는 소식지를 발행해 미국의회에 "전선 의료 서비스를 개선하고 매년 수천 마리 동물의 잔혹하고 불필요한 죽음을 없애는 규정"을 만들어 제정하라고 촉구했다. 전투 트라우마 훈련 과정을 반대하는 이유는 실험 방법이 본질적으로 잔혹한데다 인간 피험자나 인간 유사체를 이용하는 편이 동물을 쓰는 경우보다 효과가 뛰어나기 때문이다. 그러나 이 책은 훈련의 '효과'에 이의를 제기하는 것이 아니라, 동물을 전투 훈련에 이용한다는 사실을 폭로하는 데 있다. 그런 전투 훈련은 인간 쇼비니즘에 뿌리를 두고 있는 군·동물 산업 복합체의 부분집합이기 때문이다.

동물을 전투 훈련에 이용하는 데 대한 반대운동은 어느 정도 효과를 거두고 있다. '동물실험에 반대하는 독일 의사들Doctors Against Animal Experiments Germany'은 2010년 중반에 미 육군이 그라펜뵈어Grafenwöhr 훈련 지역에서 살아 있는 동물을 트라우마 훈련에 이용하기 위해 허가 신청을 낸 사실을 알게 되었다(Robson and Kloeckner, 2010). 이에 의사들은 공개적으로 시민들에게 행동에 나서 줄 것을 요청했고, 그뒤 "독일에 주둔해 있는 미 육군본부에는 일반 시민들로부터 받은 항의 서한과 이메일이 넘쳐" 났다. 미 육군은 하루 만에 신청을 철회했다. 이후 다시 신청했을 때에는 "무기나 탄약 또는 군사장비를 개발하거나 시험하기 위해 '동물을 이용하는 것은' 금지한다. 또한 교육과 훈련 프로그램에 동물을 이용하는 것도 비동물 수단으로 가능할 경우에는 금지한다."면서 허가가 거부되었다. 미국에서도 법적 움직임이 있었다. 2011년 11월에 법사위원회에 회부된 '모범 훈련 사례를 통한 전장 우수성 법안Battlefield Excellence through Superior Training Practices Act'은 국방부가 자금을 대는 트라우마 훈련 과정에 인간 기반 방식을 단계적으로 도입하도록 규정했다. 생물무기와 화학무기 실험은 즉각적으로, 그 외 부상실험은 2013년 10월 1일까지 시행하는 것을 의미한다(Lovley, 2010)(결국 법률로 제정되는 데는 실패했다-옮긴이).

또한 널리 인식되지는 않았어도 전쟁이 동물에게 미치는 좀 더 직접적인 영향이 드러난 사례도 있다. 저명한 저널리스트이자 종군기자이며 영화감독인 존 필거John Pilger는 2010년에 발표한 다큐멘터리 〈당신이 모르는 전쟁The War You Don't See〉에서 독립 사진기자 가이 스몰맨Guy Smallman을 인터뷰했다(Pilger and Lowery, 2010). 스몰맨은 2009년 5월 4일에 2억 8300만 달러짜리 미국 B-1 랜서 폭격기가 아프가니스탄 파라 주 그라나이를 저녁 기도시간에 맞춰 의도적으로 공격한 데 따른 처참한 결과에 대해 이야기했다. 인터뷰 도중 산업 차원에서 결정론적으로 단행된 군사 공격이 동물에게 미치는 피해 가운데 그 전까지는 거의 보도되지 않았던 사실이 극명하게 드러났다. 스몰맨은 이렇게 말했다. "거기에 도착해서 처음 들었던 생각은 되게 조용하다는 거였어요. 아프가니스탄 시골은 보통 새들의 노랫소리가 교향곡처럼 울려 퍼지거든요. 그런데 완전히 쥐 죽은 듯이 조용했던 거죠…."[11] 전장 사진을 보면, 제1, 2차 세계대전 중 참호를 찍은 사진처럼 주변 환경이 완전히 쑥대밭이 되어 버린 것을 볼 수 있다. 그런 자료를 통해서 전쟁이 생태 공동체에 미치는 막대한 영향에 대해 성찰해 볼 수 있었다.

역설적이게도 충돌이 벌어졌던 지역에서 오히려 동물이 번성하는 사례도 있다. 키프로스에 있는 길이 180킬로미터(약 1억 평)의 UN 완충 지역과 한반도의 가로 250킬로미터, 세로 4킬로미터에 이르는 비무장지

---

11 지역 주민들은 스몰맨에게 그날의 공격으로 147명이 사망했다고 밝혔다. '잘못된 정보'에 근거한 공격이었다. 스몰맨은 마을에 70기가 넘는 무덤이 새로 만들어진 것을 목격했는데, 그중에는 전 가족이 함께 묻힌 무덤도 있다. 가로 30미터가량 되는 한 대형 무덤에는 시신이 심하게 훼손되어 신원을 파악할 수 없는 55명의 유해가 들어갔다. 북대서양조약기구는 사상자를 25명으로 기록했다.

대DMZ는 야생생물의 피난처가 되었다. "울타리를 쳐놓은 이 두 곳의 기다란 고립지는 전쟁과 분리라는 부정적인 영향 때문에 오히려 자연의 힘이 원래의 땅을 회복할 수 있었고 이 환경 속에 긍정적인 차원이 새롭게 형성되었다. 이제 이 두 곳은 자연적인 생물다양성의 천국이 되었다"(Grichting, 2007, p. 4). 포클랜드(아르헨티나 남단에 위치한 영국의 속령-옮긴이)의 상황은 상대적으로 긍정적인 면이 빈약하기는 하지만, 최근에 벌어진 전쟁의 영향이 (최소한 잠재적으로) 어떠할지 잘 보여 준다. 포클랜드에는 1,500개가 넘는 지뢰와 영국군이 떨어뜨린 숫자조차 파악되지 않는 집속탄Cluster Munitions(하나의 폭탄 속에 여러 개의 소형 폭탄이 들어 있는 폭탄)이 최소 83개 지역에 흩어져 있는 것으로 추정된다. 이 수치를 통해 2009년 10월에 포트스탠리, 포트하워드, 폭스베이, 구스그린 부근에서 시범 사업으로 678개의 지뢰가 수작업으로 제거되었지만 그뒤에도 여전히 얼마나 많은 양이 묻혀 있을지 가늠해 볼 수 있다.[12] 하지만 아이러니하게도 어마어마한 이 지뢰 덕분에 젠투Gentoo펭귄, 남부바위뛰기Southern Rockhopper펭귄, 마젤란Magellanic펭귄, 킹펭귄 등의 펭귄 서식지를 보호하는 데는 도움이 되고 있다. 펭귄은 지뢰가 터지지 않을 정도로 몸무게가 가볍기 때문에 이제 이들은 인간과 다른 동물을 피해 울타리가 쳐진 지뢰밭에 모이고 있다(Pearl, 2006).

---

12 또한 대인지뢰금지협약에 따라 UN에 보관된 영국의 2011년 〈아티클 7〉 보고서 (Casey-Maslen, 2009)도 참조하라.

도전에
직면하다

●●● 포클랜드펭귄과 한반도 비무장지대 회복 사례는 전쟁이 동물에게 미치는 복잡한 영향과 넓은 의미에서의 인간 쇼비니즘을 잘 보여 준다. 이 책에 실린 글들은 일반적인 전쟁 담론에 필수적이고 비판적인 모자이크를 추가하여 착취에 대해 더욱 탄탄한 교차분석이 이뤄질 수 있는 토대를 다져 준다. 또한 이 토대는 전쟁 없는 사회(소극적 평화)로 변화해 적극적 평화로 나아가게 해 주는 밑거름이기도 하다. 폭발물이 부착된 고양이나 탱크견과 같은 예들은 매우 터무니없어 보이고 오늘날의 관점으로 보면 끔찍한 것은 말할 것도 없고 어처구니없기까지 하다. 현재의 군·동물 산업 복합체의 핵심적인 연구와 이데올로기, 정책 중 많은 부분은 머지않은 미래에 마찬가지가 될 것이다. 하지만 역사는 과학적 상상이 과학적 사실이 되는 수많은 사례를 보여 주었다. 유전적으로 변형되고 하이브리드로 개조된 다양한 형태의 동물들은 이미 우리 곁에 존재한다.

다음 장부터는 본격적으로 비판적 동물연구 철학자, 동물권 활동가, 전쟁반대 운동을 펼치는 학자들의 목소리가 담길 것이다. 존 소렌슨이 쓴 1장은 동물을 운송수단으로 이용하는 문제를 탐구하면서, 그러한 이용을 가능하게 하는 지배주의 정치학과 상품화 과정에 대해 다룬다. 또한 착취하고 소외시키는 인간의 무궁한 상상력 속에서 인간 쇼비니즘의 다양하고 엇나간 술책들을 보여 주고, 그렇게 해서 예측하지 못한, 심지어 의도하지 않은 범위까지 조명한다. 소렌슨은 군·동물 산업 복합체에서 동물을 존재하지 않는 대상으로 삼는 것을 실질적으로 해체한다. 이는 나머지 장들의 공통된 요소이기도 하다. 소렌슨이 동물을 운송수단으로 이용하는 문제를 다룬다면, 저스틴 굿맨, 샬린 갈라, 이언 스미스는 2장에서 미군 의료 훈련 프로그램에서 부당하게 이용되는 동물의 문제를 실증적으로 파헤친다. 의료 훈련에 동물을 지속적으로 이용하는 것은 그 바탕에 완강한 남성성 과잉과 쇼비니즘 전통이 깔려 있는데도 인명 구조를 목적으로 한다는 귀표를 달고 있다. 이는 2장에서 폭로된다. 훈련 프로그램 속에 팽배한 종차별주의에 대해서도 들춰 낸다.

애나 폴리나 모론이 쓴 3장은 동물이 전쟁 무기로 이용되어 온 역사적 사례를 탐구한다. 종을 가로지르는 착취의 교차성은 소렌슨도 타자로서의 동물에 대한 설명과 함께 성찰했지만, 3장에서는 동물과 열등한 위치에 놓인 인간이 상호 연결되어 있는 관계가 더욱 자명하게 밝혀진다(가령, 노예와 개). 모론은 선택된 동물이 어떻게 사회적으로 특정 지위의 상징으로 구성되는지, 동물이 사회구조를 바꾸는 어떤 역할을 수행해 왔는지에 대해서도 설명한다. 동물을 전쟁에 이용할 때에는 인식된 이점과 실질적(인간중심적) 이점이 있는데, 이 이점들은 위험과 나란히 위치하고 있다. 예를 들면 겁에 질린 코끼리가 아군을 짓밟고 죽이기까지 하는 것이다. 이런 예는 당면한 순간에 벌어진 '싸울까 달아날까' 반응으로 보일 수도 있지만, 우리는 그런 행동을 전략적 저항으로 성찰해야 한다.[13]

4장에서 줄리 안제예프스키는 전쟁의 여파를 탐구하면서 식민주의

---

13 제이슨 라이벌(Jason Hribal, 2010)의 《동물 세계의 두려움: 다양한 사례로 본 동물 저항의 숨겨진 역사》에 제시된 실증적인 사례와 논의를 참조해도 좋다(동물을 전쟁에 이용하는 문제와는 연관이 없다).

와 제국주의 징후의 직접적인 유사점을 끌어낸다. 전쟁이 동물에게 미치는 영향은 동물을 존재하지 않는 지시 대상으로 여기고 나아가 비가시화하는 추가 과정을 통해 드러난다. 다시 말해, 동물의 삶은 어떤 배려도 받지 못하고, 가장 극단적인 부수적 피해가 되어 버린다. 안제예프스키는 전쟁이 동물에게 미치는 장기적이면서도 고려되지 않는 영향에 초점을 맞추고 인간 쇼비니즘이 전쟁에서 차지하는 중심적 역할에 대해 조명한다.

5장에서 라즈모한 라마나타필라이는 여러 면에서 동물을 부재 지시 대상으로 묘사하면서도, 동물의 비가시성과 뚜렷이 대조를 이루는 사례들을 보여 준다. 그는 다양한 문화 속에서 숭배의 대상으로, 용맹한 전쟁 무기로, 맹목적으로 숭배되는 상품으로 자리매김된 동물을 병치시켜 보여 준다. 라마나타필라이는 인간과 동물의 관계를 다섯 단계로 나누어 탐구하고, 동물이 어떻게 신성한 지위(이 자체로 종차별주의자와 인간 쇼비니스트의 구상과 정반대다)에서 착취당하는 (비)생명과 존재하지 않는 지시 대상의 지위로 바뀌었는지 주목한다. 또한 다섯 단계의 결과를 동시에 끌어내면서 갈등과 갈등 전환에 적극적 평화의 방식으로 접근하는 것이 인간 쇼비니즘을 초월하고 모든 종에 대한 업신여김을 넘어서는 필수 요소임을 발견한다.

6장에서 빌 해밀턴과 엘리엇 카츠는 동물을 전쟁에 이용하기 위해 과학(적 상상과 사실)이 과거에 수행했던 그리고 미래에 수행하게 될 잠재적 역할을 때로 간담 서늘하게 설명한다.

1장
운송수단부터
전쟁 미화의 상징까지

존 소렌슨

수천 년 동안 동물은
전쟁 수행의 필수 요소

●●●   순전히 숫자만 놓고 본다면 인간이 다른 동물을 식용, 옷, 오락용, 실험 대상으로 착취하기로 작정하고 그들에게 직접 저질러 온 고의적 야만성에는 그 어떤 것도 필적하지 못하지만, 우리 종끼리 다른 인간을 겨냥해 벌인 전쟁에서 동물에게 '부수적 피해'로서 부과해 온 고통 역시 결코 만만치 않다. 종차별주의와 지배주의라는 이데올로기와 상품화 과정은 모두 동물을 타자화해 왔다. 또한 자연을 향한 가부장적 태도를 특징으로 하는 이원론적 사고는 동물의 가치를 폄하하고(Plumwood, 1993) 인간으로 하여금 다른 동물을 그저 이용 가능한 사물로만 취급하게 했는데, 이는 동물을 일상 속에서 이용할 때와 마찬가지로 전쟁의 맥락 속에서도 분명하게 드러난다. 모든 맥락 속에서 우리는 동물을 우리의 목적을 달성하게 해 주는 수단으로 여겨 왔

다. 특히 전쟁 중에 동물은 운송장비로 기능하는 직접적인 의미만이 아니라, 전쟁을 수행하는 데 필요한 일반적인 의미의 수단으로도 이용되었다. 우리가 다른 동물을 그들 고유의 목적에 아랑곳하지 않고 우리의 목적을 위해 징집해 온 갖가지 방법을 생각해 보면 인간의 독창성은 참으로 무한한 듯 보인다. 인간은 역사 속에서 다른 동물을 폭력적 활동에 강제 복무시켰고, 전쟁 수단으로 삼았다.

수천 년 동안 인간은 버팔로, 낙타, 개, 당나귀, 코끼리, 말, 노새, 황소와 같은 동물을 노예로 부리는 것을 당연한 '권리'라 여기고, 동물을 이용해 전장으로 군수품을 보냈다(Curry, 2003). 기계화된 운송수단이 개발되기 전까지 동물은 전쟁 수행의 필수 요소였다. 동물을 이용하지 않고서는 제한된 지역 내에서 소규모 접전밖에 치를 수 없었기 때문에 대대적인 군사작전을 감행하려면 식량과 전투장비는 물론이고 병사를 나르기 위해서도 동물이 없으면 안 되었다. 특히 크고 힘이 좋은 동물은 속도와 기동력을 월등히 높여 줬고, 더 복잡하고 정교한 기술로 다른 인간을 공격하거나 죽일 수 있게 해 줬다. 사실, 역사적으로 다른 동물을 징집하지 않았다면 인간은 우리가 지금 아는 방식대로 전쟁을 치르는 것이 불가능했을 것이다(Kistler, 2011).

전쟁 중에 다른 동물을 이용하는 온갖 방법으로 치자면 인간의 상상력은 거의 한계가 없어 보인다. 제1차 세계대전 때 군인들은 반딧불이 불빛을 이용해 신호를 보내거나 참호 안에서 지도를 읽었다(CNN, 2004). 비둘기는 메시지를 옮기는 임무에 동원되었다. 제1, 2차 세계대전 때 영국에서만 해도 수십만 마리의 비둘기가 이용되었는데, 그중에서 32마리가 많은 인명을 구한 공로로 디킨 메달을 받았다(BBC News, 2009;

Daily Mail, 2010). 디킨 메달은 '아픈 동물을 위한 사람들의 진료소People's Dispensary for Sick Animals, PDSA'라는 자선단체가 수여하는데, 이곳은 1917년에 마사 디킨Martha Dickin이 런던 이스트엔드 지역 빈민층을 대상으로 동물을 무료로 진료해 주기 위해 설립한 단체다. 지금은 영국에서 가장 규모가 큰 동물구호단체 중 하나다. 개, 말 중 많은 수가 군인을 도운 업적으로 디킨 메달을 받았다. 2010년에는 래브라도리트리버 트레오가 아프가니스탄에서 영국군을 도와 숨겨진 폭탄들을 찾아내 이 메달을 받았다(BBC News, 2010).

낙타, 코끼리, 말과 같이 덩치가 큰 동물은 군인들의 탈것으로 널리 이용되었다. 그런데 이 동물들의 놀라운 체력과 지구력에 반한 인간은 이들을 단순히 짐꾼으로만 이용하지 않고 노역을 시켰다. 그런 동물들의 유용성을 너무 잘 알고 있는 적군은 상대편의 동물을 표적으로 삼아 공격하기도 했다. 그런데도 인간은 동물을 그 공포스러운 상황 속으로 계속 밀어 넣어 노역을 시켰다. 이와 유사하게 고대 로마인들도 볼거리 삼아 코끼리를 공개적으로 학대하는 것을 대단히 즐겼다. 코끼리가 자연세계의 힘은 물론이고 이 놀랍고 무시무시한 동물을 이용하는 적군과 동일시되었기 때문이다. 따라서 코끼리를 학대하고 지배하는 것은 자연세계와 정치세계에 대한 로마의 장악력을 상징했다(Shelton, 2006).

고대로부터 인간은 코끼리나 말 같은 동물 위에 전사가 올라타면 공격과 후퇴를 위한 속도와 이동 면에서, 적의 보병을 물리치는 작전 면에서 매우 유리하다는 사실을 잘 알았다. 커다란 동물 위에 올라탄 병사들은 우월한 높이와 속도의 이점을 이용해 적진을 뚫고 들어가거나 적을 짓밟을 수 있었고 도주하려는 자들을 뒤쫓기도 쉬웠다. 우레같이 요란한 대형동물 군단은 분명 압도적인 충격과 공포를 실어 나르는 수단이었다 (Gowers, 1947; Rance, 2003; Schafer, 1957).

코끼리는 예로부터 전쟁터에서 적을 공격하고 공포에 떨게 하는 용도로 이용되었다(Charles, 2008). 무장을 한 코끼리들은 적의 방어선과 요새를 뚫는 데 이용되었고, 등에 마차나 포탑을 지고 있어서 궁수가 거기서 활을 퍼부을 수 있었다. 특히 포탑을 진 코끼리는 고대 시대부터 힘의 상징이었고, 거기서 파생된 코끼리와 성castle의 상징은 오랫동안 유럽 도상학의 특색이었다. 유럽에서는 전쟁에 코끼리가 널리 쓰이지 않았는데도 말이다.

코끼리가 전쟁에 이용된 것은 페르시아와 이집트뿐 아니라 고대 인도, 스리랑카, 버마, 캄보디아, 태국에서도 입증되고 있다. 코끼리의 군사적 중요성은 명확했고, 코끼리를 확보하는 것이 결과에 지대한 영향을 미쳤다. 기원전 284년부터 기원전 246년까지 통치했던 이집트 왕 프톨레마이오스 2세는 아프리카 뿔 지역(소말리아, 에리트레아, 지부티, 에티오피아) 전역에서 대대적으로 코끼리 사냥을 벌였다. 이때 코끼리 사냥을 위해 병사를 대거 투입했고, 포획된 코끼리를 수송하기 위해 막대한 비용을 들여 항구와 조선소를 새로 건설했다. 이는 상아 사냥과 나란히 이 지역에서 코끼리의 수를 감소시키는 원인이 되었고, 누비아에서는 코끼리를 식용으로 사냥하던 세력과 군사적인 충돌까지 일으켰다. 프톨레마이오스 2세는 죽기 전까지 막강한 코끼리 군단을 조직해 몇몇 전투에 이용했다(Burstein, 2008; Casson, 1993).

경우에 따라서는 수천 마리의 코끼리가 전투에 동원되기도 했다. 이런 공격은 코끼리들 못지않게 표적이 된 인간 병사들에게도 공포스러운 상황이었다. 하지만 군대는 곧 그런 공격에 대항하기 위해 동물에게 고통스럽고 치명적인 폭력을 가하는 전략을 만들어 냈다. 대포가 개발되고 포병대가 조직됨에 따라 코끼리를 전투에 이용하는 일은 차츰 줄어들었다. 그렇기는 해도 아시아에서는 19세기까지 계속 이용되었고, 기계화된 탈것이 다니지 못하는 지역도 다닐 수 있다는 장점 때문에 20세기에도 여전히 보급품 수송이나 군사시설 건설 등에 동원되었다(Kistler, 2007).

군사적으로 이용할 목적으로 수많은 코끼리가 야생에서 포획되었다. 대개 어린 코끼리를 납치하는데, 그 과정에서 새끼를 보호하려는 어른 코끼리 가족을 먼저 몰살하는 것이 전형적인 수법이다(Begley, 2006). 그런 다음에 포획한 어린 개체들을 잔혹한 훈련 방법을 통해 제압하고 명령을 따르도록 했다.

야생에서 포획하고, 동물원에서 징집하여 권력의 상징으로 이용하다

●●● 제1차 세계대전 때 독일군은 함부르크 하겐베크 동물원에 갇혀 있던 코끼리 제니를 데려다가 프랑스에서 노역을 시켰다(Wylie, 2008). 제2차 세계대전 때 영국군은 버마에서 J. H. 윌리엄스 J. H. Williams 중령의 지휘 아래 700마리 규모의 코끼리 중대를 운영했다. 훗날 '엘리펀트 빌'이라고 이름을 알린 윌리엄스 중령은 자신의 경험과 그 유명한 버마 로드(버마의 산악지대를 거쳐 중국으로 들어가는 군수물자 수송 루트.-옮긴이) 건설에 코끼리를 이용한 이야기를 1954년에

발표한 《반둘라*Bandoola*》에 상세히 기록했다. 책에서 그는 반둘라가 사육 상태에서 나고 자란 버마 최초의 노역 코끼리였다면서 산에서 티크나무 수백 톤을 끌어올 때 반둘라가 보여 준 놀라운 노동 능력에 대해 묘사했다.

1944년 4월 10일자에 《라이프*Life*》는 '엘리펀트 빌'에 대해 보도했다. 버마에서 영국군과 일본군 양측에 의해 다리와 지하 배수로 건설에 동원되고, 자동차나 말과 노새로도 접근할 수 없는 지역에 주둔해 있던 부대에 보급품을 수송한 코끼리들은 원래 벌목 현장에서 강제 노역하던 코끼리들이었다. 1942년, 차를 재배하던 영국인 가일스 매크렐Gyles Mackrell은 일본군으로부터 도망쳐 나온 병들고 굶주린 난민 수백 명을 이끌고 인도 국경까지 갔다. 이때 이들을 태우고 밀림을 지나 몬순 호우로 홍수가 난 다파강을 건너 160킬로미터가 넘는 거리를 이동한 것도 바로 코끼리들이었다(Hui, 2010).

버마에서는 코끼리를 군사적으로 이용하고 벌목 산업에 동원하는 관례가 지금까지 이어지고 있다. 2010년 《인디펜던트*Independent*》는 버마의 군사 독재 정권이 야생 흰코끼리 한 마리를 사냥하는 데 '필사적으로' 매달리고 있다면서 그 코끼리가 2008년에 버마 서부 지역에서 목재 산업에 종사하던 코끼리 조련사에게 목격된 적이 있다고 보도했다(Kennedy, 2010).

불교 신화에서는 흰코끼리가 신성한 연꽃과 함께 붓다 어머니 앞에 나타난 뒤에 붓다가 태어났다고 전한다. 동남아시아에서는 흰코끼리가 권력과 행운의 상징이다. 따라서 흰코끼리를 발견하는 것은 번영을 의미하고, 현명하고 훌륭한 지도자가 나라를 통치하게 된다는 것을 의미한다. 이런 상징이 지닌 힘을 잘 알고 있던 버마 군부 최고지도자 탄 슈웨 장군이 코끼리 조련사와 수의사까지 포함된 한 중대를 보내 그 흰코끼리를 잡아오게 한 것이다. 또 탄 슈웨 장군은 지역 주민들까지 강제로 동원하며 몇 개월 동안 그 코끼리를 찾아다니게 했다.

2000년에서 2002년 사이에도 흰코끼리 세 마리가 잡혔는데, 이 세 마리는 전 버마 총리이자 국가평화발전위원회 제1서기였던 킨 늇 장군의 지시에 따라 랑곤의 한 개인 사원에 유배되었다. 늇이 통치하던 시기에는 수백 명의 군부 고위 장교와 정부 관료, 부유한 기업가가 매일 사원에 들렀으나 그가 숙청된 후에는 발길이 뚝 끊겼고, 코끼리 세 마리도 더 이상 상서롭게 여겨지지 않아 거의 방치되다시피 했다. 킨 늇을 기리던 석조 현판은 새로운 지도자 탄 슈웨의 부인이 코끼리들을 축복하는 대형 사진으로 바뀌었고, 그 옆에는 이런 비문이 적혔다. "흰코끼리는 영예로운 왕이 치세하는 기간에만 발견된다. 이는 나라의 번영을 예견하는 징조다"(Aung Thet Wine, 2010, p. 7).

낙타는 건조하고 척박한 지역에서 군사 목적으로 이용되어 왔다. 제1차 세계대전 때 연합군은 제국 낙타 부대를 창설해 팔레스타인과 시나이에서 작전을 폈다. 말보다 물 없이 오래 이동할 수 있다는 점에서 사막 전투에 매우 유용했기 때문이다. 낙타는 오스만제국에 맞선 1916년 아랍 봉기 때도 주요 운송수단을 제공했는데, 특히 헤자즈 지방에서의 군사 작전과 1917년 아카바 함락 때 큰 공을 세웠다.

당시 낙타 부대를 이끌었던 인물이 아우다 아부 타이와 영국군 장교 T. E. 로렌스였다. 영화 〈아라비아의 로렌스〉에도 나오듯이 영국군 장교 로렌스는 이 작전에서 보여 준 활약으로 유명인사가 되었고, 흔히 아랍

복장을 한 채 낙타를 탄 모습으로 묘사되었다. 아프리카 뿔 지역에서도 영국군은 자신들이 '미친 물라Mad Mullah'라고 부르던, 소말리아의 반제국주의 지도자 무함마드 아브드 알라 알 하산Muhammad Abd Allah al-Hassan과 싸울 때, 그리고 제2차 세계대전에서 이탈리아군과 싸울 때도 소말릴란드 낙타 부대를 이용했다(Katagiri, 2010; Lawrence, 1997).

제2차 세계대전이 끝난 뒤에 이탈리아 식민지였던 에리트레아는 다른 유럽 식민지처럼 독립이 인정되지 않고 에티오피아 연방으로 편입되었다. 뒤이어 일어난 에리트레아 독립전쟁은 20세기 최장기 전쟁 중 하나로 꼽힌다. 그 기간에 낙타와 당나귀는 기근이 든 아프리카 뿔 지역에 식량 원조품을 실어나르는 등 보급품과 전쟁 장비를 수송하는 데 결정적인 역할을 했다(Last, 2000). 1993년, 에리트레아의 독립 이후 낙타가 독립전쟁의 상징으로 선정되어 평화 성취를 나타내는 올리브 화관과 함께 국가의 문장紋章에 들어갔는데, 이로써 낙타의 탁월한 힘과 지구력, 에리트레아 독립운동사에서 낙타가 수행했던 매우 중요한 역할이 공식적으로 인정된 셈이다(Ghebrehiwet, 1998).

하지만 그러한 상징을 통해 낙타의 긍정적인 특성, 한 국가의 역사에서 동물이 지닌 중요성이 인정되었는데도 불구하고 에리트레아에서 노역하는 동물들은 여전히 극도로 힘겨운 삶을 연명해 가고 있다. 여전히 당나귀들은 학대당하고 방치되고 의료 혜택을 거의 받지 못하다가 쓸모가 없어지면 버려진다.

개는 폭발물을 짊어진 채
적진으로 향했다

●●●   고대 이집트, 그리스, 페르시아, 로마
인들은 전쟁에서 다양한 방식으로 개를 이용했다. 주로 정찰, 감시, 전
령의 역할이 맡겨졌지만 보급품 수레를 끄는 데도 이용되었다(Lemish,
1996). 개는 그 자체가 무기로 둔갑하기도 했다. 전투견에게 대못이 박힌
목걸이를 착용시킨 후, 적을 공격해 죽이는 훈련을 시켰다. 이런 사례는
16세기 이후에 아메리카 대륙을 침략해 토착민을 대량 학살했던 스페인
의 야만성에서 대표적으로 드러난다(Varner and Varner, 1983). 이때 스페
인인들은 인디언을 산 채로 불태우고 채찍으로 때려죽이고 팔다리를 잘
랐는데, 개를 풀어 사람을 갈갈이 찢어 죽이기도 했다. 스페인인들이 떼
로 몰고 다니던 무장한 울프하운드wolfhound와 마스티프mastiff는 인육을
먹여 키웠고, 인디언의 내장을 파먹게 훈련시켰다. 이 개를 이용해 스페
인인들은 노예를 공포에 떨게 했으며 병사에게는 오락거리를 제공했다
(Stannard, 1992).

    제2차 세계대전 때 소련은 독일 탱크를 폭파시킬 때 개를 이용했다.
소련군은 탱크 밑에 먹을 것을 두고 개에게 찾게 하거나 그곳에서 먹을
것을 기다리도록 훈련시켰다. 그런 다음 쫄쫄 굶긴 개에게 폭발물을 짊
어지운 채로 전투장 한가운데 풀어놓았다. 그럼 개들은 훈련받은 대로
먹을 것을 찾아 독일 탱크로 달려갔고, 개가 탱크 밑으로 기어 들어가면
등에 짊어진 폭발물을 터뜨렸다(Benedictus, 2011). 하지만 이런 전략은
독일군에게 금방 발각되었고, 독일군은 공격을 당하기 전에 눈에 띄는

대로 개를 쏘아 죽였다.

이라크 반군 역시 개에게 폭발물을 부착시킨 다음에 목표물에 다가가면 폭파시키는 방식으로 개를 무기로 이용했다. 아프가니스탄에서는 당나귀와 낙타도 같은 방식으로 이용했는데, 무자헤딘이 러시아를 상대로, 탈레반이 미국을 상대로 그렇게 싸웠다(*Telegraph*, 2005. 5. 27; *Fox News*, 2006).

미군은 이라크에서 반군들이 심어놓은 폭발물을 찾기 위해 1,000마리가 넘는 개를 투입했다. 베트남 전쟁 때도 미군은 수천 마리의 개를 이용했다. 그중 상당수는 전쟁터에서 죽었고, 살아남은 개들 역시 잔인한 운명을 맞이했다(Ravitz, 2010). 미군은 전쟁에 동원되었던 개들을 본국으로 돌려보내선 안 된다는 원칙을 지켰다. 그 개들이 위험하거나 병에 걸렸다고 여겼기 때문일 것이다. 결국 미군이 베트남에서 철수할 때 많은 수의 개들이 도살되었다(Lemish 1996; O'Donnell, 2001). 이는 동물의 공로를 터무니없이 보상한 처사였지만 이런 일은 드물지 않게 일어났다. 많은 군대는 동물을 먼 타지에서 자국으로 다시 데려가는 것이 지나치게 비경제적이라고 여긴다. 동물은 재산으로 간주되었기 때문에 도살되거나 도축업자에게 팔리는 식으로 처분되고 만다.

존 릴리(John Lilly, 1996)는 미군이 샌디아 사에 노새가 운반할 수 있는 휴대용 핵무기를 개발하도록 자금을 댔고, 뇌에 전극이 이식된 노새들이 이용될 거라고 주장했다. 군대는 인공위성을 이용해 노새의 뇌의 통증, 쾌락 부위를 자극해서 폭탄을 짊어진 노새를 적지 어디든 자신들이 원하는 곳으로 배달할 수 있는 것이다. 릴리는 또한 CIA와 미 해군이 또 다른 기술을 이용해 돌고래와 범고래에게 (핵탄두를 비롯한) 폭발물을 적의 군함, 적지의 항구로 운반하는 훈련을 시켰다고 주장했다. 해군은 1960년 대부터 돌고래를 훈련시켜 왔고 '돌고래 전사들'을 만들어 1970년대 초 베트남과 1980년대 페르시아만에서 적군 잠수부들을 공격했다. 해군은 2003년에도 이라크에서 돌고래를 지뢰 탐지에 이용했다(Pickrell, 2003).

전쟁에서 가장 널리
이용되어 온 동물은 말이다

●●● 　　　　　　　　　　　말은 전쟁에서 가장 널리 이용되어 온 동물에 속한다(Hyland and Skipper, 2010). 인간은 말의 가축화와 동시에 적을 물리치는 데 이 동물이 유용하다는 것을 알아차렸다. 말이 끄는 병거(전쟁 때 사용되는 수레로 주로 병사를 싣는다)는 아시리아, 바빌론, 이집트와 같은 고대 국가들의 전쟁에 이용되었다. 알렉산드로스 대왕은 페르시아와 인도 북부를 정복하는 데 기병을 이용했고, 고대 그리스와 로마 제국에도 소규모 기병 부대가 있었다. 반면 고대 로마는 주로 보병에 의존했다(Greenhalgh, 2010).

중국은 유목민들의 기마군 전략을 도입해서 수천 명의 기마 전사를 양성했다(Creel, 1965). 아랍 역시 군사 정복에 경기병輕騎兵(가볍게 무장한 기마병)을 이용했다. 13세기에 몽골군은 먼 거리를 신속하게 이동해 유럽 병사들의 허를 찌르기 위해 말에 의존했는데, 이들은 좀 더 중무장한 기병도 이용했다(Piggott, 1974; Saunders, 2001). 숫자가 적었던 스페인 군대가 아메리카에서 아즈텍과 잉카제국을 무너뜨리는 데도 말은 결정적인 역할을 했다(Diamond, 1997).

유럽 중장기병(중무장한 기병)의 전성기는 16세기로, 화약 무기가 개발되어 보병의 중요성이 커지기 이전 시기였다. 하지만 모릴로(Morillo, 1999)는 기병(말을 타고 싸우는 병사)에서 보병으로의 변화의 요인이 과학기술의 변화가 아니라 정치적 변화와 부유한 전사 계급 위에 군림한 중앙집권화된 정부 권력이었다고 주장한다. 보병은 유지 비용이 싸고 쉽게 갈아치울 수 있었던 반면, 노련한 중장기병은 비용이 많이 들었다. 실제로, 기사와 기병은 군대에서 특권적 지위의 상징이었다. 말을 먹이고 관리하는 비용이 비쌌기 때문이다. 봉건시대에는 소작농 부대가 말을 탄 귀족의 지휘를 받았을 것이다. 기병 장교는 일반적으로 상류층 출신이었고, 경우에 따라 특권적 지위를 유지하기 위해 사비를 털어 비용을 대야 했다(Morillo, 1999).

예외가 되는 것이 19세기에 창설된 미군의 '버팔로 솔저'였다(Kenner, 1999; Leckie, 1985; Texas Parks and Wildlife, 날짜 미상; Texas State Historial Association, 날짜 미상). 이 기병대는 흑인 병사들로만 구성되었는데, 자신들이 인종차별주의의 대상이었음에도 불구하고 쿠바에 대한 통치권을 둘러싸고 벌어졌던 스페인·미국 전쟁, 필리핀 정복, 멕시코 침략 전쟁은 물론이고 1866년부터 1891년 사이에 벌어진 '인디언 전쟁'의 대량학살에도 대대적으로 동원되었다. 버팔로 솔저들은 인종주의 사회 안에서 인정받기 위해 분투하면서도 한편으로는 토착민에 대한 억압에 동참했던 것이다.

이 모순은 지금까지도 계속 파문을 일으키고 있다. 텍사스의 특별 자동차 번호판에 버팔로 솔저를 상징하는 문양을 넣는 일을 두고 벌어졌던 최근의 논란이 대표적인 예다. 많은 아프리카계 미국인들이 남부연합기(남북 전쟁 당시 노예 제도를 지지한 남부연합 정부의 공식 국기로 미국에서는 인종주의의 상징물로 여겨진다.)가 그려진 자동차 번호판이 '비자발적 노예 상태, 인간성 말살, 강간, 대량학살의 합법화된 체제'를 상기시킨다고 항변했다. 휴스턴에 있는 미국 인디언 제노사이드 박물관장 스티브 멜렌데즈Steve Melendez는 이렇게 말했다. "나는 버팔로 솔저를 볼 때 미국판 홀로코스트를 다시 경험하지 않을 수 없다"(Scharrer, 2011. 11. 26).

기병대에 대한 반감에도 불구하고 멜렌데즈 역시 베트남전 때 미군으로 복무했다. 그럼에도 그는 기병대의 대량학살적인 측면을 간과한 점에서 옳았다. 기병대의 야만성은 1864년에 제1, 제3 콜로라도 기병대가 광적인 존 치빙턴 대령의 지휘 아래 인디언 부족 샤이엔족, 아라파호족을 무참히 살육한 샌드크리크 대학살이나, 1890년에 제7 기병대가 인디언 부족 라코타 수족에게 자행한 운디드니 대학살 같은 악명 높은 잔혹 행위에서 잘 드러난다. 훗날 테오도어 루스벨트 대통령은 샌드크리크 대학살을 '올바르고 유익한 행동'(stannard, 1992, p. 134)이었다고 추켜세웠다.

기병대는 19세기 후반까지만 해도 중요하게 남아 있었는데, 해외에서 토착민을 죽이는 것만이 아니라 자국민 중 정치적 반대파를 진압하는 데에도 크게 활약했다. 1819년 맨체스터에서 제15 경기병대는 의회개혁을 요구하는 시민들을 공격해 열다섯 명이 죽고 수백 명이 부상 당했다. 피털루 대학살이다(Poole, 2006; Read, 1958; Walmsley, 1969).

말은 20세기로 넘어와서도 군사적으로 계속 긴요하게 이용되었다. 전쟁 중인 모든 나라는 짐 나르는 동물과 기병대를 이끌고 제1차 세계대전에 들어섰다. 사실 이 전쟁이 시작되었을 때부터 군사 영역에서 이미 어떤 혁명이 일어났음을, 이제 기병대가 쓸모없어졌음을 알아차려야 했지만 그러지 못했다. 크림전쟁 당시, 1854년 발라클라바에서 벌어진 악명 높은 '경기병대의 돌격'은 이런 점에서 명확한 암시였다. 작전 실수로 영국 기병대가 러시아의 포병 사격 속으로 곧장 돌진해 들어가는 바람에 기병 대부분과 수백 마리의 말이 거의 전멸했다. 그런데도 영국과 독일은 둘 다 제1차 세계대전이 발발하기 전에 기병대 병력을 대대적으로 끌어모았다. 군대 내 일부 고집스러운 전통주의자들이 여전히 기병대가 중요하다고 우겨대서 실제로 몇 차례 기마 공격이 감행되었다. 하지만 선진화된 소총, 기관총의 새로운 살상기술의 등장, 참호전 시스템, 당시 널리 이용되던 가시 철조망까지 모두 이 구닥다리 전술을 고수하는 진영에게는 재앙이었다(Bethune, 1906).

말이 좀 더 성공적으로 이용된 것은 영국 육군 원수 앨런비Allenby의 지휘 아래 오스만제국과 맞붙었던 팔레스타인 분쟁이다. 오스트레일리아 제4 경비병대가 대승을 거둬 1987년 오스트레일리아 영화 〈사막의 용사The Lighthorsemen〉로도 묘사되었던 1917년 베르셰바Beersheba 전투가 대표적이다(Wincer, 1987). 하지만 전쟁이 끝날 무렵에는 대다수 기병이 말에서 내려와 보병이 되거나 다른 부대로 편입되었다. 그럼에도 불구하고 일부 기병부대는 전쟁이 끝날 때까지 여전히 전쟁터에 투입되었다. 가령, 1918년 3월 30일, 프랑스의 모회이Moreuil 숲 전투에서 캐나다 스트래스코나 기마연대 소속 기병대는 독일군의 기관총 사격 속으로 돌격하라는 명령을 받았고 캐나다군은 거의 전멸했다. 그러나 독일군은 육박전과 함께 진행된 맹렬한 공습과 포대 공격으로 결국 퇴각했다(Dube, 2010).

기병의 역할이 줄어들기는 했어도 짐 나르는 동물은 제1차 세계대전에서 계속 중요한 역할을 수행했다(Singleton, 1993). 기계화된 탈것이 개발되기는 했지만 드넓은 진흙 벌판에서는 부적합할 때가 많았다. 그래서 군 지휘관들은 동물을 이용하는 것이 필수적이라고 여겼다(Baillie, 1872; Phillips, 2011).

말은 동원된 노역의 기능에 따라 다양한 범주로 나뉘었다. 가벼운 짐을 나르는 말은 환자 수송차와 짐마차를 끌었고, 무거운 짐을 나르는 말은 대포를 끌었다. 얼마나 많은 말이 수송 도중이나 전쟁터에서 죽었는지 알 수 없지만 분명한 사실은 어마어마하게 많은 동물이 전쟁 때문에 상상을 뛰어넘는 고통을 겪었다는 점이다. 전쟁터에 닿기도 전에 죽은 동물도 상당하다. 말은 황급히 징집되는 과정에서 가혹한 처우와 부상 때문에도 많이 죽었다. 일부 말은 선박에 빼곡하게 실려 불결한 환경 속에서 음식과 물도 없이 몇 주에 걸쳐 수송되었고 그러다가 질병이나 감염으로 허다하게 죽었다.

일단 군 복무를 시작하면 죽도록 일을 해야 했다. 전쟁터에 도착하면 말에게 먹이와 보금자리를 공급하기가 어려웠기 때문에 말은 가혹한 여건 속에서 녹초가 될 때까지 일을 해야 했다. 진흙 속에 빠져 꼼짝 못하다가 익사하거나 사살되는 경우도 많았다.

또한 군대에게 이용당하는 다른 동물과 마찬가지로 말 역시 인간 병사들이 감내하는 지뢰, 대포 공격, 독가스, 저격수의 총탄 등의 위험에 똑같이 노출되었다. 이게 전부는 아니다. 말이 군사작전에 지극히 중요하다는 것, 일개 병사보다 훨씬 중요하다는 것을 아는 양측은 적의 기동력을 약화시키기 위해 상대편 동물을 표적으로 삼았다. 그러다 보니 군대의 말 기대수명은 급격하게 짧아졌다.

폭격이나 서식지 파괴를 통한
'부수적 피해'

●●●　　　　　　　　　　　　동물은 식량 등 보급품을 나를 때도
노골적으로 공격 대상이 되었다. 1935년 11월, 에티오피아를 침공한 이
탈리아 군대는 대상(사막에서 주로 낙타를 이용해 교역을 하는 상인들)들의 주
요 도시였던 메켈레Makale를 장악한 뒤, 당시 영국령이었던 소말릴란드 베
르베라 항에서 하라르로 탄약 등의 보급품을 실어오던 낙타와 대상을 목
표로 대포와 기관총을 퍼부었다.

　좀 더 최근에는 에리트레아 독립전쟁 때 에티오피아 공군이 염소와
낙타 떼를 의도적으로 사살했다. 민간인들을 굶주리게 해서 항복시키
는 동시에, 군인들의 식량 운송수단을 파괴하기 위한 작전이었다(Human
Rights Watch, 1990). 같은 패턴의 또 다른 예로는, 베트남에서 미군은 비
행기로 폭탄을 투하해 코끼리들을 고의로 죽이기도 했다. 적군이 코끼리
를 보급품 수송에 이용할지도 모르기 때문이었다(Kistler, 2007).

　폭격이나 서식지 파괴를 통한 '부수적 피해'로 죽어 나간 동물들은 이
루 헤아릴 수 없이 많다. 1961년부터 1969년까지 미군은 베트남에서 화
학 및 생물 무기를 대대적으로 이용했다. 네이팜과 집속탄뿐 아니라 10만
톤에 이르는 농축 고엽제, 제초제를 베트남 전역을 비롯해 라오스, 캄보
디아까지 광범위하게 살포해, 엄청난 수의 인간과 동물을 죽이고 환경을
파괴했다(Mydans, 2003; Wilcox, 2011)

　세계자연기금World Wildlife Fund은 2001년 이후 미군이 아프가니스탄을
폭격한 결과로 시베리아와 중앙아시아에서 아프가니스탄을 거쳐 파키

스탄과 인도로 날아가는 철새의 수가 현저하게 줄어들었다고 보고했다 (Behnam, 2010; Resources News, 날짜 미상). 타격을 입은 철새 중에 홍학, 오리, 두루미 등은 매우 민감해서 위험이 감지되면 기존 이동경로를 사용하지 않는다. 또한 아프가니스탄에서의 전쟁은 그 지역에서 새 사냥과 밀수가 성행하는 데 일조했고, 그 결과 곤충과 쥐의 개체수가 급격히 늘어나 농작물이 큰 피해를 입었다(Behnam, 2010). 국제 눈표범 트러스트 International Snow Leopard Trust는 폭격이 가해진 서식지에서는 동물이 살아남지 못할 거라고 우려를 표했다. 한때 동식물이 풍부했던 아프가니스탄의 환경은 숲이 대대적으로 파괴되어 이제는 동물이 서식할 땅이 거의 남아 있지 않다.

전쟁터에서 말은 소모품이었고 당시의 참상은 홀로코스트였다

●●●   많은 군인은 전투에서 견뎌야 했던 악몽 같은 상황을 묘사해 왔다. 하지만 여러 측면에서 볼 때 그와 같은 상황이 말에게는 훨씬 더 끔찍했을 것이다. 말은 민감한 동물이며 잘 알려져 있듯이 위험이 감지되면 재빨리 달아나는 반사반응을 보이는데, 전쟁터에서 나는 소음과 냄새, 폭발이 이루 말할 수 없이 공포스러웠을 것이기 때문이다. 물론 인간도 큰 고통을 겪지만 적어도 인간은 자기 주변에서 무슨 일이 벌어지고 있는지는 이해할 수 있고, 일부는 애국심과 영웅주의, 영예, 나라를 위한 희생 등의 생각으로 스스로를 위로할 수도 있

다. 하지만 말은 그런 위로도 없이 탈출할 길 없는 상태로 이해 불가한 공포를 무작정 견뎌야만 했다.

전쟁 중에 인간에게 끌려와서 짐을 나르는 동물들은 평소에 노역으로 겪는 것보다 훨씬 심각한 위협에 시달린다. 어떤 전쟁에서든 동물은 직접적인 폭력과 과도한 노동, 탈진, 질병, 굶주림으로 수명이 줄어든다. 동물이 더 많이 죽어 나갈수록 군수품 보급에 따른 이들의 중요성은 더욱 명백해지고, 궁지에 몰린 국가의 군대는 이를 대체하고자 필사적으로 매달린다.

한 예로, 미국 남북전쟁 당시 100만 마리가 넘는 말이 죽자 다른 용도로 이용되던 말들을 끌어다 대체했다. 제1차 세계대전 때는 말과 당나귀와 노새 800만 마리가 죽었다(Battersby, 2012).

인간과 마찬가지로 말도 군대에 징집되었고, 벌써 오래전부터 재산으로 취급되었는데 전쟁은 이들의 상품화를 더욱 강화하고 가격을 높였다. 제1차 세계대전 때 말을 전쟁에 이용하려는 수요가 급증하면서 농업과 운송 분야에서는 심각한 말 품귀 현상이 빚어졌다. 국내 공급이 바닥나자 유럽에서는 외국에서 말을 사들여 오기 시작했다. 아르헨티나, 오스트레일리아, 북아메리카가 이들이 손을 뻗은 나라들이었다. 정부, 산업계, 동물 중개상 할 것 없이 모두 말을 두고 경쟁을 벌였는데, 북아메리카의 일부 지역은 특정 유럽 나라를 위한 구매 지역으로 따로 지정되기도 했다.

마거릿 데리(Margaret Derry, 2006)는 전쟁이 어떻게 국제 말 시장의 외형을 형성해 왔는지 설명한다. 전쟁 이외의 용도로 쓸 말이 부족해지자 전쟁부와 농무부는 말 사육 사업의 확장과 개선을 위한 법 제정을 밀어

붙였다. 거대한 군 시장이 국제 산업으로 확대되었고, 그로 인해 말 사육, 매매, 수송, 훈련 사업이 주요 산업으로 자리 잡았다.

이런 상황은 때때로 갈등을 빚었다. 농부들은 군대를 신통찮은 말들을 처리하는 곳으로 여겼다. 말 사육사와 중개상들은 이런 상황을 막대한 이윤을 남길 기회로 보면서도 정부 측 구매자들이 말 유형에 대해 너무 까다롭게 구는데다가 제값을 쳐 주지도 않는다며 불평했다. 사육사들이 말 값에 대해 끊임없이 불평하기는 했지만 어쨌든 전쟁은 말 사육과 시장의 세계화에 강력한 추진력을 제공했다. 보어전쟁(1899년부터 1902년까지 남아프리카에 거주하는 네덜란드계 백인인 보어인과 영국인 사이에 벌어진 전쟁-옮긴이)이 시작되고 영국군의 기병대, 기마보병대, 대포 끄는 말의 수요가 급증할 것을 예상한 오스트레일리아 말 사육사들은 자신들이 보유한 말들이 영국군에게 적합한지 알아보기도 했다.

보어전쟁 동안 영국이 오스트레일리아에 말 값으로 지불한 돈이 최소 10만 파운드인 점을 감안하면 오스트레일리아의 말 사육사들이 스스로 이 거대한 수요에 공급할 알맞은 종류의 말을 기르고 있는지 점검한 것은 충분히 타당한 일이다. 말을 돈으로 바꿔 줄 그만한 기회가 다시 생기지 않을 것이기 때문이다. 오스트레일리아 사육사들에게 안정적인 시장은 인도였지만 대량 판매를 위해서는 군대가 최고의 고객이었다. 따라서 오스트레일리아인들은 군대가 요구할 만한 말을 생산하고자 노력했다. 여기서 첫 번째 질문이 나온다. 어떤 종류의 말이 요구되는가?(Australian Light Horse Association, 날짜 미상).

군대가 요구하는 사양을 만족시키지 못하는 말은 쓸모없게 여겨졌다. 말에 대한 수요가 높아지고 거기서 이윤을 내려는 사육사들이 앞 다투어 경쟁을 벌인 탓에, 전쟁이 끝나갈 무렵에는 부적합하거나 부실한 말들이 남아도는 새로운 문제가 생겼다. 군인들은 전쟁 때 자기가 탔던 말을 계속 소유하고 싶어 했지만 오스트레일리아 정부는 제1차 세계대전에 징집되었던 말 수만 마리를 본국으로 송환하지 못하게 하는 검역법을 고수했고, 품질이 떨어지는 말은 모두 죽여서 가죽을 판매하라고 명령했다(Australian Light Horse Association, 날짜 미상). 부적합한 말은 도축산업을 촉진하고 말고기 맛을 칭송하는 캠페인을 벌여서 해결했다. 정부의 말 사육 산업 육성은 여가용 승마산업이 성장하는 데도 기여했다. 여기서 동물산업 복합체의 유연성과 가차 없는 냉혹함이 여실히 드러난다. 살아 있든 죽었든 상품일 뿐이었다. 지각 있는 개별적 존재라는 인식은 거의 없었다. 일부 군인들이 특정 동물과 정서적 유대를 형성했을지 몰라도 말이다(*Daily Mail*, 2007).

말 사육과 공급은 아주 오래전부터 국가적인 군사화 정책의 일부였다. 1775년, 미군은 말을 군대에 공급하고 훈련시키기 위해 병참부를 신설했다. 유럽에서도 말에 대한 군대의 수요를 맞추느라 국영 사육기관을 세웠다. 하지만 영국은 말 사육을 민간 업체에 맡기는 편을 선호했다. 1887년, 영국은 말 공급을 안정시켜 말을 사육사로부터 고정된 가격에 구입하기 위해서 보충마부를 신설했다. 같은 해에 말을 군대에 공급하는 생산 전략을 개선하기 위해 말사육위원회도 조직했다.

1899년, 보어전쟁에서 영국은 말의 품질이 좋지 않고 공급마저 불안정하여 준비가 미흡했다. 이에 영국은 적합한 말을 확보해야 함을 절감했지만 보충마부는 무능했고 수천 마리의 말이 수송 도중에 굶주림과 불결한 환경 속에서 죽어 나갔다. 실제로 목적지에 도착한 말도 쇠약해질

대로 쇠약해진 상태인 경우가 많아 도착하자마자 죽는 경우가 속출했다. 게다가 경험이 없는 군인들은 말을 다룰 줄 몰랐고 수의사도 턱없이 부족했다(Swart, 2010a). 이 전쟁 동안 말 수십만 마리가 목숨을 잃었는데, 전투에서 입은 부상뿐만 아니라 질병, 굶주림, 형편없는 처우 때문에 죽었다. 보어전쟁에서 영국은 참전한 말의 69퍼센트를 잃었고, 트란스발(보어인이 세운 공화국으로, 금광을 비롯한 광산 자원이 풍부하여 이를 노리는 영국과 마찰이 생겼다.-옮긴이)은 자국 말의 75퍼센트를 잃었다(Swart, 2010b). 이때 말의 참상을 목격한 자들은 이를 '홀로코스트'였다고 묘사했다(Swart, 2010a, p. 349).

오스만제국의 술탄들은 아랍 종 말 사육을 육성했는데, 이 말들은 곧 다른 나라 군대의 눈에도 들어 널리 팔려 나갔다(Derry, 2006). 각 나라는 사육 농장 네트워크를 조직하고 원하는 품종의 말을 생산하기 위한 선별적 사육정책을 추진했다. 사육 프로그램은 국방과 군사 대비 태세의 중요한 요소로 여겨졌다. 또한 전쟁을 위해 특정 품종을 생산하려는 군대의 열의는 수 세대에 걸쳐 말의 발달에 영향을 끼쳤다.

말은 필수적인 전쟁 물자였고 다양한 역할을 수행하기 위해 수백만 마리가 동원되었지만, 전쟁이 끝나고 나면 살아남은 말은 골칫거리였다. 많은 전쟁 기념비에는 말이 전쟁에서 결정적인 역할을 했고, 나라를 위해 자발적으로 '희생'에 동참했다고 기록되어 있지만, 군대가 말들을 인간 장병보다 훨씬 가볍게 쓰고 버릴 수 있는 소모품으로 취급했다는 점은 분명한 사실이다. 영국군은 군사적 목적을 위해 말을 인도로 실어 날랐지만 전쟁에서 살아남은 말 중 상당수, 특히 건강 상태가 좋지 못한 말은 바로 사살되었다. 일부는 유럽에 있는 도살장으로 팔려 나가기도 했다. 미국은 유럽 군대에 수백만 마리의 말을 팔아넘겼고 자신들이 전쟁에 가담했을 때에는 다시 수백만 마리를 끌고 갔지만, 전쟁이 끝난 후에 미국으로 돌아온 말은 고작 200마리에 불과했다(*Daily Mail*, 2007).

제1차 세계대전이 끝나갈 무렵에는 동물이 기계화된 탈것으로 완전히 교체되었을 거라고 짐작하겠지만, 사실 동물은 계속해서 전쟁에서 중요한 역할을 수행했다. 제2차 세계대전 때도 수많은 말이 군대로 끌려갔는데, 특히 독일과 러시아는 각각 수백만 마리를 동원했다. 독일의 경우에는 석유 공급이 부족해서 말을 이용해 보급품을 나르고 대포를 끌었다. 기계화된 운송수단이 접근하지 못하는 일부 지역에서 말을 이용했고, 비정규군과 게릴라군도 말을 이용해 작전을 펼쳤다. 이런 현실은 21세기에 들어와서도 계속되었다. 미국 특수부대는 2001년에 아프가니스탄을 공격할 때도 말을 이용했다(Quade, 2001; Stanton, 2009).

수단에서 잔자위드 민병대(수단 정부의 지원을 받아 다르푸르 지역에서 활동하는 테러 단체-옮긴이)는 대원들을 주로 유목민 집단에서 차출했다. '말을 탄 악마'라고 불리던 이 민병대는 말과 낙타를 탄 채 공격하여 수십만 명의 사람을 죽음으로 내몬 제노사이드(대량학살)를 저질렀다(Belloni, 2006). 당나귀 역시 현대전에서 중요한 역할을 수행해 왔다. 2000년 5월에 에티오피아군은 당나귀 수천 마리를 이용해 에리트레아 서부에 결정적인 공격을 가했다. 중무장한 에리트레아 군인들이 진을 치고 있는 참호를 에둘러 당나귀를 이용해 산악 루트로 기습 공격함으로써 에리트레아 영토로 깊숙이 밀고 들어간 것이다(Last, 2000).

전쟁에 동원된 동물은 전쟁 미화,
애국주의 고취에 이용된다

●●●　　　　　　　　　말은 더 이상 군대에서 광범위하게
이용되지는 않지만, 여전히 많은 나라에서 권력을 드러내는 수단으로 열
병식에 동원되는 등 의례 목적으로 이용되고 있다. 말을 타는 행위 자체
가 자연세계에 대한 지배와 권력의 메시지를 전달한다. 어쨌든 말을 굴
복시켜야 사람이 탈 수 있기 때문이다. 말은 권력과 고귀함의 상징으로
널리 인식되어 왔다. 말을 탄 남자의 강력한 이미지는 마치 전쟁이 추잡
하고 야만적인 것이 아니라 고귀하고 귀족적인 행위라고 암시하듯이 군
사기념비의 단골 소재로 이용된다. 말에게서 기수에게로 힘이 옮겨가는
상징적인 이동은 안토니 반 다이크의 그림 〈말을 탄 찰스 1세〉(1620), 나
폴레옹이 그의 애마 마렝고를 탄 모습이라고 알려진, 장 루이 다비드의
그림 〈알프스를 넘는 나폴레옹〉(1801)에 잘 드러나 있다. 마렝고는 영국
군에게 생포되었다가 자연사했지만 영국군은 그뒤에도 계속해서 마렝고
의 사체를 일종의 신비로운 힘을 상징하는 페티시로 이용했다. 마렝고의
유골은 런던 국립군사박물관에 전시되어 있고, 발굽 중 하나는 코담배
갑에 담겨 정예근위 여단에 트로피로 수여되었다(Hamilton, 2000; Nation-
al Army Museum, 2011).

　미국 남북전쟁 때 로버트 E. 리Robert E. Lee 장군이 탔던 명마 트래블러
도 죽은 후에 유골이 다양한 장소에서 공개 전시되었다. 한때 미군 대위
마일스 커프Miles Keogh가 탔고 1876년 리틀 빅혼Little Big Horn 전투에서 살
아남은 유명한 군마 코만치 역시 죽은 뒤에 유골이 보존되어 캔자스 자

연사 박물관에 전시되었다.

전쟁 수단으로 동원된 동물들의 그림과 조각, 기념비들은 대개 인간 병사들의 착취를 미화하고 국가 정체성 의식을 고취하는 도구로 이용되어 왔다.

오스트레일리아에서는 몇몇 동상은 물론이고 책, 시, 그림, 우표, 이제 페이스북과 유튜브까지 가세해 '심슨과 그의 당나귀'의 공헌을 찬양한다. 존 심슨John Simpson은 1915년 갈리폴리에서 오스트레일리아와 뉴질랜드 연합군(ANZAC)에 소속되어 들것을 옮기는 병사였다. 그는 당나귀 더피를 이용해 부상병을 전선에서 대피시키는 임무를 수행하다가 3주 만에 전사했다. 심슨과 당나귀 더피는 이른바 오스트레일리아와 뉴질랜드 연합군의 전설의 아이콘이 되어 오스트레일리아의 국가 정체성이라고 하는 독립, 용기, 지략, 우정의 덕목을 널리 전파하고 있다(Australian War Memorial, 날짜 미상; Pearn and Gardner-Medwin, 2003; Tsolidis, 2010).

마찬가지로, 캔자스의 포트 리븐워스에 있는 미군 버팔로 솔저 기념비는 말을 탄 군인의 모습을 형상화하고 있다. 텍사스 휴스턴에 있는 버팔로 솔저 국립박물관은 자신들의 제국주의적 정복과 학살의 역사를 용맹하고 영웅적인 것으로 칭송하는 한편, 버팔로 솔저 바비큐 소스 같은 상품을 만들어 다른 동물의 사체에 듬뿍 발라 먹게끔 판매하면서 미국의 애국주의와 군사주의를 전파한다. 캐나다 컨트리 가수 코브 룬드Corb Lund의 앨범 〈호스 솔저! 호스 솔저!Horse Soldier! Horse Soldier!〉는 한 유령 병사가 칭기즈칸, 나폴레옹, 반볼셰비키 러시아 백군, 리틀 빅혼 전투에 나선 조지 커스터 기병대, 아프가니스탄에 파병된 미군과 나란히 말을 달린다는 주제를 내세워 군대를 터무니없이 낭만적으로 묘사한다.

전쟁 동물 기념물은 대부분 친군대 정서를 만들어 내는 데 이용된다. 2006년 '재향군인 주간'에 캐나다 정부 재향군인청은 5~10세 어린이를 대상으로 '전쟁에 나간 동물 이야기' 웹페이지를 만들었다. 그리고 행복한 모습의 동물 그림과 함께 캐나다 군대에 이용된 다양한 동물의 용맹한 희생 이야기를 소개했다. 제1차 세계대전에 참전해 캐나다 의사 존 매크레이John McCrae를 도왔던 말 본파이어의 생애처럼 이곳에 실린 이야기들은 아이들에게 군대를 매력적으로 묘사하고 애국심을 불어넣기 위한 방편으로 이용된다.

최근에는 동물의 전쟁 경험을 있는 그대로 인정해야 한다는 자각도 일부 일고 있기는 하다. 2010년 체코공화국은 1805년 오스테를리츠 전투가 벌어졌던 격전지에 동물을 기리는 전쟁기념비를 세웠다. 이 기념비는 병사를 태우지 않은 말이 총에 맞고서 고통에 겨워 휘청거리는 형상을 하고 있다. 이것은 얼핏 동물의 고통에 대해 묘사하는 듯 보인다. 하지만, 사실 병사를 태우지 않은 말의 형상은 (흔히 등자에 거꾸로 매달려 있는 군화 한 켤레와 함께) 전형적으로 군대의 고위 장교나 미국 대통령의 죽음을 기리기 위해 장례식에서 쓰이는 상징이다(Kovach, 2008).

종차별주의는 전쟁에 사용되는 동물을 동정하는 것도 못마땅하다

●●●　　　　　　2004년 런던 하이드파크 외곽에는 영국 조각가 데이비드 백하우스David Backhouse가 제작한 전쟁에 참여한

동물 기념비가 세워졌다. 기념비에는 보급품을 나르는 노새, 말, 개의 형상을 실물 크기의 동상으로 세워 놓았을 뿐 아니라 낙타, 코끼리, 새와 같이 전쟁에 동원되었던 다른 동물도 얕은 돋을새김 방식으로 새겨 놓았다. 비문에는 이렇게 적혔다. "전쟁 중인 동물들. 오랜 세월 동안 전쟁과 군사 작전에서 영국, 동맹군과 함께 복무하고 전사한 모든 동물에게 이 기념비를 바친다. 이들에게는 아무런 선택권이 없었다." 하지만 조너선 버트(Jonathan Burt, 2006)는 이 기념비에 반대하면서 비문이 전쟁에 나간 동물의 상황을 묘사하기에 "전적으로 부적절하다."며 그 이유를 이렇게 설명했다. "선택이란, 개인주의individualism와 소비라는 지극히 인간적인 함축을 담고 있는 개념으로서 동물이 자유롭게 행동할 때조차 그들에게 갖다붙일 단어가 아니다. 이 비문은 어떤 존재는 다른 존재보다 더 동정받을 자격이 있는가라는 불안한 질문을 제기한다"(Janathan, 2006, p. 70~71). 하지만 버트의 불평은 확실히 틀렸다. 동물도 개인이며, 선택이란 소비자의 결정에 국한된 것이 아니기 때문이다.

최근 인지행동학의 발견은(이를테면 Balcombe, 2010; Bekoff and Pierce, 2010; Peterson, 2011) 다른 동물의 의식에 관한 버트의 관점이 지나치게 편협하다는 것을 보여 준다. 버트는 동물이 자유롭게 행동할 때조차 왜 아무것도 선택하지 않는다고 생각하는지 이유를 분명히 밝히지 않았지만, 동물이 전쟁에 강제로 끌려 나왔다는 것은 분명한 사실이며, 이것이 야말로 "이들에게는 아무런 선택권이 없었다."라는 명제에 깔린 명백한 의미다. 물론 많은 인간, 특히 돈 없고 힘없는 사람들 역시 전쟁에 희생되는 것이 사실이지만, 한편으로는 재미 삼아 또는 영예나 돈을 위해 살상을 목적으로 전쟁에 기꺼이 동참하거나 적어도 거부하지 않는 사람들도 많다. 기념비가 "어떤 존재는 다른 존재보다 더 동정받을 자격이 있다."고 암시하는 것일 수도 있다는 버트의 빗나간 걱정은 전쟁에서 죽은 인간에게 주어져야 마땅할 동정이 동물에게 돌아갈지도 모른다는 그의 불안을 반영하는 듯 보인다.

스티븐 스필버그의 〈워 호스War Horse〉(2011)가 개봉되었을 때도 이와 유사한 불평이 터져 나왔다. 〈워 호스〉는 제1차 세계대전 때 말에게 가해졌던 참상을 그린 마이클 모퍼고Michael Morpurgo의 동명 소설을 토대로 한 영화다. 평론가 케빈 마티네즈(Kevin Martinez, 2012)는 "발굴되어야 할 세상의 더 큰 비극이 없단 말인가?"라고 불평했다. 실제로 동물에 대한 이런 동정은 많은 사람들을 매우 불편하게 만드는 듯 보이고, 대개는 실용적 요구에 밀려 묻혀 버린다. 가령, 〈워 호스〉의 모델은 1914년에 주인인 잭 실리Jack Seeley 장군과 함께 전쟁터에 파견되었던 군마, 워리어였다. 둘 다 살아남았고 워리어는 영웅으로 간주되었지만, 1941년에 죽음을 맞은 워리어는 추모를 받기는커녕 제2차 세계대전 와중에 사체가 고기로 쓰였다(Battersby, 2012).

사실 이것은 종차별주의자가 동물권 옹호를 비합법화하는 데 동원하는 전형적인 논리의 또 다른 버전인 듯하다. 종차별주의자들은 보통 이렇게 말한다. "너희는 사람보다 동물을 더 염려하는구나." 마치 그런 염려가 서로 배타적이어야만 한다는 듯이 말이다. 앞서 말한 기념비의 비문은 동물이 오래전부터 인간의 전쟁을 위한 수단으로 강제 동원되어 왔으며, 동물은 실제로 그렇게 고난을 겪는 데 대한 우리의 깊은 동정을 받아야 할 뿐 아니라 그들을 해방시키기 위한 우리의 노력 또한 받아 마땅하다는 사실을 정확히 포착해 냈다.

군대 안에서
지속되는 동물실험

●●●   수천 년 동안 동물은 인간 병사를 태워 나르고 보급품을 수송하고 기반시설을 짓는 일에 강제로 동원되어 왔지만, 이들이 전쟁수단으로 이용되어 온 것은 수단이라는 문자 그대로의 의미를 훨씬 뛰어넘는 수준이었다. 기계화와 복잡해진 과학기술이 장거리 살상을 가능하게 하면서 동물에게 수송과 노동력을 의존하는 비율은 줄어들었지만 인간은 여전히 무수한 방식으로 그들을 이용해 전쟁을 수행하면서 폭력적인 목적을 달성하고 있다.

인간은 무기를 시험하고 스스로 살상에 둔감해지는 데도 동물을 이용한다. 미군은 의료 훈련 사업에 매년 수십만 마리의 동물에게 총상을 입히고, 칼로 찌르고, 태우고, 방사선과 독성 물질에 노출시킨다. 이런 실험이 극도의 고통을 야기하는데도 군대는 통증 완화제도 주입하지 않는다. 군 연구는 생물학 무기 개발도 포함하고 있어서 수천 마리의 동물을 기생충과 질병, 온갖 치명적인 바이러스에 감염시킨다. 이런 직접적인 물리적 학대만 이루어지는 것은 아니다. 군대는 수면 부족, 과도한 소음 노출, 저체온증과 같이 다른 형태의 연구도 동물에게 실행한다(Department of Defense, 2003).

이런 모든 실험에서 동물은 다른 인간을 죽이는 효과적인 방법을 완성하기 위한 도구로 희생된다. 물론 군대는 그런 실험이 적군이 개발한 무기에 대한 방어와 치료법을 개발하기 위한 것이라는 구실을 대지만 말이다. 분명한 것은 군대는 효과적인 무기를 만들어 내는 데에만 관심이 있으며, 그렇게 개발된 무기 중 상당수가 민간인에게 사용된다는 점이다. 미국생체해부반대협회American Anti-Vivisection Society, AAVS는 2003년 미해군이 펄스 에너지탄(거대한 섬광과 강력한 충격음을 가진 짧은 펄스파를 발사해 특정 군중을 무력화시키는 레이저 펄스 무기-옮긴이)이 얼마나 효과적으로 목표물에게 힘겨운 고통과 일시적 마비 증세를 일으키는지를 확인하기 위해 동물실험을 진행 중이라고 폭로했다. 미국생체해부반대협회는 이 무기가 군중을 통제할 목적으로 개발되었다고 강조했다.

동물을 대신할 대체물을 찾고 있다는 생체 해부 산업계의 말치레에도 불구하고 동물실험은 군 연구를 포함해 계속 증가 추세다. 2006년《인디펜던트》는 영국군이 실행한 동물실험이 직전 5년 동안 두 배로 증가했다고 보도했고(Woolf, 2006),《데일리 메일》(2011. 7. 14)은 영국에서 매년 370만 건의 동물실험이 실행되며 "생체 해부가 급증했다."고 밝혔다. 기업 생체 해부가 그렇듯이, 군 실험도 이미 결과가 나온 테스트를 반복하는 수준으로 상당수가 불필요한 것들이다. 그런데도 셀 수 없이 많은 동물이 생화학전 실험에 희생되었다.

《인디펜던트》(Woolf, 2006)는 이렇게 보도했다. "은밀한 윌트셔 군연구소(포턴다운에 있는 국방과학기술연구소를 가리킨다-옮긴이)에서 원숭이들은 탄저균에 노출되어 왔다. 돼지들은 혈액의 40퍼센트를 쏟아낸 뒤에 대장균이 주입되었다. 다른 동물들도 독가스와 치명적인 신경 가스에 노출되었다. 포턴다운은 과거에 방탄복을 개발한다는 목적 아래 마취 상태의 돼지들을 총으로 쏘기도 했다." 이에 영국생체해부금지를 위한 협회 British Union for the Abolition of Vivisection는 이 실험들이 "화학물질로 유발된 화상을 수 일 동안 방치하고, 독가스를 살포하고, 동물 피부에 치사량의 신경작용제를 도포하고, 원숭이에게 사린(맹독성 신경 가스의 하나-옮긴이) 가스와 탄저병을 주입"하는 일과 연관되어 있다면서 세부 사항을 공개할 것을 요구했다(Woolf, 2006). 아니나 다를까, 정부와 군 관계자들은 이 정보를 제공할 수 없다고 거부하며, 이 실험들이 치료법을 개발하기 위한 것이라고 주장했다.

군대가 이용해 온 동물실험은 여기서 그치지 않는다. 심리학자 마틴 셸리그만Martin Seligman은 1960년대에 개를 우리에 가둬 놓고 빠져 나갈 여지를 전혀 주지 않은 채 반복적으로 전기충격을 가함으로써 개들을 심리적으로 파괴하는 실험을 한 것으로 악명이 높다. 개들은 셸리그만이 '학습된 무기력learned helplessness'이라고 명명한 상태에 빠졌고, 우리의 문을 열었을 때조차 고통에서 벗어나려는 행동을 하지 않았다. 셸리그만의 연구는 (아들) 조지 부시 대통령 재임 시절에 이른바 '테러와의 전쟁'에서 CIA와 군의 죄수 심문, 고문에서 탁월함이 입증되었다(Allen and Raymond, 2010). 법무부 직무감찰실Office of Professional Responsibility의 2009년 보고에 따르면, "CIA 심문 정책의 분명한 목표는 '학습된 무기력' 상태를 유발하는 것이었다"(Benjamin, 2010). 셸리그만은 자신의 연구를 심문과 고문에 사용하라고 허락한 적이 없다고 부인하지만 실상 그는 미군에게 고문을 이겨내는 방법을 훈련시키는 '생존, 회피, 저항, 탈출Survival, Evasion, Resistance and Escape' 프로그램의 초기 도입에 관여했고, 이 훈련법을 심문 기술로 역설계하는 데 동의했던 일단의 심리학자들과 관련을 맺었다. 2010년에 미군은 장병들에게 전쟁 스트레스 극복 훈련을 제공하는 조건으로 셸리그만에게 비경합으로 3100만 달러 규모의 계약을 수주해 주었다(Physicians for Human Rights, 2010).

군대는 동물을 인간을 타락시키는 도구로 활용한다

●●●　　　　　　　　　 군대는 군인들의 공격적인 정신 상태를 촉진하는 데도 동물을 이용한다. 동물을 잔인하게 학대함으로써 다른 인간을 공격하는 데 가책을 덜 느끼는 유능한 살인자로 길러내는 것이다. 가령, 나치 독일의 SS 친위대 정예대원들은 훈련기간 동안 독일 셰퍼드 종을 한 마리씩 배분받았다. 12주 동안 개들과 친밀하게 호흡을 맞춘 뒤 상관 앞에서 개의 목을 부러뜨려 자신이 정예대원으로서 꼭 필요한 규율과 복종의 자질을 획득했음을 증명해야 했다. 2002년, 세계동물협회World Society for the Protection of Animals는 페루 육군사관 후보생들에게 실시된 '용맹' 테스트 현장이라면서 자신들이 입수한 비디오를 공개했다. 이 비디오는 페루군 오토롱고 125 지휘부에서 찍힌 것으로, 두 기둥 사이에 개들이 꼼짝 못하게 묶여 있고, 후보생들이 한 명씩 앞으로 돌격해 개를 칼로 찌르는 모습이 담겨 있었다. 일부 후보생들은 수차례 반복해서 찌르기도 했다. 《선데이 타임스》는 이렇게 보도했다.

"개가 죽으면 사체가 갈기갈기 찢기고 군인들은 그 심장을 꺼내 피를 마신다. … 마지막에는 군인 한 명이 선정되어 우승 기념 퍼레이드를 벌이듯 죽은 동물을 메달처럼 목에 걸고 훈련장을 한 바퀴 돈다."

《선데이 타임스》는 이 훈련의 목표가 인간을 '피를 보면 즐거워하는 잔혹한 살인 기계'로 개조하는 데 있었다고 강조했다(Kirkham, 2002. 12. 15). 이 처참한 장면은 동물이 어떻게 인간을 타락시키는 도구로 이용되는가에 대한 명백한 사례다.

인간을 흉포하게 만드는 군대 정신은 동물들에게 직접적으로 폭력을 휘두르는 방법만이 아니라 동물을 상징적으로 이용하는 방법을 통해서도 길러진다. 군인에게 적을 거리낌 없이 죽이게 하는 데는 적을 인간 이하로, 또는 동물로 보게 하는 방법이 유용하게 쓰인다. 인종차별 담론에서도 동물 이미지가 끊임없이 이용되듯이, 군대 역시 동물 이미지를 폄훼하는 데 일조한다(군대에서는 인종차별 담론도 흔하게 유통된다). 적군을 개, 해충, 이, 쥐, 원숭이 등으로 묘사하며, 그들에 대한 혐오감을 양산하고, 그들을 윤리적으로 고려할 가치가 없는 존재로 개념화한다. 여기서 우리는 자연에 대한 가치절하만이 아니라, 지배주의와 종차별주의라는 이데올로기가 다른 동물은 물론이고 인간에게도 부정적인 영향을 미친다는 사실을 분명히 알 수 있다. 다른 형태의 생물을 깎아 내리고 서열을 매기는 행위는 언제든 다른 인간도 '열등한' 범주에 넣고 그에 걸맞게 대접하라는 노골적인 유혹이다.

인간은 동물이 오직 재산으로서만 존재한다고 주장하면서 셀 수 없이 많은 방법으로 그들을 착취해 왔다. 또한 종차별주의와 군사주의라는 이데올로기를 통해 동물을 인간의 전쟁수단으로 전락시켰다. 인간은 스스로 동물에게 내키는 대로 해도 된다는 '권리'가 있다고 상정한 채, 다른 인간을 대규모로 살육하기 위해 동물을 끝없는 공포로 몰아넣어 왔다. 최근 들어, 미미하게나마 우리는 "이들에게 아무런 선택권이 없었다."는 것을 인정하는 공공 기념물을 통해 다른 동물이 인간의 전쟁 속에서 겪는 고통을 시인했다. 하지만 반군사주의와 반종차별주의가 결합된, 즉 진지하게 동물권의 관점을 취하는 접근법을 통해서만 우리는 앞으로 이러한 고통이 일어나지 않도록 막아낼 수 있을 것이다.

2장

동물들의 최전선 : 미군 의료 훈련 활동에서의 동물착취

저스틴 굿맨, 샬린 갈라, 이언 스미스

베트남에서 고국으로 돌아오자마자, 조 뱅거트Joe Bangert 병장은 베트남 참전군인회가 주최한 청문회에서 자신의 군 복무 경험을 증언했다. 그들이 명명한 대로 '윈터 솔저 청문회winter soldier hearing'의 초점은 미군이 베트남 민간인에게 자행한 잔혹행위와 전쟁범죄를 입증하는 것이었다. 이날 뱅거트는 베트남인들에게 자행한 범죄만이 아니라 국외로 출항하기 전에 겪었던 충격적인 경험에 대해서도 털어놓았다. 바로 토끼 수업에 관한 것이었다.

뱅거트에 따르면 토끼 수업은 밀림에서 실행해야 할 회피 기동 훈련과 생존에 관한 강연이었다. 수업을 진행하는 강연자는 살아 있는 토끼 한 마리를 안고 있었는데, 신출내기 군인들은 시간이 갈수록 토끼에게 정이 들었다. "수업을 마치면서 강연을 맡았던 장교가 토끼를 들더니 목을 비틀어 죽였어요. 가죽을 벗기고는 장기를 마치 쓰레기처럼 주물렀어요. 그 다음엔 장기를 사방에 뿌려댔죠"(Witerfilm Collective and Lesser, 2008). 다음 날 뱅거트는 펜들턴 캠프에서 베트남으로 이송되었고, 거기서 유사한 잔혹 행위가 다른 인간을 상대로 자행되는 것을 목격했다.

애석하게도, 토끼 수업의 부끄러운 유산은 최근까지도 계속 이어져 오고 있다.

2008년에도 볼리비아 군대는 수업 시간에 의식이 또렷한 채 울부짖는 개를 칼로 가르고 심장을 도려냈다. 인터넷에 떠돌았던, 훈련 모습을 담은 영상을 보면 군인들은 웃음을 터뜨리며 환호하는가 하면 소극적인 군인들을 향해 조롱하고 놀리는 장면도 담겨 있다(People for the Ethical Treatment of Animals, 날짜 미상). 지휘관은 막 꺼낸 개의 심장을 들고 장병들의 얼굴에 피를 처바르면서 그들에게 심장을 덥석 물라고 명령했다. 한 볼리비아 군인은 개를 이용한 이 같은 수업이 1980년대 초 볼리비아 육군 '콘도르 특수부대 학교'가 설립되고 그곳의 몇몇 교관이 "미국의 가장 명망 높은 특수부대 교육과정에서 장학금을 받은 후"부터 시작되었다고 증언했다(Dubcovsky, 개인적 연락, 2009. 2. 23). 이 훈련의 협력 관계는 1967년에 미국과 볼리비아, 두 나라가 서명한 각서에서 사실로 확인되었다(Bolivian Army, 1967. 4. 28). 2009년에 동물권 단체인 페타(동물에 대한 윤리적 대우를 추구하는 사람들People for the Ethical Treatment of Animals, PETA)가 이 비디오를 공개하고 나서 국제적인 비난이 쏟아지자, 볼리비아 국방장관은 군대가 훈련 중에 동물을 괴롭히고 죽이지 못하게 금지하는 '결의안 217'을 승인했다(La Prensa, 2009. 3. 31).

볼리비아가 정당화할 수 없는 잔혹행위를 근절하기 위해 신속하고 단호한 조처를 취한 반면, 안타깝게도 미국은 그렇지 않았다. 불필요한 폭력이며 적법한 목적이라 할 만한 것에 기여하지도 않는 군의 월권행위라고 수시로 비난받는 토끼 수업은 중단했지만, 미군은 계속해서 '의료' 훈련이라는 미명 아래 동물을 찌르고, 쏘고, 사지를 절단하고, 태우고, 불구로 만들거나 죽인다. 이런 훈련이 부상당한 군인을 치료하는 데 실제로 별 도움이 되지 않는다는 사실이 입증되었고, 고성능 인간 환자 시뮬레이터high-fidelity human patient simulator(일종의 환자 모형으로 된 모의실험 장치-옮긴이)처럼 명백히 더 탁월한 비동물 훈련법이 버젓이 존재하는데도 말이다. 최근의 한 조사에 따르면 북대서양조약기구NATO의 28개 회원국 가운데 22개 국가는 군대의 의료 훈련 목적으로 동물을 전혀 사용하지 않는다(Gala et al., 2012).

동물을 이런 목적으로 계속 이용하는 것은 미 국방부의 동물복지 규정에도 위배되는 듯 보인다. 규정은 이렇다.

"동물 이용을 대체할 대안적인 방법이 과학적으로 유효하거나 그에 상응하는 결과를 산출하여 연구, 교육, 훈련, 실험의 목적을 달성할 경우에는 대안적인 방법이 반드시 고려되어야 한다"(U.S. Department of the Army, Navy, Air Force, Defense Advanced Research Projects Agency, and Uniformed Services University of the Health Sciences, 2005, p. 2). 하지만 미군은 여전히 이 규정을 시행하고 있지 않다. 재향군인, 의사, 동물보호단체, 일반 대중, 국회의원들로부터 탄원이 이어지는데도 말이다.

의료 훈련이 중요한 것은 명백한 사실이다. 하지만 많은 사람들이 의료 훈련의 맥락에서 동물을 학대하는 것은 '필요악'이라고 여기고, '필요하다'고 인식하고 있다. 하지만 실상 군 의료 훈련이라는 구실 아래 동물에게 가해지는 폭력은 토끼 수업이나 개를 이용한 수업처럼 이유 없는 잔혹 행위와 다를 바가 없다. 동물을 이용한 이런 수업들과 미국에서 '의료 훈련'으로 통하는 동물학대는 긴요한 의료기술을 전수하는 효과적인 수단이라기보다, 주로 군인들에게 폭력 문화를, 냉혹함과 남성성 과잉을 가르치려는 의도가 깔려 있다.

동물을 학대해서 군대에 어떤 이득이 생긴다고 하더라도 윤리적 고려만으로도 그러한 학대를 끝낼 정당성은 차고도 넘친다. 이 글에서는 군 의료 훈련이 과학적·교육적 관점에서 '필요하다'는 주장을 논박하고, 군대가 동물학대를 옹호하며 늘어놓는 허술한 변명 중 일부를 해부할 것이다. 나아가 군대와 민간 방위산업체, 일반 대중, 언론, 동물권 활동가 사이의 복잡한 관계망을 밝혀내고, 동물착취에 관한 군 정책과 실행이 이런 다양한 상호작용 속에서 어떻게 도전받고 형성되는가를 보여 줄 것이다.

생체 훈련

●●●　　　　　　　　　　 1950년대부터 미 국방부는 이른바 '부상 실험실'이라는 것을 운영하면서 위생병과 장병들에게 정신적 외상을 초래하는 부상을 치료하는 법을 훈련시켜 왔다(Barnard, 1986, p. 5). 이 훈련에서 동물(한때 개가 가장 각광받는 종이었다)은 의식이 멀쩡하거나 반의식 상태에서 트라우마를 유발할 정도의 심각한 부상을 당한다. 훈련생들은 이렇게 부상당한 동물을 마치 전쟁터에서 쓰러진 장병을 돌보듯이 부상을 치료한다. AP통신(1984. 1. 24)에 따르면 1983년 당시 국방장관 카스파 바인베르거Caspar Weinberger는 거대한 사회적 항의에 부딪히자 "부상 치료 연구나 훈련을 위한 실험 중에서 동물이 훼손되는" 일체의 활동을 종료하라고 명령했다. 하지만 1984년, 당시 보건 업무를 담당했

던 국방차관보 윌리엄 메이어William Mayer는 이 정책을 약화시켜 오직 개, 고양이만 이용하지 못하게 대체했고, 덕분에 염소와 돼지는 미군이 현재 '생체 훈련live tissue training'이라고 부르는 프로그램에 계속해서 이용되고 있다. 이 훈련에서 두 종의 동물은 총에 맞고 불에 타고 사지가 절단되고 죽임을 당한다.

　2008년, 총 여덟 종으로 구성된 최소 7,500마리의 동물이 미 국방부의 다양한 군 의료 훈련에 이용되었다(Foster, Embrey, and Smith, 2009, p. 4). 하지만 책임있는 의료를 위한 의사회(Physicians Committee for Responsible Medicine, 날짜 미상)가 진행한 독립 연구에서는 수치가 이보다 훨씬 높게 나타났다. 미군기지 최소 15곳, 민간이 운영하는 훈련 하청업체 최소 3곳, 이곳에서 오직 생체 훈련에만 사용되고 죽는 돼지와 염소의 숫자가 매년 9,000마리에 육박한다는 것을 발견했다. 생체 훈련은 현재 모든 미군 의료 행위자들에게 요구되는 사전 배치 요건이다.

　미군과 민간 훈련 하청업체로부터 정보공개법을 통해 입수한 기록과 내부 목격자들의 증언에 따르면 생체 훈련에서는 동물을 불에 태우고, 총으로 쏘고, 칼로 찌르고, 볼트 절단기로 뼈를 부러뜨리고, 심지어 정원용 전지가위로 사지를 자르기까지 한다. 2006년(11월 2일), 《뉴욕타임스》는 해군 위생병이자 트라우마 수련의였던 더스틴 커비Dustin Kirby의 트라우마 훈련 경험을 인용했는데, 커비는 돼지의 몸을 심각하게 훼손했던 상황을 이렇게 증언했다. "살아 있는 돼지 얼굴에 9밀리미터 권총으로 두 발을 쏘고 나서 AK-47 자동소총으로 여섯 발을 쐈어요. 12구경 산탄총으로 두 발을 더 쐈고요. 그런 다음에 불에 태웠어요"(Chivers, 2006). 커비는 돼지가 이런 부상을 당한 상태로 15시간 동안 살아 있었다고 밝혔다.

티어 1 그룹(Tier 1 Group, 2008)은 미군에게 군사훈련을 제공하는 아칸소 소재 민간 업체로, 군 출신 인사가 운영을 맡고 있고, 서버러스 캐피털 매니지먼트 소유다(서버러스 캐피털 매니지먼트는 전 재무장관인 존 스노John Snow, 전 부통령 댄 퀘일Dan Quayle이 고용되어 있는 국제적 투자회사다. 방위산업체 다인코퍼레이션 인터내셔널DynCorp International Inc.도 이들 소유이고, 탄약 회사 레밍턴 암스Remington Arms를 집어삼키기 위해 프리덤 그룹Freedom Group(탄약과 소형화기 제조회사-옮긴이)을 설립하기도 했다). 티어 1 그룹의 생체 훈련 계획서에 따르면, 군 의료 훈련에 염소를 이용하는 이유는 "기질이 온순하고, 다루기 쉽고 수송이 쉬운 점, 지능, 친화력, 청결성, 인내력" 때문이라고 밝히고 있다(p. 4). 또 훈련 과정에서 염소와 돼지에게 다음과 같은 폭력을 감내하게 한다고 기록되어 있다. "사지, 얼굴, 흉곽, 복부 등에 총상이 가해질 수 있다", "무딘 상해 도구나 총상, 폭발 부상으로 인해 사지가 골절된다", "상해 도구의 예리한 날이나 폭발 부상으로 인해 트라우마를 초래할 정도로 고통스럽게 사지가 절단된다", "동물은 신체 표면의 20퍼센트를 넘지 않는 한도 내에서 프로판 토치로 화상을 입거나 기도가 탈 수 있다", "신체 관통을 모의실험하기 위해 나뭇가지, 금속 막대 등의 물체가 복부나 근육 속에 박힐 수 있다", "한도 제한 없이 피부가 찢길 수 있다", "막대한 출혈을 유도하기 위해… 다량의 혈관이… 찢길 수 있다"(pp. 11~16).

이렇듯 돼지와 염소가 어떻게 신체가 훼손될 수 있는지 자세한 목록을 제시한 뒤에, 티어 1 그룹은 이렇게 결론 맺는다. "동물과 상해자 양측의 안전을 보장하기 위해 극도의 주의가 요구된다"(2008, p. 16).

2012년, 동물권 단체 페타(PETA)는 티어 1 그룹이 미국 해안경비대원에게 생체 훈련을 실시하는 모습을 촬영한 공익 제보자의 충격적인 영상을 공개했다. 영상에는 살아 있는 염소들이 수술용 메스로 반복적으로 난도된 뒤에 사지가 전지가위로 잘려 나가고 총에 맞는 장면이 담겼다 (Aegerter and Bolack, 2012. 4. 19). 또 상해를 당하는 동안 염소들이 신음하고 고통으로 발길질하는 모습이 담겼는데, 이는 적합한 마취가 이루어지지 않았음을 알려 준다. 그런가 하면 한 교관이 염소 다리를 잘라내는 동안 참가자 사이에서 신바람 난 휘파람 소리가 들리고 한 참가자가 동물들의 신체 훼손을 주제로 노래를 써야겠다고 태연히 농담하는 소리도 들린다. 페타로부터 공식 항의를 받은 뒤에 미국 농무부는 해당 영상에 담긴 염소들에게 적합한 마취를 제공하지 않은 것에 대해 동물복지법 위반 혐의로 티어 1 그룹을 소환했다(Kimberlin, 2012. 6. 30).

많은 미군기지들이 주장하듯 티어 1 그룹도 생체 훈련에서 "동물을 대체할 것은 현실적으로 없다."고 주장한다(2008, p. 6). 그러나 실제로 일부 미군기지와 민간 업체들은 이미 동물을 트라우마 훈련에 이용하는 것을 완전히 폐기하고 이를 시뮬레이터나 해부용 시체를 비롯한 그 밖의 비동물 방법으로 대체하고 있다.

포트 캠벨에 있는 미 육군 앨프레드 V. 래스콘 전투의료학교Alfred V. Rascon School of Combat Medicine는 오직 비동물 훈련법만 이용하고, 기지 대변인 캐시 그램블링Cathy Grambling의 말을 인용해 이렇게 발표한다. "인간을 치료하기에는 인체 모형dummy을 이용한 훈련이 동물을 이용한 훈련보다 더 실제적이다"(Hogsed, 2010. 1. 20). 해군(개인적 연락, 2008. 12. 19)과 공군(정보공개 청구 08-0051-HS, 2008. 8. 28) 역시, 각각 미 해군 트라우마 훈련 센터와 미 공군 원정의료기술연구소에서 운영하는 트라우마 훈련 프로그램에서 동물을 전혀 이용하지 않는다고 확인해 주었다. 미국 농무부 또한 캠프 르준(동해안에 위치한 미국 최대 규모 해병대 기지)에 생체 훈련을 제공하는 민간 업체인 택티컬 메딕스 인터내셔널Tactical Medics International 에서 더 이상 전술적 전투 사상자 구호Tactical Combat Casualty Care 교육을 위해 동물을 이용하지 않는다고 밝혔다. 전술적 전투 사상자 구호 교육은 미군 내에서 가장 널리 제공되는 트라우마 훈련 과정이다. 하지만 다른 미군 기지와 민간 업체들은 이 교육에 여전히 동물을 이용하고 있다.

미군은 의료 훈련이 일관되지 못한 이유를 이렇게 설명했다.

> 동물 이용에 관한 결정은 자율적으로 이루어지며 주로 의료 훈 련 담당 장교나 훈련 관리 임무를 맡은 의사가 주도한다. … 고위 지도부는 어떤 훈련이 어떻게 진행되는지 알지 못할 때가 많다 (Foster, Embrey, and Smith, 2009, p. 6).

이 비일관성의 숨은 이유가 무엇이든 간에, 미군이 주로 동물에 의존한 구닥다리 의료 훈련 방법을 쓰는 동안 몇몇 미군 시설과 미군의 압도적인 주류 동맹들이 동물을 배제한 현대적 방법을 쓰는 상황이라면, 의료 기술을 신속히 가르치기 위해 동물 이용이 반드시 '필요하다'고 고집하는 미군의 주장은 명백한 거짓이다.

실제로, 동료 평가peer-review를 받은 연구 보고들은 심각한 트라우마 치료를 포함하여 인명구조 절차에 투입되는 의료 전문 종사자를 훈련 시키는 데는 최첨단 인간 시뮬레이터와 인간 시체를 비롯한 그 밖의 비 동물 방법을 쓰는 편이 살아 있는 동물을 이용하는 것과 맞먹거나 그보다 낫다는 사실을 거듭 증명해 왔다(Aboud, et al., 2011; Bowyer, Liu and Bonar, 2005; Block, Lottenberg, Flint, Jakobsen, and Liebnitzky, 2002; Hall, 2011). 시뮬레이션 모델이 살아 있는 동물에 비해서 오히려 정확한 해부학적 구조, 반복성, 객관적 피드백과 평가를 제공하기 때문이다(Ritter and Bowyer, 2005). 무엇보다 중요한 것은 시뮬레이터는 인간 환자의 치료에 곧바로 적용할 수 있는 입증된 기술을 전수해 준다.

2001년부터 미국외과학회American College of Surgeons, ACS는 가장 널리 시행되는 민간 트라우마 훈련 과정인 전문외상소생술Advanced Trauma Life Support, ATLS을 가르칠 때 동물 대신 시뮬레이터를 이용하는 것을 승인해 왔다(Cherry and Ali, 2008, p. 1189). 전문외상소생술에는 미군의 전술적 전투 사상자 구호 과정의 핵심이 되는 외과 기술이 상당 부분 포함되어 있다. 책임있는 의료를 위한 의사회의 조사에 따르면 미국과 캐나다에서 전문외상소생술을 가르치는 기관들의 95퍼센트 이상이 의사, 응급 환자 최초 대응자에게 오직 비동물 방법(주로 인간 환자 시뮬레이터와 인간 시체)만을 이용하여 이 기술을 전수한다. 심지어 미군조차 많은 기지들이 전문외상소생술을 가르칠 때는 시뮬레이터를 이용한다. 전술적 전투 사상자 구호 과정에서는 똑같은 기술을 가르칠 때 동물을 학대하면서 말이다.

미군은 트라우마 훈련 과정에서 비동물 방법을 이용하지 않는 것에 대해 자신들은 의과대 학생들이나 다른 의료 전문가들이 받는 것처럼 수년에 걸친 교육을 제공할 여유가 없으므로 동물을 이용할 수밖에 없다는 반응을 자주 보였다. 하지만 실제로 군 의료 담당자들은 의과대학에 준하는 교육을 필요로 하는 경우가 거의 없다. 대부분 의무병으로, 실제 치료가 이루어지기 전까지 부상병을 안정시킬 능력만 갖추면 되기 때문이다. 게다가 해부학적으로나 생리학적으로나 인간과 근본적으로 구조가 다른 동물을 이용하는 것은 합당한 의료 역량을 길러 주는 지름길이 되지 못하며, 짧은 시간 안에 의과대학에 준하는 결과를 달성할 수도 없다. 실제로 전문 의료 교육이 필요한 군인이라면 그 무엇도 임상 경험을 대체하지는 못할 것이다. 또 전쟁터 파견을 위해 신속하게 교육이 이뤄져야 하는 군인이라면 동물을 자르고 쏘고 날려 버리는 것보다 더 효율적이고 윤리적으로 목표를 달성할 여러 방법이 있다.

이스라엘 방위군은 예비 군 의료팀을 신속하게 부대에 배치하기 위해 시뮬레이션과 시나리오 기반 커리큘럼을 개발했는데, 훈련생들은 배치를 받은 뒤에 이 교육 덕분에 실제 현장에서 환자를 치료하는 자신들의 역량이 크게 향상되었다고 보고했다(Lin et al., 2003). 이 내용을 조사한 이스라엘 연구자들은 이 훈련에 동물을 이용하는 것은 '진단과 의사 결정에' 부적합하다고 분명히 못 박았다(p. 52).

미군 의료 훈련 전문가들 역시 동물을 이용하는 것이 "전투 훈련에 적절하지 않다."고 표명했다(Allen, 2010, p. 15). 건강 연구를 위한 미국의학연구소(2002)는 미군 의료 훈련 전문가들이 다수 참가했던 한 포럼의 자료집을 출간했는데, 거기서 국립 수도권 지역 시뮬레이션 센터National Capital Area Simulation Center의 앨런 류Allen Liu 박사는 이렇게 말한다.

(동물 실험실은 의료 훈련에) 실제로 탁월한 방법은 아닙니다. 동물은 사람과 해부학 구조가 명백하게 다르니까요. 동물로 훈련하고 나면 염소와 돼지를 구조하는 실력은 출중해지겠죠. 하지만 그런 훈련생은 아직 한 번도 사람을 구조해 본 적이 없는 겁니다(U.S.

Medicine Institute for Health Studies, 2002. 12. 3, p. 32).

다른 군 의료 전문가들도 비슷한 비판을 제기했다.

> (출혈 치료 훈련에 동물을 이용하는 데 따른) 문제는 여러 가지가 있다. 해
> 부학적 차이, 출혈을 막기 위해 지혈대에 가해야 하는 물리력의 차
> 이, 동물에 대한 윤리적 고려, 잘못된 관리로 동물이 자주 죽는 데 따
> 른 반복 훈련의 결여 등이 대표적이다(Ritter and Bowyer, 2005, p. 230).

은퇴한 미 육군 군의관인 크레이그 르웰린Craig Llewellyn 박사는 현재
미국 국립군의관 의과대학 군응급의료학과 교수이자 전 학과장으로, 전
쟁 중 부상에 대한 적절한 의학적 대응을 주제로 열린 한 패널 토의에서
군 의료 훈련에 관해 '신화'라는 표현을 써가며 이렇게 비판했다(Butler,
Hagmann, and Richards, 2000에서 재인용). "염소 실험실에서 의료 훈련을
받았다고 해서 동료 부대원의 복부를 가를 준비가 되었다고 한다면 부대
원을 수술실로 데려갈 다른 방도가 전혀 없는 경우가 아닌 이상 완전히
미친 소리다"(p. 37).

반대로 시뮬레이터를 이용한 미군의 연구에서는 비동물 훈련 방법이
지혈 시간과 치료 시간 개선을 효과적으로 가르칠 수 있음이 발견되었다
(Mabry, 2005). 시뮬레이션은 스트레스가 덜한 학습 환경을 제공해 훈련
생에게 동물을 해칠 위험 없이 심리운동 기술psychomotor skill을 연마하게
해 준다. 시뮬레이션을 통한 실제와 같은 스트레스 반응은 훈련생이 전
투 환경에서 임무를 성공적으로 수행하기 위해 갖춰야 할 의사결정과 스

트레스 관리 능력을 기를 수 있도록 도와준다(Lin, et al., 2003). 시뮬레이션 방법을 이용하면 심지어 전쟁터에서 나는 소리와 냄새까지 실제처럼 아주 세밀하게 모방할 수 있는데도 희한하게 동물을 이용하는 훈련법은 아직까지도 완전히 근절되지 않고 있다. 정서적인 측면을 적절히 자극하기 위해서는 인간의 형태를 띤 모형을 이용하는 편이 실제 상황임을 환기시키는 데 돼지나 염소보다 당연히 나은데도 말이다.

생체 훈련은 미국과 해외에서 계속해서 대중의 분노와 정부 관리들의 비판에 직면해 왔다. 동물보호와 의료윤리 단체, 특히 페타와 책임있는 의료를 위한 의사회는 선두에 서서 미군의 동물을 이용한 의료 훈련 프로그램을 금지시키기 위한 캠페인을 벌여 왔다.

2009년과 2011년에는 미국 의원 30명 이상이 '모범 훈련 사례를 통한 전쟁터 우수성Battlefield Excellence through Superior Training' 법안을 공동 발의했다. 국방부의 전쟁 트라우마 트레이닝에서의 동물 이용을 2016년까지 단계적으로 폐지하기 위한 법안이었다(Filner, 2011. 4. 8; Lovley, 2010. 2. 3)(돼지와 염소 이용을 금지하는 이 법안은 2013년에도 의회에 제출되어 공화당과 민주당 양당이 공동 발의했으나 법률로 제정되는 데는 실패했다.-옮긴이).

해외에서도 미군의 동물을 이용한 의료 훈련에 반대하는 운동이 전개되어 왔다. 페타 독일, 동물실험에 반대하는 독일 의사들이 캠페인을 대대적으로 벌인 뒤에 독일 정부는 몇몇 유럽 주둔 미 육군이 동물에게 생체 훈련을 실시하기 위해 제출한 신청서를 기각했다. '동물을 배제한 효율적인 대체 방안이 가능'하기 때문이며, 그 훈련이 '주둔국의 동물보호 법률을 위반'한다는 것이 사유였다(Vandiver and Kloecker, 2010. 8. 17). 독일 군대는 페타 측에 이렇게 통지했다. "우리 군대는 훈련을 목적으로 동물실험을 시행하지 않습니다. 훈련 프로그램에서 장병들은 매우 훌륭한 모형을 통해 배우며 의사도 동물실험을 필요로 하지 않습니다"(German Armed Forces, 개별적 통지, 2010. 6. 18).

2010년에 페타가 정보공개 청구를 통해 얻어낸 기록을 보면, 유럽 주둔 미 육군사령부 군의관실은 독일에서 실시될 예정이던 의무병을 위한 여단 전투단의 생체 훈련의 한시적 취소를 압박한 유럽의 폭발적 캠페인에 대해 이렇게 대응했다. "우리는 유럽 주둔 미 육군 내에 (살아 있는 동물 없이) 전투 트라우마 훈련 과정을 실시할 자원과 경험이 있다."면서, 국외 주둔지에서 실시하는 생체 훈련에서는 동물 이용을 배제하는 것을 허용하는 미 육군 행정명령 096-09를 발동한다는 것이다(U.S. Army Medical Department, Office of the Surgeon General, 2009). 이 정책과 결정은 전투 트라우마 훈련이 사실 동물을 이용하지 않고도 목적을 충분히 달성할 수 있음을 분명히 드러내고 있다.

화학 사상자
훈련

●●● 　　　　미군 동물복지 규정은 영장류를 이용해 "외과적 처치나 그외 다른 의학적 치료를 훈련하기 위해 어떤 유형의 무기로든 상해를 입히는 것"을 명확히 금지하고 있지만(U.S. Department of the Army, Navy, Air Force, Defense Advanced Research Projects Agency, and Uniformed Services University of the Health Sciences, 2005, p. 3), 미 육

군 화학방어의학연구소(U.S. Army Medical Research Institute of Chemical Defense, 2005a)는 최근까지도 애버딘 육군시험소Aberdeen Proving Ground에 있는 군 의료 직원을 위한 화학 사상자 훈련 실험실에서 버빗원숭이 수십 마리에게 3년 동안 해마다 무려 네 차례씩이나 유독물질을 주입했다. 이 훈련에서 원숭이에게 치사량의 피조스티그민physostigmine을 주사했는데, 피조스티그민은 사실상 화학 무기로 이용되는 약품으로 인간이 신경작용제의 공격을 받았을 때 겪을 증상을 모의하기 위한 것이었다. 치사량에 이르는 약품이 주입된 원숭이들은 걷잡을 수 없는 근육경련, 호흡곤란, 불규칙적인 심장박동, 극심한 발작을 일으켰다. 또 게워 내려 하지만 연신 헛구역질만 했는데, 이는 전날 원숭이들을 일부러 굶겼기 때문이다. 페타가 정보공개 청구를 통해 얻어낸 한 실험실 작업 계획서에 따르면, 어느 미 육군 의무병은 실험이 진행되는 동안 괴로워하는 원숭이의 반응을 보고 '설사를 싸면서 발발 떠는 치와와'에 비유했다(2005b).

정보공개법에 따라 미 국방부가 제출하고 책임있는 의료를 위한 의사회(2009)가 공개한 이 화학 사상자 훈련 영상에는 훈련 과정과 함께 훈련생들이 어떤 임상 증상을 관찰하고 확인해야 하는지를 지시하는 내레이션이 나온다. 영상에는 버빗원숭이가 복부에 털이 깎이고 가슴에 숫자 문신이 새겨진 채 테이블 위에 묶여 있다. 훈련생들은 원숭이 꼬리의 강도에 주목하라는 지시를 받는데, 이 장면은 원숭이를 통한 학습이 인간 환자에게 어떤 도움도 되지 않음을 증명하는 사례다. 또 훈련생들은 발한 작용을 점검하라는 지시도 받는데, 원숭이의 경우에는 발한 작용을 확인하려면 발바닥을 쓸어 보아야 한다. 실험이 아무 짝에도 쓸모가 없음을 결정적으로 드러내는 것은 학생들이 해독제를 투여하고서 원숭이의 증상이 가라앉는 것을 지켜보는 것 말고는 아무 일도 안 한다는 점이다. 훈련 전체가 허술한 '쇼앤텔show and tell'(학교에서 아이들에게 자기 물건을 들고 청중 앞에서 설명하게 하는 일종의 발표 교육.-옮긴이)일 뿐이고, 전 세계 미군 훈련 기관 가운데 둘 중 하나는 이미 인간 환자 시뮬레이터, 인간 배우, 컴퓨터 프로그램 등 비동물 방법만을 이용해 같은 훈련을 수행하는데도 애버딘에서는 이 방법이 고수되었다.

2011년 가을, 화학 사상자 훈련의 3년 기간이 만료된 원숭이들을 대체하기 위해 세인트키츠 섬에서 원숭이 스무 마리가 애버딘 육군시험소로 이송되었다는 정보가 수면 위로 떠올랐다. 페타, 책임있는 의료를 위한 의사회 등의 단체들은 5년 넘게 이 실험에 반대하는 캠페인을 벌여오던 중이었다. 수많은 항의서가 미 국방부로 날아들었고 공격적인 미디어 캠페인이 시작되었다. 활동가들은 육군 사무실로 전화를 퍼붓고 미육군 행사장, 고위 장교들의 자택, 전국 각지의 신병 모집소에서 항의 시위를 벌였다(People for the Ethical Treatment of Animals, 2011). 페타 웹사이트를 통해서만도 불과 몇 주 만에 10만 명이 넘는 사람들이 자기 지역 의원과 육군 장교에게 연락을 취했다. 메릴랜드 의원 로스코 바틀럿 Roscoe Bartlett은 한때 군에서 영장류 실험을 주도한 장본인이었지만 이 캠페인을 중요한 쟁점으로 삼고 육군에 커리큘럼을 변경하라고 촉구했다 (Vastag, 2011. 10. 13).

활동은 성공적이었다. 6개월 동안 집중 캠페인을 벌인 끝에 미 육군은 원숭이를 이용한 애버딘 육군시험소의 화학 사상자 트레이닝을 2011년 말까지 시뮬레이터 등 비동물 훈련 방법으로 대체하겠다고 발표했다 (Vastag, 2011. 10. 13).

기관내삽관
훈련

● ● ●　　　　　　　　　　　기관내삽관은 부상자의 기도에 플라
스틱 관을 삽입하여 기도를 열고 환자가 숨을 쉬게 하는 매우 중요한 기
술이다. 대개 지체 없이 능숙하게 실행되어야 하는 응급처치이지만 이
기술을 가르치기 위해 동물을 이용하는 것은 훈련생의 역량 강화에 아무
런 보탬이 안 된다. 민간 소아응급의학에서는 시뮬레이터를 이용한 삽관
훈련을 선호하고, 일부 미군기지와 병원 역시 동물을 이용하지 않는데
도, 미국 전역의 일부 미군 의료기관들은 여전히 동물, 특히 페럿ferret(식
육목 족제빗과 포유류)을 이용해 이 고통스러운 처치를 훈련한다.

　군대 기록에 따르면, 많은 시설에서 페럿은 매 훈련 학기가 시작될 때
마다 연약한 기관에 딱딱한 관이 반복적으로 강제 삽입되는데, 훈련 한
학기당 무려 10회의 삽관이 이뤄지며 1년에 여섯 차례나 학기가 열린다.
이렇게 반복되는 삽관은, 특히 경험 없는 훈련생이 시행할 경우 동물의
목구멍 조직을 손상시켜 출혈을 일으킬 수 있고, 통증과 흉터, 폐허탈, 심
지어 죽음을 초래하기도 한다(Hofmeister, Trim, Kley, and Cornell, 2007, p.
213; Tait, 2010, p. 80). 또한 삽관 훈련을 계획하면서 관리가 허술해 몇몇
미군 시설에서 동물이 죽었는데, 이에 포츠머스 해군 의료 센터 실험동
물의학부 책임자는 보고서에 이렇게 기록했다. "삽관 훈련 실험이 진행
되는 동안 나타나는 중대한 문제는 바로 안일함이다"(Naval Medical Cen-
ter Portsmouth, 2009. 2. 23).

　잔혹함뿐 아니라 페럿과 인간 환자 사이의 본질적인 해부학적 차이도

훈련 성과를 망친다. 동물 이용을 정당화하는 사람들은 흔히 두 종간에 해부학적 유사성이 있다고 주장하지만 실제로 차이가 매우 크며, 수십 년 동안 그 차이가 동물을 통해 습득된 기술이 실제로 인간 아기들을 치료하는 데 적용되지 못하는 요인으로 지목되어 왔다(Katzman, 1982).《응급간호 저널*Journal of Emergency Nursing*》에 게재된 한 기사는 해부학적 차이로 페럿이 인간 환자 대용으로 적절치 못하다고 설명한다.

> 페럿은 입보다 혀가 1.5배 더 긴 인간 유아보다 비율적으로 혀가 더 길다. 또 다른 차이로는 과다한 타액 분비, 반구형 모양 피열연골, 상대적으로 더 큰 후두개와 더 작은 후두 전면 등이다. 인간과 동물의 턱, 얼굴, 구강인두 모양 사이에 해부학적 특이성은 없다 (Tait, 2010, p. 78).

위 기사에서 신디 테이트는 이렇게 결론 맺는다. "핵심은 삽관을 가르치기 위해 동물에게 트라우마를 초래하고 해를 가할 아무런 이유가 없다는 점이다. 특히 대단히 효율적인 비동물 방법이 실습 표준으로 널리 인정되고, 교관이 언제든 도움을 줄 수 있는 상황에서 말이다"(Tait, 2010, p. 80).

실제로 많은 군대와 민간 연구는 시뮬레이터가 타당하고 효과적인 훈련 도구이며(비교해 보자. Arnold, Lowmaster, Fiedor-Hamilton, Kloesz, Hofkosh, Kochanek and Chark, 2008; Sawyer, Sierocha-Castaneda, Chan, Berg and Thompson, 2010), 시뮬레이터로 훈련한 사람들이 동물 실험실에서 훈련받은 이들보다 소아 삽관 능력이 훨씬 뛰어나다는 사실을 밝혀

왔다(Adams, Scott, Perkin, and Langga, 2000). 애덤스 외 저자들(2000)은 이렇게 결론 맺는다. "마네킹으로 훈련하면 훈련생들이 테크닉에 더욱 강도 높게 집중할 수 있다. … 동물이나 인간에게 실습할 때처럼 서둘러 관을 삽입해야 한다는 조급함에 쫓기지 않아서 교관의 제안과 교정을 훨씬 귀 기울여 듣는다"(p. 7). 동물을 이용해 삽관 훈련을 하는 데 따른 훈련생의 불안한 심리는 의학교육 논문에도 언급되어 있다(Waisman, Amir, Mor, and Mimouni, 2005).

동물을 이용한 삽관 훈련이 효율적이라는 과학적 연구가 존재하지 않는데도, 이 방식은 미군 훈련 프로그램에서 지속적으로 이용되고 있다. 이에 대해 항의하면 동물을 이용하는 것이 가장 탁월하고 대체 불가능한 방법이라고 주장하면서 설득력 없고 사실과 다른 근거만 나열된 공문서를 보내오는데, 이런 공문서야말로 미군이 이 사안을 진지하게 고민하지도, 철저하게 검토하지도 않는다는 증거일 뿐이다. 가령, 매디건 의료원 Madigan Healthcare System(개인적 연락, 2011. 6. 6), 포츠머스 해군의료센터(개인적 연락, 2010. 3. 26), 공군성(개인적 연락, 2011. 6. 18)의 이름이 각각 찍힌 서면 답변서에서 군 관리들은 터무니없게도 동물을 이용해 훈련받은 소아과 수련의들의 형편없는 삽관 실력을 보고하는 한 연구(Falck, Escobe-do, Baillargeon, Villard, and Gunkel, 2003)를 인용하면서 그것이 삽관 훈련에서 동물을 계속 이용해야 하는 이유라고 항변한다.

미군의 소아 기도 처치 훈련에서 동물을 이용하는 것이 의학적 관점에서 부적절하다는 것을 가장 확실하게 보여 주는 증거는 일부 군사 시설이 이미 그것을 다른 방법으로 대체했다는 사실일 것이다.

윌리엄 보먼트 육군의료센터William Beaumont Army Medical Center(개인적 연

락, 2011. 7. 26)는 2007년부터 삽관 훈련에 페럿을 사용하지 않고, 국립 군의관 의과대학교 역시 2008년에 페럿을 이용한 삽관 실습을 폐지했다. 2011년, 페타가 삽관 훈련을 위한 시뮬레이터의 효능을 알리는 정보를 보낸 지 불과 몇 달 만에 샌디에이고 해군의료센터(개인적 연락, 2011. 4. 13)는 자료를 검토했다면서 더 이상 이 훈련에 고양이를 사용하지 않을 것이며 실험실에서 이용되던 고양이들은 모두 입양 보내겠다고 확답했다. 2012년에는 포츠머스 해군의료센터가 페타의 탄원을 받은 뒤 해당 시설에서 페럿을 이용한 소아과 수련의의 신생아 삽관 훈련을 폐지했다고 답변했다(개인적 연락, 2012. 3. 7).

군대 밖에서는 미국 거의 전역에서 동물을 이용한 훈련이 폐지되었고, 대신 인간의 해부학과 생리학을 본떠 특수하게 고안된 시뮬레이터를 이용하고 있다. 이 시뮬레이터를 이용하면 훈련생이 자신감이 생기고 능숙해질 때까지 반복해서 연습할 수 있을 뿐 아니라, 실제로 의료 제공자가 환자를 더 잘 치료할 수 있게 된다는 사실이 입증되었다.

책임있는 의료를 위한 의사회의 설문조사에 따르면(2011b), 국군통합병원Tripler Army Medical Center을 포함하여 미국 소아과 수련 프로그램의 90퍼센트 이상이 삽관 훈련에 동물을 사용하지 않는다. 마찬가지로 신생아와 유아에게 응급의료를 제공하는 이들을 훈련하는 전문 과정에서도 시뮬레이터를 이용한 삽관 훈련 방법만 권장된다.

미국심장협회(American Heart Association, 2009)는 전문소아소생술Pediatric Advanced Life Support, PALS이라는 널리 보급되어 있는 실습 과정을 개설하고 후원하는 단체인데 "기관내삽관 실습의 어떤 과정에서도 살아 있는 동물을 이용하거나 권장하지 않는다."고 밝혔다. 그러면서 동물을 계속적으로 이용하는 기관에 대해 "자신들의 사업과 조직의 이익을 옹호하는 방향으로 대응하는 데 대해 책임을 져야 할 것"이라고 경고했다. 미국심장협회 응급심혈관계 치료협회 회장이었던 오코너O'Connor(개인적 연락, 2009. 2. 3)는 미국심장협회의 입장을 자세히 설명하면서 "전문 소아 소생술에서 실물 같은 실습용 모형을 이용하는 것은 일반적으로 널리 받아들여지는 규범"이며 "미국심장협회는 전문 소아소생술 과정의 모든 삽관 실습에서 실물 같은 인간 모형을 이용하라고 권장한다."고 밝혔다(미국심장협회가 페타에 보낸 편지, 2009. 2. 3). 미국 전역에서 운영되는 1,500곳 이상의 전문 소아소생술 과정 가운데 동물을 이용하는 곳은 고작 몇 곳에 지나지 않는다.

미국심장협회와 마찬가지로 미국소아학회(개인적 연락, 2005. 8. 3)와 응급간호협회(개인적 연락, 2008. 2. 19)도 자신들이 지원하는 교육과정에서는 비동물 방법을 이용한 소아 삽관 실습만 승인한다고 했다.

당혹스럽게도 많은 미군 시설은 유아 삽관 훈련을 위한 시뮬레이터의 효용성을 인정하면서도 어찌되었든 페럿을 계속 이용하고 있다. 포츠머스 해군의료센터(2009b)는 이렇게 썼다. "삽관 모형의 정확도가 최근 몇 년간 향상되어 왔다는 점에서 '신생아' 삽관 훈련에 동물을 이용하는 것은 불필요할지도 모른다." 매디건 육군의료센터(2007)는 페럿을 이용해 신생아와 유아에게 삽관하는 기술을 가르치는 방법이 "적합한 시뮬레이션 훈련 모형의 발달로 점차 폐지될 것"이라고 기록했다(p. 336). 그리고 래클랜드 공군기지(Lackland Air Force Base, 2011)는 다음과 같이 썼다.

현재 28주 된 아기 모형이 있는데, 살아 있는 동물 삽관의 대체물로… 합당하다. 솔직히, '방어기지 폐쇄와 재편위원회와 함께' 우리는 두 동물실험(페럿과 흉관 삽입술을 위한 토끼)을 모두 중단하고 어떤 식으로든 인체 모형으로 옮겨가는 방안을 검토 중이다(래클랜드 공군기지, 정보공개법에 의해 얻은 내부 문서, 2011. 4. 29).

하지만 매디건 육군의료센터와 래클랜드 공군기지는 다른 몇몇 군사시설과 함께 여전히 삽관 훈련에 페럿을 이용하고 있다.

이 분야에서 동물을 계속 이용하는 데 대한 근거 없는 변명을 이미 많이 들어왔지만, 삽관 훈련에 여전히 동물을 이용하는 또 다른 시설인 트래비스 공군기지 내 데이비드 그랜트 의료센터David Grant Medical Center는 페럿과 인간 환자 사이의 해부학적 차이를 인정하는 과정에서 황당한 설명을 내놓는다. 페럿의 "난감한 해부학적 구조"가 실제로 훈련에 유리하게 작용한다면서 그 이유가 "훈련생에게 더욱 어려운 도전 과제를 내주기 때문"이라는 것이다. 하지만 인간 환자를 정확하게 반영하지 못하는 해부학적 구조는 결정적인 단점이면서 숙련된 실력을 얻지 못하게 하는 방해 요소이다. 단순히 임무를 어렵게 만든다고 해서 그것이 더 나은 훈련이 되지는 않는다. 그들의 주장대로라면 페럿 모형이 인체 모형보다 나을 것이고 훈련생들에게 한 손을 등 뒤로 돌리고 연습하라고 지시해야 할 것이다.

파고들수록 더욱 분명해지는 사실은 동물을 이용한 훈련법이 교육 모델의 적절성의 문제가 아니라, 교육학과는 아무 상관이 없는 정치적 목적과 다른 목적에 따라 결정된다는 점이다.

래클랜드 공군기지(2009. 7. 27)는 삽관 훈련 계획서에서 다른 동물이 아닌 유독 페럿을 선택한 이유를 정당화하려 시도하면서 페럿은 "애완동물로 여겨지지 않는다."는 점을 꼽았다. 데이비드 그랜트 의료센터(2007. 1. 29)도 페럿을 이용한 삽관 훈련에 대해 정당화하려 들면서, "페럿은 최고의 모델로서 애완용 고양이를 대체해 왔다. 페럿이 고양이에 비해 덜 정치적이고 사회적으로도 덜 민감하기 때문"이라는 터무니없는 이유를 들었다. 마찬가지로 키슬러 공군기지(2007. 7. 26) 역시 삽관 훈련 계획서에서 "페럿은 (개와 고양이 등) 반려동물처럼 민감한 종이 아니기 때문에 선정되었다."고 기록했다.

이처럼 페럿을 이용하는 것은 실행 결과의 타당성이나 과학적 타당성이 전혀 뒷받침되지 않았다. 동물 이용이 과학적 또는 교육적 이유가 아니라 대중의 감시와 비판으로부터 조직을 보호하려는 의도에서 행해진 것이 명확하게 보인다. 개, 고양이보다 정치적으로 덜 민감한 종인 페럿을 훈련에 이용하는 것이 장병들에게 뭐가 더 나은지에 대한 설명도 없다.

미군은 또한 동물을 이용하는 이유에 대해 이따금 이해하기 어렵고 당혹스러운 해명을 내놓았다. 가령, 포츠머스 해군의료센터(2008)는 삽관 훈련에 페럿을 쓰는 이유가 실질적인 부상 위험이 존재하는 것이 중요하기 때문이라면서 이렇게 밝혔다. "동물 모델이 인체 모형과 다른 중요한 차이는 동물 모델은 훈련생이 부주의할 경우 실제로 동물에게 부상을 입힐 수 있다. 이는 훈련생이 살아 있는 생물을 다루고 있음을 인지하게 하는 심리적 측면에 도움이 된다"(p. 15). 이런 정당화 또한 실행 결과의 타당성이나 과학적 타당성을 제시하지 못한다. 이용되는 동물의 취약성과 동물이 부상당할 수도 있음은 동물을 이용하는 것이 부적절하다는 증거일 뿐이다.

동물에 대한
상해와 살상의 사회적 기능

●●●   비동물 훈련법은 동물에게 고통이 가
해지는 것이 싫은 이들에게 적합하다. 괴롭히지 않을 수 있는데도 군이
그렇게 할 필요가 없으니까. 동물을 이용한 훈련법은 많은 경우에 참가한
사람에게 불안을 일으키기 때문에 주어진 임무에 대한 집중력이 낮아지
고 훈련의 생산성이 떨어진다(Kelly, 1985; Paul and Podberscek, 2000). 경
우에 따라 참가한 사람이 잔혹하고 치명적인 동물 기반 훈련에 참여하느
니 아예 자신의 진로 계획을 바꿀 수도 있다(Capaldo, 2004).

　장병들에게 동물을 불구로 만들고 죽여야 한다고 강요하는 것은 호된
신고식으로 기능하고, 잔혹 행위에 대한 거부감을 극복할 힘이 없거나
그럴 의지가 없는 지원자들을 걸러내는 역할도 한다. 군대로서는 군인이
지체 없이 명령을, 심지어 부적절해 보이는 명령조차 즉각적으로 수행하
는 것이 대단히 중요하기 때문이다. 그러다 보니 군대가 남성성 과잉 문
화를 부추기고 연민의 표현에 공공연히 적대감을 드러내는 것은 새삼스
러운 사실도 아니다.

　동물을 이용한 생체 훈련의 두 번째 기능은 훈련에 참가하는 이들에
게 일반 대중에게는 법적으로 금지된 활동이지만 그들은 가능하다는 공
식적인 허락을 내려줌으로써 그들의 지위를 높여 주는 데 있다. 이 허락
의 의미는 그들이 너무나 막중한 책임을 지고 있어서 사회의 통상적인
규칙에서 제외되는 것이 마땅하다고 여기게 만드는 것이다. 이것은 군인
의 역할을 직업에서 전문직으로 승격시킨다. 일반 대중에게는 미치지 않

는 특권이 주어지는 것이 바로 전문직의 표식이다. 또한 모든 장병이 이런 의료 훈련에 참가하지 않는다는 사실도 이 능력을 한층 더 전문화하고 스스로를 일류로 느끼게 만든다.

어떤 이들은 미군의 동물 기반 훈련 실험을 신병훈련소에서 실시되는 총검 돌격에 비유하기도 한다(Grossman, 2009). 군대 전술 중 총검 돌격은 벌써 수십 년 전부터 시대에 뒤처졌다고 지적받는 훈련이다. 그런데도 이 훈련을 계속하는 것은 전쟁터에서 그런 전술을 능숙하게 실행하게 하는 것 이외에 다른 목적이 있음을 시사한다. 또 다른 예로는 보조를 맞춰 빠르게 행진하는 훈련이 있다. 미국 독립혁명 때조차 보조를 맞춘 행진은 영국군에 별 보탬이 되지 않는 한물간 기술이었다. 그런데도 세상의 모든 군대는 아직까지도 장병들에게 그런 행진을 대대적으로 시킨다. 보조를 맞춘 행진은 전우애를 형성해 주고 개인을 단결된 집단으로 변모시킨다. 그리고 그러한 행진을 성공적으로 수행하려면 군인들이 망설이거나 두 번 생각하는 일 없이 곧바로 명령에 복종해야 한다.

결국 동물 기반 훈련은 군인이 살상과 죽음에 담담해지도록 길들이는 방편 중 하나다. 《살상에 관하여: 전쟁과 사회에서 죽이는 법을 배우는 데 따른 심리적 비용》에서 그로스맨(Grossman, 2009)은 "폭력과 전쟁의 유구한 역사에도 불구하고 인간은 타고난 살인자가 아니다"(개정판 서문)라고 썼다. 인간이 타고난 살인자가 아니라는 지적은 전 세계 군대에게는 장애물이지만 20세기 역사를 감안해 보면 넘을 수 없는 장애물은 분명 아니다. 일단 죽이기를 꺼린다는 증거로 제2차 세계대전 참전군인(모든 참전 국가를 통틀어) 가운데 전투에서 화기를 한 번도 발사하지 않은 것으로 나타난 이들의 숫자가 어마어마하다는 점을 들 수 있다. 그런데 화기를 발사하지 않고 전쟁터에 있었던 군인들의 비율이 주요 전투가 발생할 때마다 계속 감소했다는 사실은 장병들이 살상에 대한 거부감을 차츰 잘 이겨내고 있음을 시사한다(Grossman, 2009; Marshall, 2000). 심지어 둥근 과녁 대신 인간의 형상을 표적 삼아 총을 쏘게 하는 미미한 차이가 실제로 명령이 떨어졌을 때 군인이 더 쉽게 방아쇠를 당겨 살상을 할 수 있게 정신적으로 무장시킨다고 한다.

생체 훈련을 제공하는 주요 민간 업체 중 하나인 디플로이먼트 메디신 인터내셔널Deployment Medicine International은 총이나 폭탄을 맞은 동물을 다루는 훈련을 받았던 경험이 전쟁터에서 돌아온 후 겪는 "외상후스트레스장애 증상을 현격히 완화시킨다."고 (아무 근거 없이) 주장했다(Morehouse, 날짜 미상, p. 8 재인용). 또한 "생체 훈련이 군 요원들의 정신과 감정을 '사전 준비'시켜 외상후스트레스장애의 발생률과 충격을 줄여 준다."고도 했다(Morehouse, 날짜 미상, p. 8). 디플로이먼트 메디신 인터내셔널은 군인을 신체가 끔찍하게 훼손된 동물에게 노출시키면 장차 전쟁터에서 목격하게 될 대학살을 잘 직면할 수 있게 정신적으로 무장시키기 때문에 좋다고 주장한다. 이와 유사하게, 전쟁으로 인한 군인들의 심리적 스트레스 극복에 관한 논문에서 미육군 전쟁대학U.S. Army War College의 한 대학원생은 군인을 전투에 앞서 살아 있는 동물에게 '고의적 상해'를 입혀 피와 내장에 노출시키면 이후 "'충격 지수'가 낮아지는 데 도움이 되는 듯 보인다."고 적었다(Love, 2011, p. 21).

하지만 많은 연구는 동물을 불구로 만들고 죽이는 경험이 실제로 훈련생들에게 심리적 외상이나 외상후스트레스장애까지 유발할 수 있음을 보여 준다(Capaldo, 2004). 더욱이 동물을 해치는 경험이 동물의 고통에만 둔감해지게 하는 것이 아니라(Arluke and Hafferty, 1996), 인간 전쟁 피해자들의 고난에도 무뎌지게 한다는 데는 의심의 여지가 없어 보인다. 의사들의 정서에 관한 조사에서 버나드(Barnard, 1986)는 군사 훈련에 동물을 이용하는 것이 "젊은 의사들에게 고통에 냉담한 태도를 고취하는 경향이 있다"(p. 140)고 설명하고, 그 같은 경향을 자신이 직접 목격했던 경험과 동료들의 경험을 소개했다(p. 140~146). 전쟁 상황에서는 이러한 태도가 필요하겠지만 평상시에 고통과 폭력에 무신경한 것은 소시오패스에 가깝다.

동물 살상에 대한 턱없이 낮은 기준

●●●   미국 의회에서 증언하거나 정부 보고를 할 때, 언론에서 짧은 한 마디를 던질 때면 군대는 과장된 말치레로 동물 기반 훈련 실험이 전쟁터의 의료 서비스 개선과 인명구조에 없어서는 안 될 중차대한 요소라고 고집해 왔다. 그러나 과학적인 근거를 대지 못하는 경우가 많고, 이따금 동물 기반 훈련의 단점을 의외로 솔직하게 털어놓기도 한다. 최근, 생체 훈련에 대한 논란이 한창일 때 미군 의료관리는 이렇게 인정했다. "아직까지 '생체 훈련이' 인명을 구한다는 증거는 어디에도 없다"(Goodrich, 2009. 9. 15, 이메일).

일반적으로 동물실험도, 동물 기반 훈련도 전시의 죽음과 부상을 감소시키는 주요 요인으로 나타나지 않는다(Barnard, 1986; Little, 2009. 3. 29).

하지만 애석하게도 미국 군대든 어디 군대든 동물 이용을 종종 훈련과 실험의 기본값으로 취급하고, 시뮬레이터와 비동물 방법에 대해서는 증거에 기반을 둔 엄격한 정당성을 요구하면서도 동물 이용에 대해서는 그러지 않는다.

의료 훈련에 살아 있는 동물을 이용하는 데 대한 국방부의 2003년 공식 보고서를 보면 "현재로서는 살아 있는 동물 모델이든 다른 유형의 시뮬레이션이든 실효성을 입증할 만한 자료가 나와 있지 않다."고 되어 있다. 하지만 첫째, 시뮬레이터가 실효성이 입증되지 않았다는 것은 거짓이다. 둘째, 동물 이용과 시뮬레이션 기술 둘 다 핵심적인 자료가 결여되어 있다면, 어째서 (광범위하게 윤리적·교육적·경제적 문제를 초래하는) 동물 이용을 집요하게 더 선호하는가 하는 점이다. 동물을 죽이는 것을 선택하는 기준이 최신식 시뮬레이션 장비를 사용하는 것보다 턱없이 낮아 보인다.

토끼 수업과 개 수업이 말하는 것은 군사 대비태세나 전쟁 역량 강화에 도움이 된다고 판단되기만 하면 동물의 목숨이나 고통을 대가로 지불할 이유가 충분히 된다고 보는 이들이 많다는 사실이다. 어떤 면에서 놀랄 만한 일도 아니다. 전쟁에서는 다른 인간의 목숨마저 가볍게 치부될 때가 많기 때문이다. '다른 인간'이 적의 병사든, 민간인이든 전략적으로 중요하지 않아서 부수적 피해로 묵살될 수 있는 경우에는 말이다.

의학 교육이나 실험에서 동물을 치명적인 방식으로 이용하면서 마치 동물이 의식적인 결정을 내려서 인간을 위해 그런 학대에 자원하기라도 한 것처럼 그것을 '희생'이라고 표현하는 일은 민간에서든 군대에서든 아주 흔하다. 특히 이 희생이 군사적 상황에서 이루어지면 그것은 더욱 치하할 만한 일로 간주되고, 무엇보다 한층 더 확고한 정당성이 부여된다고 여긴다. 군대는 동물이 인간 장병들과 전쟁 역량 강화를 위해 자기 목숨을 희생한다는 프레임을 만든다. 이런 언어는 공정하다는 느낌을 투사하지만 한 비평가가 지적했듯이,

> '동물은' 전쟁으로부터 이득을 얻기는커녕 그 결과나 여파에 관여하지도 않고 할 수도 없다. 동물에게는 드높여야 할 유산이 없기 때문이다. 자유나 민주주의를 위해 세상을 안전하게 만드는 전쟁은 동물에게 아무런 보상도 해 주지 않는다. 할 수도 없지만 (Johnston, 2011, p. 6).

이와 같이 동물에게 부가되는 짐은 거의 한계가 없다. 동물이 아무 이득을 얻지 못하는 결과와 무관하게 말이다.

면밀히 들여다보면 군 의료 훈련을 목적으로 동물을 이용하는 것은 어불성설에 가깝다. 동물에게 가해지는 폭력을 차치하고라도 일반적으로 숙련된 의료 기술을 달성하기 위해 이용되는 더 나은 방법이 많다. 미국의 규정(과 대중)은 동물을 어떤 불가피한 이유로 훈련에 이용하는지, 그것이 비동물 방법보다 무엇이 나은지 군대가 과학적 증거를 제시해야 한다고 요구한다. 하지만 이 점에서 미군은 철저히 실패하고 있다.

하지만 동물을 불구로 만들고 죽이는 것은 대개 공표되지 않은 일련의 목표가 있다. 토끼와 개 수업은 장병을 타인의 고통과 죽음에 둔감해지게 하는 목표를 충족시킨다. 이런 점을 감안한다면 더 인도적이고 덜 폭력적인 방법이 있는데도 이 형편없는 관행이 미군 훈련 프로그램에 왜 그토록 끈질기게 존치되는지 이해가 간다.

3장

전쟁 무기로 이용된
동물들의 역사

애나 폴리나 모론

판관기Book of Judges(구약성서에서 여호수아로부터 사무엘 시대까지의 역사를
기록한 책)에서[1] 삼손은 필리스틴 사람들을 공격하기 위해 여우 300마리
를 붙잡아 꼬리에 불을 붙인 다음 필리스틴의 들판과 포도밭, 과수원으
로 내몬다. 그렇게 해서 삼손은 그들의 농작물을 망치는 데 성공한다(판
관기 15: 4~5). 이 이야기에서 삼손은 여우 꼬리의 가연성만이 아니라, 위
험한 상황에 놓인 동물의 본능적인 '탈주' 반응도 이용한다. 복수를 결심
한 필리스틴 사람들은 농작물을 태운 사내를 잡기 위해 유대로 간다. 하
지만 삼손은 달아났다가 당나귀의 날카로운 턱뼈를 이용해 오히려 적
들을 도륙한다. 그러고는 말한다. "당나귀의 턱뼈로 내가 천 명을 죽였
다"(판관기 15: 16).

　이 이야기는 기원전 11세기 무렵에 기록된 것으로, 동물이 전쟁 무기

---

1 성경 인용은 Attridge, H. W. and Meeks, W. A.(2006) *The HarperCollins Study
　Bible: New Revised Standard Version*. New York, NY: HarperCollins.

로 이용되어 온 두 가지 상이한 방식을 보여 준다. 첫째, 동물의 행동을 인간이 원하는 결과를 얻는 데 이용하거나, 둘째, 동물의 유해 일부를 전통적인 방식의 무기로 쓰거나. 이 장에서는 전자의 방식을 이해하는 데 초점을 맞추고자 한다. 동물의 행동에 나타나는 함축성을 탐구하는 것이 더 흥미로워서이기도 하지만, 무엇보다 전자의 방식이 무기로 쓰이는 도구가 발견되고 확산된 이래로 대다수 동물이 전쟁 무기로 이용되어 온 방식이기 때문이다.

인간의 역사 속에서 동물이 무기로 이용되어 온 다양한 방식을 깊이 연구하는 것은 쉬운 일이 아니다. 제약 요인이 많아서인데, 하나씩 짚어 보면 이렇다. 첫 번째 문제는 전쟁과 무기의 정의하기 어려운 속성과 관련이 있다. 단순히 말해, 전쟁이란 무엇이며, 무엇이 무기를 무기로 만드는가? 전쟁은 정의하기 어려운 개념이다. 실제로 이 책에서 군 역사가 존 키건(John Keegan, 1994)은 자신의 저작을 통해 전쟁이 쉽게 이해될 수 있다는 믿음에 금이 갔기를 바란다고 썼다. 마찬가지로 이번 연구 프로젝트 또한 전쟁을 이해하는 척 하거나, 희생된 수백만의 생명을 불가피하게 배제해야 하는 편협한 정의를 내림으로써 스스로를 제한하거나 구속하지 않을 것이다. 오히려, 이 연구는 '재래식 전쟁'은 물론이고 대안적 형태의 폭력적 갈등에도 동원되어 온 동물을 포함시키고자 한다.

무기 역시 동물을 이용하는 전쟁과 관련해서는 정의하기 어려운 개념이다. 앞서 소개한 이야기에서 삼손은 필리스틴 사람들에게 경제적·심리적으로 타격을 입히기 위해 여우를 이용한다. 하지만 여우가 무기로 분류될 수 있는가는 독자가 전체 이야기를 어떻게 해석하느냐에 달려 있다. 여우는 당나귀 턱뼈가 이용되는 방식처럼 누군가를 죽이는 데 직접 이용되지는 않는다. 하지만 불태우는 공격은 전형적인 전쟁 상황에서 발생한 것이 아니라 해도 공격적인 게릴라 전략의 한 예다.

마찬가지로, 동물이 공격이나 수비의 주요 도구로 이용되지 않고 전쟁의 조력자로 동원될 때도 이들이 무기인지 아닌지를 규명하기는 어려울 수 있다. 가령, 비둘기는 오래전부터 군대에 꼭 필요한 정보를 제공하는 역할을 수행해 왔다. 메신저 역할을 한 비둘기가 직접 전투에 나가서 싸우지는 않는다 해도 비둘기가 전쟁에 기여했다는 사실을 부정할 수는 없다. 요점은 전쟁 무기로서의 동물 연구가 때로 지극히 주관적일 수 있다는 얘기다. 이번 연구에서는 '무기'라는 개념이 직간접적으로 피해나 손상을 방어하거나 입히는 무언가로서 광범위하게 이해될 것이다.

전쟁 무기로서의 동물 연구는 무기의 역사에 대한 오늘날의 이해가 매우 제한적이라는 사실(Brodie and Brodie, 1973) 때문에 더욱 복잡하다. 동물을 대안적인 방식으로 이용할 생각을 최초로 떠올렸던 사람의 이름은 물론이고, 동물이 전쟁터로 내몰렸던 정확한 날짜도 역사 속으로 사라져 버렸다. 더욱이 이 무기 중 상당수는 사전에 계획되었다기보다는 군인들이 보병대 규모가 너무 작다든가 하는 특정 문제에 직면할 때마다 필요에 따라 고안해 낸 것들이다.

이런 제약에도 불구하고 이 장에서는 여러 지적인 시도를 통해 독자들을 안내해 보고자 한다. 전쟁에 이용된 적이 있는 동물을 전부 조사하자면 셀 수 없이 많은 장이, 심지어 몇 권의 책이 필요할 것이다. 분량에 대한 부담 때문만은 아니지만 이 프로젝트에서는 전쟁 관련 이야기에 언급된 동물 무기를 모두 다루지는 않기로 했다. 동물이 나오는 사건을 빠짐없이 기록하는 것은 인상적이기는 하겠으나 불필요한 작업이다. 이번 연구의 목적이 역사적으로 동물이 무기로 이용되었던 다양한 방식을 탐구하는 데 있는 만큼, 각각의 이야기가 해당 시대를 반영하는 경우에만 채택했다. 일부 이야기는 유명한 반면 일부는 잘 알려지지 않았지만 흥미롭다. 일부는 구체적이고 자세한 반면 일부는 한 문장 길이밖에 되지 않는다. 하지만 삼손이 여우를 풀어놓아 필리스틴의 들판을 이리저리 뛰어다니게 했듯이, 독자들도 다섯 시대를 아우르는 이 난해하고 주관적인 학문 영역을 탐구하면서 기꺼이 혼돈 속으로 뛰어들어야 한다. 다섯 시대는 선사 시대, 고대, 중세, 근세, 근대다.

선사 시대 또는 기록 이전 시대 :
동물의 유해로 무기를 만든다

●●● 　　　　　　전쟁 무기로서의 동물 이용을 탐구하기에 적절한 출발점은 인류의 진화가 시작된 시점, 즉 선사 시대 인류가 다른 유기 물질들로부터 도구를 만들어 낼 수 있음을 발견했던 시점이다. 도구로 만들어졌던 물질에는 뼈, 이빨, 뿔과 같은 동물의 유해도 포함된다. 살아 있는 동물을 그 자체로 이용하지 않고 유해의 일부만 이용한 것은 동물이 전쟁 관련 목적에 이용되었던 최초의 방식이다. 이 방식은 사냥 방법에 대변혁을 일으켰다. 그때부터 사냥꾼은 도구 생산과 동물의 행동에 대한 지식을 발전시킬 수 있었기 때문이다. 이러한 행동에 대한 지식은 동물을 덫으로 잡거나 번식시킬 때, 야생에서 가축으로 길들일 때 유용했을 것이다. 동물을 가축화하면서 인간은 동물을 전쟁 무기

로 이용하는 두 번째 방식을 발견했다.

인류의 선사 시대 조상은 구석기 시대에 동물의 뼈, 이빨, 뿔과 같은 유해로 도구를, 나아가 무기를 만들 수 있음을 발견했다. 이런 발견은 먹을거리나 보금자리, 오락거리, 짝을 찾아 밖으로 나갔을 때 이뤄졌을 공산이 크다(Dupuy, 1980). 이 발견을 정확히 언제 했는가는 논쟁의 여지가 있지만, 그렇더라도 짚고 넘어갈 만하다. 한 이론에 따르면, 이 발견은 오스트랄로피테쿠스 아프리카누스*Australopithecus africanus*가 처음 지구에 출현했던 200만~300만 년 전에 일어났다. 1925년에 인류학자 레이먼드 다트Raymond Dart는 어느 동물의 두개골 화석을 긴꼬리원숭이인 줄 알고 분석했다가 그것이 그전까지 밝혀지지 않았던 인류의 두개골이라는 사실을 알아냈다(Dart, 2003/1925). 오스트랄로피테쿠스 아프리카누스를 몇 해 동안 연구한 끝에 다트는 그들이 동물을 죽인 뒤에 그 유해로 단검과 같은 무기를 만들었다고 결론 내렸다. BBC와의 인터뷰에서 그는 원시 하이에나의 끝이 뾰족한 턱뼈를 가리키면서 "오스트랄로피테쿠스 아프리카누스는 송곳니가 길게 난 동물의 아래턱뼈를 좋아했는데, 그것을 가공할 만한 무기로 사용할 수 있었기 때문"이라고 설명했다. 그런 무기는 동물만이 아니라 같은 오스트랄로피테쿠스를 사냥하는 데도 이용되었을 것이다.

중석기와 신석기 시대에는 동물 유해를 무기로 이용하는 것이 당시 종 내부 갈등과 종간 갈등에서 계속 중대한 역할을 차지했다. 선사 시대 이집트에서는 상아와 뿔이 각각 철퇴의 머리 부분, 콤파운드 활(여러 장치가 부착된 활)을 비롯해 다양한 무기를 만드는 데 이용되었다. 상아는 주로 코끼리와 하마에게서 채취해 사냥꾼들이 스스로 조각하고 색칠했다(Lucas, 1962). 이런 무기는 사냥만이 아니라 인간에게 해를 입히기 위해서도 이용되었을 공산이 큰데, 특히 인구 증가로 권력과 재력 경쟁이 치열해지면서 더욱 그러했을 것이다. 가령, 덴마크에서 발견된 35세 남성의 골절된 유골에서는 두개골과 가슴뼈에 각각 뼈로 된 화살촉이 관통한 채였다(The National Museum of Denmark, 날짜 미상). 이 남성은 가까운 거리에서 등 뒤에 화살을 맞아 희생되었거나 처형되었다고 추정된다.

신석기 시대부터 인류의 조상은 동물을 또 다른 방식으로 이용하기 시작했다. 동물을 가축화하면서 동물의 뼈, 이빨, 뿔뿐 아니라, 그 이상을 이용할 수 있음을 알게 된 것이다. 동물은 안전과 생존에 관련된 목적에 유용하도록 행동이 교정되었다. 개는 경계하고 방어하고 주인의 영역에 침입하는 외부인을 공격하도록 훈련되었다. 동물행동학자들은 야생동물이 어떤 과정을 거쳐 목적에 맞게 조작되었을지 재구성하려는 시도를 벌여 왔다(Lubow, 1977). 개의 경우, 원시인들은 오랫동안 남은 음식과 은신처를 제공함으로써 확실한 의존 감정을 강화했을 것이다. 두려움을 이겨낸 개, 사냥에 도움이 되고 침입자를 식별하는 개만이 남은 음식으로 보상받았고, 결과적으로 그들끼리 교배되었다. 이런 가축화는 수 세대에 걸쳐 일어났다. 인간은 다른 종을 이용해 목적을 달성하면 자신은 위험한 상황에 덜 노출될 수 있음을 알게 되었다.

고대 : 개, 말, 낙타, 곤충, 코끼리
전쟁 무기가 되다

●●●　　　　　　　　고대는 신성한 신화가 풍부한 것이

특징인데, 그중 많은 것이 동물을 전 세계 인류 문명 형성의 주요 공로자로 그리고 있다. 고대 문서 속에는 많은 정보가 들어 있다. 따라서 여기서는 역사 자료만이 아니라 신화도 다룰 것이다. 독자가 신화를 사실로 받아들여야 하나 말아야 하나는 부적절한 질문이다. 그보다 우리의 목적은 신화를 당대의 사회적·경제적 관행에 대한 풍부하고도 통찰력 있는 정보로 보는 데 있다. 마침내 고대 시대에 사람들은 좀 더 다양한 종의 동물을 이용하기 시작했고 그들을 혁신적이고 치명적인 방식으로 활용하기에 이르렀다.

많은 신화에서 되풀이되는 주제는 선한 세력과 악한 세력의 장대한 전투다. 창세기에 나오는 홍수 이야기에 보면 슬퍼하는 하느님은 폭력과 죄로 물든 세상을 상대로 전쟁을 벌인다. 홍수가 끝나갈 즈음 노아는 비둘기를 일종의 지능 무기로 이용해 물 전쟁이 끝났는지 알아보게 한다. 처음에 비둘기는 아무 소득 없이 방주로 돌아온다. 하지만 결국에는 새로 꺾은 올리브 잎사귀를 물고 와 물이 빠졌음을 알린다(창세기 8). 성경의 대홍수는 바빌로니아의 〈길가메시 서사시〉에서 우트나피쉬팀Utnapishtim이 비둘기, 제비, 까마귀를 차례로 보내 물이 빠졌는지 알아보게 한 이야기와 닮았다. 이 이야기에서 영웅은 새의 귀소본능을 불러일으켜 스스로를 보호한다(Collins, 2004).

귀소본능은 전쟁을 위한 메신저 비둘기를 개발하는 데 중대한 역할을 했다. 새가 둥지로 신속하게 그리고 반드시 돌아온다는 사실을 알고 사람들은 너무 멀어서 도보나 마차로 이동할 수 없는 곳에 비둘기를 이용해 정보를 전달하는 방법을 생각해 냈다. 기원전 2900년에 이집트에서 새를 길들여 메시지를 양방향으로 전달하게 훈련시킨 것이 시작이었음을 암시한다. 노련한 비둘기들은 항구로 들어오는 배에서 나와 중요한 방문객의 도착을 알렸다(Fang, 2008). 시간이 지나면서 새에게 메시지를 부착하는 다양한 방법과 장치가 발명되었다. 하지만 전제는 늘 똑같았다. 풀려난 비둘기가 먼 거리를 날아 한 곳 이상의 지정된 통신소로 돌아가야 하는 것. 기원전 58년에서 기원전 51년 사이에 벌어졌던 갈리아 전쟁에서 비둘기는 율리우스 카이사르의 정복 소식을 유럽 전역에 전달했다(Leighton, 1969).

전형적으로 널리 이용되던 또 다른 동물은 용감하고 충직한 경비견이다. 기원전 431년부터 기원전 404년까지 벌어진 펠로폰네소스 전쟁에서는 그리스와 싸우던 코린토스가 해변에 경비견 50마리를 배치해 도시를 보호했다. 어느 어두운 밤, 그리스가 해안으로 잠입을 시도했고 개들은 온힘을 다해 영역을 지켰으나 모두 죽고 한 마리만 살아남았다. 살아남은 한 마리가 코린토스인들에게 늦기 전에 위험을 알렸다(Lubow, 1977). 경비견들은 인간보다 충직하다. 기원전 362년 만티네아 포위작전 때 스파르타의 아게실라우스 왕은 병사 일부가 자기를 배반하고 한밤중에 몰래 만티네아로 물품을 들여가는 것을 알게 되었다. 이 문제를 해결하기 위해 왕은 도시를 흉포한 개들로 에워쌌다(Richardson, 1920).

경비에 뛰어난 재능이 있는데도 불구하고 고대 시대 때 개는 공격적인 목적에만 이용되었을 공산이 크다. 개는 고대인이 자유자재로 다룰 수 있던 금속 무기보다 더 심각한 피해를 쉽게 입힐 수 있었다. 따라서 개는 해를 막는 쪽보다는 적극적으로 적에게 해를 입혀야 하는 쪽이었고, 이러한 이유로 개는 싸우고 죽이는 훈련을 받았다(Derr, 1997). 훈련을 받은 개가 전투에서 먼저 나가 싸우고 적의 힘을 빼놓으면 그뒤에 주인이 적진을 덮쳐 임무를 성공적으로 완수하는 식이었다. 때로 개를 노예가 이끌고 전쟁터로 향했다. 그렇게 하면 주인은 더 안전하고 유리한 상태에서 싸움을 지휘할 수 있었다. 노예와 개가 함께 전쟁터로 들어가는 이미지는 당시의 불평등을 떠올리게 한다. 불행하게도 노예와 개, 두 존재는 후방에서 안전하게 기다리는 주인보다 하찮은 존재로 여겨졌다.

뿐만 아니라 로마인들은 모의 전투를 벌여 개에게 칼과 방패로 무장한 인간이 눈에 띄면 공격적으로 반응하도록 훈련시켰다. 그들은 개에게 무거운 갑옷과 뾰족한 쇠못을 착용시킨 다음 적의 군사와 말에게 돌진해 치명상을 입히고 전열을 흐트러뜨리는 훈련도 시켰다. 로마만 개를 동원한 것은 아니다. 다른 도시들도 로마의 침입에 맞서 스스로를 방어하기 위해 개를 이용했다. 로마는 기원전 101년에 베르켈라이 전투에서 튜턴인을 물리친 직후 성난 바겐부르크 여인들이 이끄는 한 무리의 개와 맞서 싸워야 했다(Richardson, 1920). 훈련만 받으면 개는 위험천만한 무기가 될 수 있었다.

고대의 개는 탁월한 후각으로도 이용되었다. 흥미롭게도 그리스와 로마는 개가 영혼과 망자의 냄새도 맡는다고 믿었다. 개들이 병사들의 시체 사이를 배회하면서 필경 먹기도 하는 이미지는 《일리아스》의 도입부에도 나온다. "노래하소서, 여신이여, 펠레우스의 아들 아킬레우스의 분노를… 그 분노는 숱한 영웅들의 용맹한 혼령을 하데스에게 보냈고, 그들의 몸은 개와 새의 먹이로 남겨두었나이다"(Felton, 1999). 개의 후각은 값진 자산이었다. 기원전 342년, 트라키아와 전쟁을 벌이던 마케도니아왕 필리포스 2세는 울창한 밀림에서 자신과 병사들을 무사히 안내해 줄 역할을 개에게 맡겼다. 개는 냄새를 따라 길을 찾아냈고 다가오는 위험을 병사들에게 알렸다.

개가 경보 장치로서의 기대를 저버린 사건이 하나 있다. 갈리아가 처음으로 로마를 침략한, 기원전 387년으로 추정되는 알리아 전투에서 갈리아인들은 험준한 바위산을 최대한 소리 없이 올라 로마를 침략하고자 했다. 로마의 경비병도, 개들도 아무런 소리를 듣지 못했다. 결국 로마를 구한 것은 신성한 여신 유노Juno의 신전에서 살던 거위 떼였다. 갈리아인들의 소리를 듣자마자 거위 떼가 날개를 퍼덕이며 요란하게 꽥꽥거렸고, 군대 지휘관에게 침략한 적이 있음을 알렸다(Lubow, 1977).

군마는 성경에 셀 수도 없이 많이 언급된다. 이집트와 필리스틴을 포함해 서아시아 지역의 군대는 말을 타고 전쟁에 나갔다. 욥기는 군마의 다양한 자질을 여러 구절에 걸쳐 칭송한다(욥기 39: 19~25). 요한계시록에서는 말을 탄 남자 넷이 인간에게 전쟁과 전염병과 같은 악한 것을 가져온다(요한계시록 6: 1~8).

일찍이 기원전 1800년부터 말은 전쟁터에서 전차를 끄는 데 이용되었다. 하지만 기원전 9세기에 이르러 전차술은 기병술로 대체되었다. 기병이 전차보다 유지가 쉽고 비용 효율도 높았기 때문이다. 아시리아가 발명한 기병대는 근대의 기병대와는 달리 두 사람이 말 두 필을 동시에 다뤄야 했다. 그런데 안장, 등자 등 보조 기마 구조물이 발명되지 않아 말을 타는 일은 많은 군인에게 어렵고 비생산적인 일이었다. 그러나 마케도니아인에게는 예외였다. 그들은 기병대를 보병대 못지않게 중요한 요소로 여겼다. 특히, 알렉산드로스 대왕의 기병대는 수백 명의 기수로 이루어졌고, 저마다 긴 창, 칼, 갑옷을 갖추고도 빠르고 힘차고 무섭게 돌격했다(Gabriel, 2007a).

고대의 말은 적군에게 공포감을 심어 주는 수단으로 심리적 위협 전술로도 이용되었다. 서기 2세기에 로마인들은 일명 '드라코draco'라는 것을 도입해 기병에게 들고 다니게 했다. 드라코는 흡사 용과 뱀의 혼합물처럼 생겼는데, 장대 위에 금속으로 된 머리와 그뒤에 천으로 된 긴 대롱 모양의 몸통이 달려 있어서 병사가 드라코를 들고 말을 달리면 바람이 대롱을 통과하면서 마치 살아 움직이는 듯 보였다. 휘몰아치는 바람 소리도 요란하게 울렸다(Rice et al., 2006). 드라코가 힘찬 말과 함께 미끄러지듯 나아가는 광경은 매우 위협적이었을 것이다.

말처럼 낙타도 전투만이 아니라 운송수단으로 이용되었다. 낙타가 전쟁에 동원되기 시작한 것은 기원전 843년, 카르카르 전투에서 아랍인 긴디부가 아시리아 왕 살만에셀을 물리치기 위해 낙타를 탄 1,000명의 군사를 이끌고 나타났을 때부터였다(Gabriel, 2007a). 그뒤 기원전 547년 키루스 대왕은 군사와 말의 규모가 훨씬 더 큰 크로이소스 군대에 맞서기 위한 비밀 무기로 낙타를 이용했다. 수적으로 대단히 열세였는데도 불구하고 키루스 대왕은 낙타에 대한 말의 본능적인 반감을 이용했다. 말은 혹이 있는 낙타의 소리와 냄새를 싫어했기 때문이다. 짐을 나르던 낙타를 효율적으로 이용한 덕분에 키루스는 말을 겁먹게 해 전쟁에서 이겼다(Mayor, 2003).

이제까지 언급한 동물에 비해 크기도 어마어마하게 큰데다 흉포해 보이는 엄니까지 있다는 점에서 외관상으로 가장 위압적인 전쟁 동물은 코끼리일 것이다. 대략 3,500년에서 5,000년 전으로 거슬러 올라가는 인더스 문명의 동석凍石 인장을 보면 사람들이 개인적인 목적으로 코끼리를 어떻게 복종시켰는지 묘사되어 있다. 어떤 이들은 어미를 죽이고 고아가

된 새끼 코끼리를 간단히 포획했다(Scigliano, 2002).

그뒤, 기원전 1100년부터 시리아, 인도, 중국 지역에서는 코끼리의 크기와 완력을 전쟁 목적에 이용하기 시작했다(Kistler, 2011). 군인은 주로 코끼리 위에 올라탔다. 일단 올라타기만 하면 군대 지휘관은 몇 마일까지 내다볼 수 있었고, 시야를 더 확보할 수 있었다. 노련한 궁수는 코끼리 머리 꼭대기에 올라가 몸의 균형을 잡고 유리한 위치에서 활을 쏘았다. 코끼리는 싸우는 훈련도 받았고, 무거운 물체를 들어 올리고 끌고 미는 강도 높은 노동 훈련도 받았다. 거대한 코로 기병과 말을 들어올린 뒤에 던져 버리는 훈련도 받았다. 심지어 코끼리의 상아를 톱으로 잘라내고 그 자리에 날카로운 칼을 달기도 했다. 외경에 속하는 마카베오서book of the Maccabees에 보면 셀레우코스제국 군대가 인도에서 온 거대한 코끼리를 이용해 적군을 공포로 몰아넣고, 군사를 수송하고, 유다 반란 세력을 혼비백산 도망치게 하는 장면이 나온다(마카베오서, 5장). 실제로 코끼리는 무시할 수 없는 군사력이었다.

코끼리를 소유하면 좋은 점이 있었지만 단점도 많았다. 우선 코끼리는 믿을 만한 동물이 아니었다. 겁에 질릴 때가 많았는데, 그럴 때면 여지없이 적군의 군대뿐만이 아니라 아군까지 짓뭉개 버렸다. 또한 전쟁의 소음과 냄새를 싫어했다. 코끼리를 싣고 바다를 건너기로, 육로로 먼 거리를 행군하기도 어려웠다.

코끼리는 파괴되지 않는 완벽한 불멸의 무기가 아니었다. 오히려 기원전 326년에 알렉산드로스 대왕이 히다스페스강 전투에서 포루스 왕을 격파하는 데 일조한 현실적인 동물이었다. 알렉산드로스 군대는 인도 편자브 지역에 들어섰을 때 그때껏 보았던 어떤 것과도 비교할 수 없는 어마어마한 군대와 맞닥뜨렸다. 포루스의 군대는 알렉산드로스 쪽보다 수적으로 우세했을 뿐 아니라 200마리의 코끼리 군단까지 거느리고 있었다. 하지만 페르시아의 시인 피르다우시가 쓴 서사시, 〈샤나메Shahnameh〉에 따르면, 알렉산드로스는 엄청나게 많은 전차를 만들어 거기에 불을 질러 코끼리를 향해 보내서 겁을 준 후 거대한 군단을 해체하는 데 성공했다(Mayer, 2003). 다른 문헌도 알렉산드로스의 승리가 보병대가 보여준 불굴의 영웅주의만이 아니라 알렉산드로스의 탁월한 전술 덕분이었다고 주장한다. 어쨌거나 알렉산드로스는 승리했고, 코끼리를 헬레니즘 시대 전쟁 속으로 끌어들였다. 코끼리는 이상적인 무기와는 거리가 멀었지만 알렉산드로스는 그래도 틀림없이 없는 것보다는 있는 편이 낫다고 느꼈을 것이다. 코끼리는 그만큼 위풍당당하고 장대한 풍채를 지닌 동물이었기 때문이다.

점차 더 많은 군대가 코끼리를 전쟁 무기로 이용하면서 코끼리를 막아낼 계책이 필요했다. 무엇보다 코끼리의 가장 큰 허점인 두려움과 예측 불가능성을 공략해야 했다. 계책 중 하나는 돼지에게 타르를 바르고 불을 붙여 코끼리를 향해 보내는 것이었다. 기원전 280년부터 기원전 275년까지 이어진 피로스 전쟁에서 로마는 꽥꽥거리며 불타오르는 돼지 떼를 보내 에피루스의 피로스 왕이 거느린 코끼리를 겁주어 물리쳤다(Kistler, 2006). 로마는 황소와 산양이 끄는 전차도 돌격시켰는데, 이 동물들은 돼지만큼 효과적이지 않아서 피로스의 병사들에게 금방 도살되었다.

마지막으로 아주 작은 동물조차도 엄청난 해를 가할 수 있다는 사실에 주목해야 한다. 출애굽기에서 하느님은 이집트에 열 가지 재앙을 내린다. 그 재앙은 선과 악의 대전투라는 주제를 다시 소환하는 것으로, 개

구리와 메뚜기 같은 동물이 동원된다(출애굽기 7~10). 서아시아 지역 사람들은 작은 동물들이 가진 파괴력을 잘 알고 있었고, 쥐, 곤충, 거미 등을 생물전 무기로 이용했다. 서기 198년에 현재 이라크 모술 근처에 있던 하트라 사람들은 로마 침략군에 대항한 전투에서 토분에 전갈을 넣었다. 그런 다음 토분을 포위군에게 던져 치명적인 전갈 폭탄을 터뜨렸다(Mayor, 2003).

중세 : 동물 없이는
전쟁이 불가능했다

●●●　　　　　　　중세 시대는 로마의 쇠락, 왕국, 봉건제도, 유일신교의 발흥이 특징이다. 서유럽에서는 과거의 탁월했던 전략과 전술이 혼돈과 조잡함으로 대체되었다. 게다가 무기의 개발과 생산에 부여되었던 중요성도 한층 약화되었다. 봉건제도가 국지화된 전투를 촉진해 거의 말을 탄 장갑 기사들만 싸움을 벌이다시피 했다. 기사들은 기사도 정신과 명예와 같은 비물질적 이유만이 아니라 경제적 보상을 위해서도 싸웠다. 흥미롭게도 기사도 정신chivalry은 말, 승마술을 뜻하는 프랑스어 '슈발cheval'에서 유래했다. 한편, 십자군 전쟁과 교회의 영향으로 전쟁이 국지화되지 않고 경계 없이 확산되었다. 이런 요소들이 권력과 재산을 둘러싼 끊임없는 분투를 뒷받침했다(Keegan, 1994).

새를 이용해 메시지를 전달하는 전략은 고대에만 국한된 것이 아니라 중세 시대에도 계속되었다. 비둘기는 아주 멀리까지 날아가는 데 하루도

걸리지 않았기 때문에 군대의 중요한 메시지를 전달하는 가장 빠른 방법이었다. 중동에서 유래해 널리 쓰이던 기술 중 하나는 주머니에 작은 파피루스 종이를 넣어 비둘기의 다리나 등에 묶는 방법이었다. 그러면 비둘기는 지정된 통신소로 날아갔다. 이런 통신소는 여러 대륙에 걸쳐 많은 지역에 퍼져 있었다. 실제로 몽골제국의 황제 칭기즈 칸은 비둘기 통신소 체계를 정교하게 발달시켜 전 세계 육지의 6분의 1에 설치해 두기도 했다(Blechman, 2006).

비둘기는 메신저로 11세기부터 13세기까지 이어진 십자군 전쟁 때에도 빈번하게 이용되었다. 한 번은 포위 상태에 있던 도시 프톨레마이스로 중요한 메시지를 가져가던 비둘기를 영국 국왕 리처드 1세와 병사들이 중간에서 가로챘다. 메시지에는 무슬림 지원군이 지금 오는 중이라는 내용이 적혀 있었다. 영국은 지원군이 오지 못한다는 내용으로 메시지를 바꿔치기 했고, 가짜 메시지를 받은 프톨레마이스는 모든 항전을 멈추고 항복했다(Fang, 2008).

개 역시 중세에도 계속 같은 역할을 떠맡았다. 고대의 개가 영역을 지키고 방어하도록 훈련받았듯이, 중세의 개도 적군으로부터 주인과 주인의 재산을 지키는 데 이용되었다. 흉포한 개를 소유한 사람들은 집, 목초지, 가축이 안전하게 지켜지리라 안심했다. 개 중 일부는 경호 능력이 뛰어나서 말을 타고 온 침입자도 쉽게 쓰러뜨렸고, 이런 능력은 고스란히 전쟁터로 옮겨졌다. 이러한 이유로 훈족의 아틸라 왕, 스페인의 카를 5세를 비롯한 많은 지도자들은 군부대를 지키는 경비 역할을 개에게 맡겼다(Hausman and Hausman, 1997). 특히 아틸라 왕은 대형 몰로시안과 탤벗 종을 이용했는데, 이 둘은 각각 마스티프와 블러드하운드의 조상이다.

이 전투견에게는 갑옷과 쇠못이 박힌 목걸이를 착용시켰다.

이전 시대와 마찬가지로 개는 특별한 후각 능력으로도 이용되었다. 콘스탄티노플의 왕 안드로니쿠스는 개에게 기독교인과 이교도 사이의 미묘한 차이를 알아채는 훈련을 시켰다. 개는 외국인이 왕궁에 들어서기만 하면 경고하고 왕에게 알렸다(Richardson, 1920). 개들은 놀라운 역할을 해냈고, 이 시대에 개가 없는 군대와 집단은 불리했다.

봉건사회에서 체제를 수호하는 데 이용되었던 또 다른 동물은 말이다. 말은 왕국과 인접 지역을 정찰하는 데 동원되었고, 수많은 분쟁과 접전에 투입되었다. 특히 1337년부터 1453년까지 계속된 백년전쟁 때, 프랑스와 영국에 약탈자와 게릴라 무리가 들끓던 시기에는 임무가 많아서 힘들었다(Hyland, 1998).

군마는 중세 군대 체계에서 없어서는 안 될 필수 요소였다. 특히 등자(말을 탈 때 두 발을 받치는 발받침)의 발명은 기병대의 효율성을 극적으로 끌어올렸다. 600년경에 아시아에서 등자가 발명된 이후 기병은 말 위에서 떨어져서 충격을 받는 일 없이 공격할 수 있었다. 새로 고안된 방패, 안장, 긴 창과 같은 물건 역시 도움이 되었다(Brodie and Brodie, 1973). 그 결과, 말은 습격과 정찰 임무에 더 자주 불려 나가게 되었다. 사실 말은 전쟁에서 너무 중요했기 때문에 772년부터 804년까지 벌어진 작센 전쟁에서 샤를마뉴Charlemagne는 말들이 심하게 아프거나 지쳐 있으면 습격을 취소하곤 했다. 그리고 791년에 말 전염병이 돌아 샤를마뉴의 말 90퍼센트가 죽었을 때 그의 군대는 아바르로 원정을 떠날 수 없는 상태가 되었다(Hyland, 1999).

낙타는 이슬람의 초기 확산과 이후 7, 8세기에 진행된 아랍 정복에 매우 중요한 동물이었다. 청년 시절에 예언자 무함마드는 낙타를 모는 사람으로서 메카와 메디나와 같은 성지를 다녔다. 624년에 쿠라이시족Quraysh과 전쟁을 벌일 때 시리아에서 낙타를 잔뜩 거느리고 오는 한 부유한 대상을 약탈했고, 이 승리로 무함마드는 종교적 사명을 계속하는데 필요한 자원을 얻었다. 이것은 그에게 결정적인 순간이었다. 몇 년 후인 630년에 무함마드는 후나인Hunayn 전투에서 훨씬 더 많은 수의 낙타를 포획했다(Gabriel, 2007b). 낙타는 무함마드 시대에 분명히 귀한 자산이었고, 실제로 무함마드의 거의 모든 전투가 낙타 등 위에서 치러졌다(Knapp-Fisher, 1940). 흥미롭게도 656년에는 이른바 '낙타 전투'까지 있었는데, 이는 무함마드의 아내 아이샤가 낙타를 탄 채 군대를 이끌고 전투에 나갔다고 하여 붙여진 이름이다.

근세 : 무기로서 동물의 임무는
계속되기도, 대체되기도

●●● 　　　　　　　　근세 전반기는 종교적 믿음과 미신의 영향을 받았지만, 후반기는 세속적 합리주의와 산업주의가 결합한 새로운 방식의 사고로 완전히 탈바꿈되었다. 전쟁의 측면에서 보면 이 두 이념은 과거의 기사도적이고 국지화된 전투를 불합리하다고 여기며 거부하고 더욱 원대한 경제적·정치적 이득을 추구했다. 불행하게도 전쟁은 더욱 가혹해지고 사상자는 늘어났다. 신세계 탐험은 원주민과의 폭력적 마찰을 조장했고, 그 결과 원주민을 그들의 땅 주변부로 몰아내거나 노

예로 삼았다. 나아가, 화약을 널리 이용하게 되면서 동물이 전쟁 무기로 이용되는 방식에도 변화가 생겼다. 방식이 변했어도 일부는 같은 임무를 계속하기도 했지만 일부는 화약으로 대체되어 다시는 전쟁에 동원되지 않았다.

근세 시대의 개는 군인, 탐험가, 모험가와 함께 신세계의 위험하고 낯선 지역을 여행했다. 인기 종은 늑대와 마스티프 혼합종으로 남유럽에서 유래한 얼라운트alaunt였다. 이 개는 본성이 사납고 완강하고 충직해 군대, 군주, 정복자 사이에서 인기가 높았다. 1500년에 바스코 발보아Vasco Núñez de Balboa(스페인 탐험가. 남아메리카에 최초의 유럽 이주민 정착촌을 건설했다.-옮긴이)는 자신의 개 레온시코를 데리고 신세계를 탐험했다. 레온시코는 매우 훌륭한 투견이어서 임무 수행에 대한 보수까지 받았다. 그런가 하면 곤살로 히메네스 데 케사다Gonzalo Jiménez de Quesada(16세기 스페인 탐험가. 콜롬비아를 정복하고 보고타 식민 도시를 건설했다.-옮긴이)의 개는 오늘날 콜롬비아의 수도 산타페데보고타에 위치했던 무이스카족의 땅을 정복하는 데 공을 세웠다(Richardson, 1920). 하지만 콜롬비아 토착민들을 가장 공포에 떨게 한 것은 니콜라우스 페더만Nikolaus Federmann(16세기 독일 탐험가. 베네수엘라와 콜롬비아에 식민지를 개척했다.-옮긴이)의 흉포한 개로 이 개들은 워낙 전투에 많이 나가서 쏟아지는 독화살을 막아 줄 보호 장구가 필요할 정도였다(Dempewolff, 1943). 근본적으로 개들은 상대에게 엄청난 신체적·심리적 해를 입힐 위력을 지니고 있었다.

또 다른 인기 종은 블러드하운드였다. 크리스토퍼 콜럼버스는 블러드하운드에게 의존해 여행에서 마주치는 위험으로부터 자기를 보호했다. 개들은 토착민의 냄새를 식별하는 후각을 이용해 혹시 있을지 모를 매복

습격을 예방했다. 또한 블러드하운드는 현지 주민을 돕는 경찰견 임무도 맡았다. 중세 시대 사람들은 대부분 길도 없고 정돈되지 않은 땅에서 살았기 때문에 범죄자와 무법자를 추적하는 유일한 방법은 블러드하운드의 도움을 빌리는 것뿐이었다. 따라서 이 시기에는 전투견과 경찰견이 완전히 동일한 것으로 여겨졌다(Richardson, 1920).

신세계에 말이 도입되면서 아메리칸인디언의 전투 방식이 극적으로 변화했다. 말은 1640년경에 북아메리카에 처음 들어와 최남단 지역에 살던 부족들에게도 전해졌다. 말을 이용한 방식은 북쪽과 서쪽으로 빠르게 퍼져 나갔다. 말은 부족 간 교역과 의사소통을 촉진시켰지만 습격과 전쟁, 그 밖의 갈등도 야기시켰다. 말은 부와 권력을 의미했고, 말을 포획하는 사람은 깊은 존경을 받았다. 이러한 이유로 아메리칸인디언들은 다른 물자뿐 아니라 말을 훔치거나 약탈하려고 멀리까지 길을 떠났다. 이런 약탈 행위는 흔히 젊은이들의 통과의례로 여겨졌다. 유럽인과의 접촉이 늘면서 자원을 위한 경쟁은 계속해서 더 심해졌다(McCabe, 2004).

근세 초기에 전투 코끼리는 무기술의 변화를 반영하는 혁신적인 방식이었다. 코끼리는 겉모습만으로도 그 어느 때보다 위엄이 넘쳤다. 갑옷을 입고 깃털로 장식하고 독이 묻은 금속 상아를 다는 것은 기본이고, 선회포(포신을 360도 회전할 수 있게 포탑에 설치한 소형 포.-옮긴이)와 대포 같은 대형 무기까지 장착했다. 강력한 무기들은 구조물과 함께 코끼리 머리에 얹히곤 했다(Kistler, 2006). 이런 점에서 코끼리는 현대의 탱크와 닮았다.

적군을 궤멸시키는 코끼리의 능력은 강화되었지만 포루스 왕이 약 2,000년 전에 겪었던 문제가 다시 발생했다. 16세기 후반, 무굴제국 악바르 대제는 자신의 영토를 인도 북부 구자라트까지 넓힐 계획이었다. 그의 군대는 수적으로는 열세였지만 대포가 굉장히 많았다. 반대로, 구자라트 군대는 규모는 컸지만 이를테면 전투 코끼리 같은 구식 무기에 의존했다. 악바르의 군대는 코끼리를 향해 포를 발사했고, 구자라트를 그냥 물리친 정도가 아니라 완전히 궤멸시켰다. 이 전투는 코끼리가 궁극의 전쟁 무기 로 군림하던 시대가 끝났음을 알리는 전조였다(Kistler, 2006).

근대 : 동물은 전쟁 영웅이 되고, 돌고래는 전쟁 무기로 이용되었다

●●●   근대에는 과학, 기계학, 공학의 발전 덕분에 무기 분야에서 극적인 변화가 일어났다. 국가 간 긴장이 높아지면서 정치 지도자들은 무기 시험과 실험의 중요성을 인정하기 시작했고, 수백 명의 뛰어난 과학자를 한 데 모아 새로운 무기를 발명하거나 개선하기 위해 어마어마한 노력을 기울였다. 목표는 더 정확하고, 더 강력하고, 더 효율적인 무기를 최대한 빨리 만들어 내는 것이었다. 이러한 노력은 항공, 지상, 해상 과학기술의 주요한 발전으로 이어졌다. 결국 과학은 무기 개발에서부터 전략과 전술 수립에 이르기까지 전쟁의 모든 요소에 완벽하게 흡수되었다. 또한 근대는 전투용 동물을 독특하게 묘사한 것도 특색이다. 근대에는 동물에게 동료 군인, 왕족, 사회가 이름을 붙여 주고 의인화하고 영웅으로 칭송하는 이야기가 셀 수 없이 많다.

수 세기에 걸쳐 세계에서 가장 빠른 의사소통 방식으로 기능해 왔던 메신저 비둘기는 19세기 초에 전신기로 대체되었다. 물론 기술적 어려움이 발생할 때마다 메신저 비둘기는 여전히 귀중한 자원으로 활용되었다. 1848년 프랑스 혁명 당시 유럽 도시 사이에 전신 서비스가 마비될 때마다 비둘기는 고대로부터 수행했던 역할을 다시 떠맡았다. 전신 서비스는 1870년 프로이센-프랑스 전쟁 때도 프랑스와 독일 간에서 자주 마비되었다. 그러자 이 전쟁이 끝날 때까지 400마리가 넘는 비둘기가 동원되었고, 그중에서 겨우 73마리만 무사 귀환했다. 그뒤 메신저 비둘기를 기리는 청동 기념물이 세워졌는데, 조각가는 '자유의 여신상'을 설계했던 프레데릭 오귀스트 바르톨디Frédéric Auguste Bartholdi다(Lubow, 1977). 흥미롭게도 제1차 세계대전 때는 메신저 비둘기를 죽이거나 부상을 입히거나 괴롭히는 행위를 하면 6개월 구금이나 100파운드의 벌금형에 처해졌으며, 중죄로 다스렸다(Gardiner, 2006).

20세기에 들어서서 비둘기는 한때 평화의 상징으로 쓰였지만 무기 시험 대상으로 더 많이 이용되었다. 1953년과 1954년 사이 한국전쟁 휴전 협정 당시 북한 측 대표단은 수도인 평양에서 흰비둘기 수백 마리를 날려 보냈다. 이 비둘기는 높은 건물 꼭대기에 날아가 앉도록 훈련받았는데, 이는 북한의 평화적 의도를 상징하기 위한 의례였다(Lubow, 1977). 하지만 불행하게도 비둘기는 덜 조화로운 목적으로도 이용되었다. 본의 아니게 비둘기 유도 미사일pigeon-guided missiles(비둘기에게 적의 목표물을 인지시킨 후 미사일을 그 방향으로 나가도록 유도하는 방법. 다행히 이 프로젝트는 실험 단계에서 취소되었다. 208쪽 참조), 매복 탐지 장치와 같은 무기의 시험 대상이 되었다. 여기에 비둘기가 이용된 이유는 탁월한 시력과 지능 때문이었다. 또한 비둘기는 다른 동물에 비해 실용적이고 비용 효율이 높았다.

총기, 대포, 기계화된 무기류가 널리 이용되면서 개와 같은 동물은 더 이상 전투에 투입되지 않았다. 이는 동물보다 선진 기술에 의존하는 편이 훨씬 효과적이었기 때문이다. 그럼에도 불구하고 개는 전쟁터에서 완전히 사라지지 않았다. 더 정확히 말하면 방어 목적을 위해 더 많이 이용되었다. 프리드리히 대왕과 나폴레옹 보나파르트는 전투에서 경비견을 이용했다(Jager, 1917). 무스타슈라는 검은 푸들은 1800년에서 1815년 사이에 벌어진 나폴레옹 전쟁에서 부대 내에 오스트리아 스파이가 있음을 알렸다. 나중에는 전투의 열기 속에서 빼앗겼던 프랑스 깃발을 되찾아와 부대 내 제자리에 돌려놓기도 했다. 이런 애국 행위로 무스타슈는 명예 훈장을 받았다(Kistler, 2011).

　놀랍게도 소형견이면서 용맹함으로 표창을 받은 개는 무스타슈만이 아니다. 꼭 크고 사나운 투견이 아니어도 소형견이 군대에서 더 적극적인 역할을 맡게 되었다. 소형견은 병사들의 좋은 친구로 여겨졌을 뿐 아니라 대형견과 똑같이 영웅적이기도 했다. 영웅적인 소형견 중에는 바비라는 흰색 테리어 종이 있다. 바비는 1870년 몰타의 수도 발레타에 주둔했던 제66 보병연대 소속 피터 켈리 병장에게 강아지 때 입양되었다. 이후 1880년, 이 보병연대는 마이완드Maiwand 전투에 참전하기 위해 아프가니스탄으로 파견되었고, 수많은 병사가 전사했다. 바비는 몇 명 남지 않은 아군을 방어하기 위해 최전선에서 고군분투했다. 6주 뒤 그곳에 당도한 지원군은 작은 개 한 마리가 절뚝거리며 야영지로 들어오는 모습을 보고 깜짝 놀랐다. 바비였다. 1881년 8월 17일 바비를 비롯한 생존자들은 빅토리아 여왕에게 초대되어 무공 훈장을 받았다. 개들에게도 표창을 한 후 여왕은 일기에 이렇게 썼다. "포메라니안 품종의 작은 개는 전투

내내 그들 곁을 지켰다고 한다. 인간에게 매우 헌신적인 개다. … 바비라는 이름의 개는 훌륭한 애완견으로서 진주와 모범 병사 수장 두 개, 그외 장식이 달린 벨벳 외투를 걸치고 훈장을 목에 걸었다. 등을 다쳤지만 많이 회복되었다"(p. 30). 오늘날 바비의 유해는 에든버러 공작 왕립연대박물관에 전시되어 있다(Le Chene, 1994).

개들은 통상적인 임무도 수행했다. 야영지를 순찰했고, 뱀이나 퀵샌드(특수한 성질의 모래땅으로, 딱딱해 보이지만 발을 디디면 사람의 몸이 순식간에 가라앉는다.-옮긴이), 낯선 사람이 다가오는 위험을 알리는 일을 했고, 몇몇 흥미로운 일도 했다. 미국에서 남북전쟁(1861~1865)이 벌어지던 당시 북부군과 남부군은 공히 개를 이용해 많은 임무를 처리했다. 경비, 잡역병, 전령, 심지어 교도소 관리 역할까지 맡겼다. 이 개들은 실제로 매우 귀중한 자원이어서 19세기 말엽에는 여러 나라에서 군 복무를 위한 개 훈련 프로그램을 공식적으로 도입할 정도였다(Le Chene, 1994).

20세기에도 개는 탁월한 후각 때문에 이용되었다. 베트남 전쟁 당시 미군은 게릴라의 기지를 추적하고 그들이 밀림에 숨겨놓은 부비트랩을 찾아내 줄 뭔가가 필요했다. 게릴라는 한밤중에 마을로 숨어들어가 습격하고 약탈하고 납치했다(Lubow, 1977). 이에 미군은 선진 기술을 이용하는 대신 래브라도리트리버에게 적의 흔적을 찾아내는 임무를 맡겼다(Levy, 2004). 게릴라는 교묘히 위장한 깊은 구덩이에 끝이 뾰족한 말뚝을 박은 '펀지 핏Punji pit'과 같은 살상용 부비트랩을 밀림 곳곳에 숨겨두었다. 이런 함정은 미군 병사를 무기력한 상태에 빠지게 하고 항상 불안에 시달리게 해 사기를 떨어뜨려 큰 골칫거리였다(Lubow, 1977). 개들은 지뢰, 매복, 철망으로 된 덫은 물론이고 부비트랩도 냄새로 찾아내도록 훈런받았다.

다른 동물들도 유사한 종류의 위협을 탐지하는 데 이용되었다. 프랑스는 1939년 가짜 전쟁Phoney War(제2차 세계대전 초기에 서방 연합국이 독일에 선전포고는 했지만 실제 전투는 하지 않았던 기간)에서 지뢰를 찾는 데 돼지를 이용했고, 이스라엘 방위군은 같은 임무를 위해 지금도 돼지를 훈련시키고 있다(Gardiner, 2006). 좀 더 최근에는 아프리카대왕캥거루쥐도 지뢰밭을 수색해 숨겨진 폭탄을 찾아내는 훈련을 받았다. 아프리카대왕캥거루쥐는 몸길이가 70센티미터가량 되는 작지 않은 동물이지만 폭탄을 터뜨리지 않고 지뢰밭을 활보할 정도로 가볍다. 게다가 후각이 뛰어나고 지능이 높아 지뢰밭을 신속하고 능률적으로 정리한다(Kristof, 2010. 6. 16)(냄새로 탐지한 뒤 신호를 보내면 군인들이 지뢰를 제거하고 과일 등으로 보상한다.-옮긴이).

흥미진진한 전쟁담에 자주 등장하는 또 하나의 영웅은 바로 고양이다. 제1차 세계대전 때 사자같이 용감한 흰 고양이 한 마리가 살았다. 이름하여 피타우치. 이 고양이는 벨기에의 제3 포병연대 소속 르코스 중위 손에서 자라 그가 가는 곳이면 어디든 따라다녔다. 어느 날, 중위가 독일을 염탐하러 가게 되었다. 물론 고양이도 함께 갔다. 목적지에 도착하자마자 중위는 근처 포탄 구덩이 속에 몸을 숨기고 눈에 보이는 모든 광경을 스케치하기 시작했다. 곧 독일군 세 명이 그의 존재를 알아챘고 주위를 수색하기 시작했다. 군인들이 중위가 숨은 곳을 막 발견하려던 찰나, 피타우치가 갑자기 뛰어나가 그들을 공격했다. 독일군들은 자신들이 고양이를 사람으로 착각한 줄 알고는 웃어넘겼다. 중위는 스케치를 마치고 무사히 탈출했다(Baker, 1933).

피타우치는 예외이고 대다수 고양이는 전투에 이용되지 않았다. 그보다는 식량이 있는 곳으로 군인들을 안내하거나 쥐를 잡는 등 좀 더 전통적인 목적에 이용되었다. 크림 전쟁 때 톰이라는 고양이는 병들고 굶주린 병사들을 이끌고 식량이 가득한 비밀 창고로 안내했다. 다른 탐지 동물과 마찬가지로 고양이는 후각을 이용해 궁극적으로 모두를 구해 낼 뭔가를 찾아낼 줄 알았다. 그런가 하면 어떤 고양이는 군함이나 야영지의 쥐 개체수를 낮춰 부대 식구들을 보호했다. 쥐는 잠재적으로 건강을 위협하는 동물이기 때문에 이는 중요한 임무였다. 실제로 사이먼이라는 고양이는 중국 내전 당시 영국 해군 구축함 애머시스트Amethyst에서 쥐를 잘 잡은 공로를 인정받아 죽은 뒤에 디킨 메달을 받았다(Le Chene, 1994).

근대는 이미 보병대와 기병대가 참호전으로 대체된 상태였다. 전투는 더 이상 걷거나 말을 타고 돌아다니는 부대로 구성되지 않았다. 대신, 한곳에 고정적으로 머물렀고 참호와 방공호에 숨어 안정된 위치에서 서로에게 총과 포를 쏘았다. 이러한 이유로 제1차 세계대전 때 말은 군인을 태우기보다는 주로 보급품과 물자를 날랐다. 흥미로운 점은 그럼에도 군사령관들은 여전히 지도력의 상징으로 말을 타고 전장에 나갔다는 사실이다. 참호전은 저열하고 힘들고 위험했기 때문에 이 시기에 동원된 말은 무서움을 모르고 용맹해야 했다. 말은 계속해서 사선에 투입되었고, 말에게 가장 중요한 것은 참호전의 풍경과 소음에 동요하지 않는 것이었다(Baker, 1933).

당나귀 역시 제1차 세계대전 당시 운송수단으로 이용되었다. 참호전의 위험 때문에 식량과 탄약을 부대로 운반하는 것은 매우 어려운 임무였다. 보급품을 기지로 운반하는 것은 쉬웠지만 그것을 참호로 옮기는 것은 불가능했다. 당나귀는 다른 짐 운반용 동물들에 비해 이 임무에 좀 더 적합했다. 기질상 인내심이 강하고 순종적이고 질병에 강했기 때문이다. 게다가 말보다 덩치도 작았는데, 이는 당나귀가 빠듯한 공간을 들키지 않고 무사히 지나가기에 유리하다는 뜻이다(Baker, 1933).

제1차 세계대전 당시 영국은 몇 해 전에 나폴레옹이 조직했던 낙타 군단을 재건했다. 낙타 수백 마리로 이루어진 군단은 서북 변경 지역에서 치안을 유지하는 데 이용되었고, 터키와 벌인 군사작전에서는 게릴라식 전투에도 투입되었다. 낙타는 운송수단으로서 탄약과 장비, 배급식량을 짊어졌고, 두 명의 군인도 추가로 태웠다. 동시에 적에게 돌격해 공격적으로 대응할 수 있는 탁월한 전투 동물이기도 했다(Knapp-Fisher, 1940). 돌격하는 낙타는 대단히 위협적이었을 것이다.

마지막으로, 근대기에 전쟁 무기로 이용된 뜻밖의 동물은 바로 돌고래다. 1950년대부터 미국과 소련 국방부는 줄곧 돌고래를 전쟁 무기로 이용할 다양한 방법을 연구해 왔다. 전쟁의 관점에서 보면 돌고래를 이용하는 것은 납득할 만한 일이다. 돌고래는 개나 다른 지능적 동물이 할 수 있는 모든 일을 물속에서 할 수 있다. 물건을 되찾아오고, 불청객을 탐지하고, 지정된 위치로 장비를 나르고, 서로 다른 물체를 구분해 낸다.

1976년 4월에 발행된 《뉴스데이Newsday》 기사를 보면, 미 해군과 CIA는 돌고래에게 해저 밑바닥에 가라앉은 핵폭탄을 끌어올리는 훈련까지 성공시켰다. 《뉴스데이》의 또 다른 기사를 보면 미국 정부가 소련 군함의 성능에 관한 지능형 데이터를 수집하는 데도 돌고래를 이용하고 있다고 주장했다(Lubow, 1977). 뿐만 아니라 소련 해군은 돌고래를 살인 기계로 훈련시켜 적군 군함이나 잠수부에게 폭탄 또는 폭파 장치를 부착하게 했다고 추정된다. 두 종류 모두 원격으로 조종되는 폭탄이다 (Gardiner, 2006).

이와 유사하게 이용되는 또 다른 해양동물에는 바다사자와 범고래 등 이 있다. 최근에도 해양동물을 전쟁 목적으로 이용하는 것이 가능한지에 관한 연구들이 계속 진행 중이다.

선사 시대, 고대, 중세, 근세, 근대를 통틀어 동물은 전쟁을 준비하고 확대하는 데 중차대한 역할을 수행해 왔다. 사실, 인간이 도구를 제작할 수 있는 정신 능력을 소유해 온 역사만큼이나 동물은 전쟁과 충돌의 무 기로 오랫동안 이용되어 왔다. 그러고 보면 전쟁 맥락에서 동물은 살아 숨 쉬는 도구, 그들 자신의 의지에 부합하든 부합하지 않든 특정 임무를 달성하도록 사육되고 훈련되는 한낱 도구로만 여겨지고 취급되어 온 셈 이다. 어떤 동물도 전쟁에 아무런 이유 없이, 목적 없이 투입되지 않았 다. 그들의 존재 이유는 인간 사상자와 재산 손실을 줄이거나, 늘리는 그 들의 능력에 달려 있었다. 기본적으로 동물은 그들 자신이 아니라 인간 의 이익을 위해 존재했다. 많은 사람들은 동물에 대한 끔찍한 억압을 목 격하면서도 자신들의 삶에 미칠 영향 때문에, 동물 없이 치러지는 전쟁 의 대가가 너무 클까 봐, 너무 위험할까 봐, 너무 끔찍할까 봐 두려워했 다. 불행하게도 우리는 전쟁이라는 총체적 사회구조에 저항하기보다 항 상 동물을 이용하는 편을 선호해 왔다.

하지만 진짜 원흉은 전쟁이다. 전쟁은 인간으로 하여금 동물과는 고사 하고 같은 인간끼리도 평화롭게 공존하는 것을 막는 사고방식을 부추기 고 강화한다. 동물을 동원하든 동원하지 않든 전쟁은 대가가 너무 크고,

너무 위험하고, 너무 끔찍하다. 우리는 포용하고 전환하는, 적극적인 평화를 목표로 삼아야 한다. 그럴 때에만 전쟁 속에 내재하는 문제와 그외 폭력의 징후를 알아볼 수 있을 것이다.

4장

전쟁 이후의
동물

줄리 안제예프스키

비가시화와
제국

● ● ●　　　　　　　　　동물의 비가시화invisibilization는 종차별
주의와 제국의 주요 특징이다. 개별 동물의 피해나 업적을 다루는 이야
기는 선정적인 관심을 불러일으키는 반면, 어마어마한 숫자의 동물들에
게 미치는 인간의 정책과 프로젝트의 조직적인 영향은 동물의 몸과 삶이
철저하게 파괴될 때조차 주목받지 못하고 연구되지 않으며 언론에 보도
되지 않는다. 제국의 이익을 위해 땅, 노동력, 자원을 동물뿐 아니라 인간
에게서도 빼앗기 위해 선포되는 전쟁 역시 예외가 아니다. 심지어 제국
주의의 정의조차 다른 인간 집단으로부터 자원을 훔치는 행위만 규정할
뿐, 동물이 진화하고 생존해 온 그들의 터전과 자원에 대한 권리는 무시
된다. 사실, 그곳에 가장 오래 살고 있는 자에게 땅이 '소유된다'는 개념
이 성립한다면 지구 어디서든 동물이 어떤 인간보다 오래 살았으니 동물

의 소유라고 할 수 있다. 그런데도 인간은 지구를 지배한 채 동물의 삶터에 대한 권리는 인정하지 않고, 사실을 외면한다.

그 결과, 전쟁에 수반되는 모든 것, 계획, 준비, 연구, 시험, 도발, 중지, 합법성과 불법성, 전사자 수, 의료 서비스, 이주, 재건, 배상, 진상조사위원회 등에서 동물의 삶이나 동물과 관련된 것들은 거의 또는 전혀 참작되지 않는다. 동물은 '부수적 피해'라는 완곡어법의 보이지 않는 주체이다. 특히 무력 충돌 도중과 이후에 두드러지는 동물에 대한 범지구적 비가시화와 억압 때문에 전쟁이 동물에게 미치는 영향을 조사하기란 결코 쉽지 않다.

기록이 드묾에도 불구하고 비가시화는 명백하게 드러난다. 예를 들어 동물은 단수를 써서 복수를 의미하는 것으로 서술된다. '멧돼지wild boar, 야생염소wild goat, 물소water buffalo, 호랑이tiger'는 각각 동물 한 마리가 아니라 종 전체를 가리킨다. 가축livestock, 농장동물farm animals, 야생동물wild animals, 야생생물wildlife, 집짐승domestic animals은 동물의 쓰임새나 인간과의 관계에 따라 동물이 정의된다. 인간이 동물임에도 불구하고 '인간'을 '동물'로부터 분리하는 것은 잘못된 이중성을 만들어 낸다. 이 장에서 비가시화의 이런 양상을 분석하지는 않겠지만, 언어는 전쟁이 동물에게 미치는 엄청난 야만성을 고려할 때 우리의 감정과 지성으로부터 부적절한 거리를 만들어 내는 역할을 하고 있다(Dunayer, 2001).

비밀주의와 검열

●●●   전쟁이 동물에게 미치는 장기적 영

향을 면밀히 조사할 때 맞닥뜨리는 또 다른 장애물은 정부가 군사주의와 전쟁에 대해 고강도 비밀주의를 고수한다는 점이다. 국가는 그런 비밀주의가 '국가안보'를 위해 꼭 필요하다고 민주국가 시민에게 강변하지만, 공익 제보자나 기밀 누설자, 각종 소송이 드러내듯이 비밀주의는 정책 입안자들이 자신들의 이익을 위한 불법 행위를 감추기 위해 유지되는 경우가 많다. 전쟁을 해야 한다는 거짓 명분을 만들어 내거나, 전쟁의 부당 이득자들에게 실비정액 가산방식의 수의계약을 제공하거나 동물, 어린이, 민간인이 대대적으로 학살되는 군사주의의 이런 흔한 양상은 상당 부분 전쟁 반대 여론의 확산을 막기 위해 감춰지거나 은폐된다.

또한 다양한 무기체계와 그것의 사용과 비용에 관한 정보, 군사적 대비와 동원이 환경과 동물, 인간에게 미치는 폐해에 대한 정보 등은 미국인뿐 아니라 전 세계 일반 대중 누구에게도 접근이 허용되지 않는다 (Sanders, 2009). 무기 정보는 곧바로 국가안보라는 명목으로 검열되거나 언론을 소유한 기업, 즉 상당수가 무기 계약에 직접 투자하고 있는 언론 기업들에 의해 억제된다. 또는 '대중 홍보' 캠페인 등 선전 활동을 통해 무기가 군사 활동의 '외과적인surgical'(surgical strike는 외과수술로 환부를 도려내듯 목표물을 정밀 타격하는 방법), '스마트한', 유익하고 인도주의적인 목적에 기여한다며 대중을 설득하기도 한다. 대표적인 예로 미국인 대다수는 미 국방부가 지구를 오염시키는 최악의 주범이라는 사실을 전혀 인지하지 못한다. 이 정보가 워낙 철저히 검열되는 탓이다(Huff, Roff, and Project Censored, 2010).

동물
억압

●●● 　　　　　　　　만연한 비밀주의와 비가시화에도 불구하고 이 장에서는 전쟁 여파 속에서의 동물에 관한 질문을 탐구하고자 한다. 가능한 한 직접적인 증거를 제시할 것이며, 그렇지 않은 경우에는 관련 지역에서 수집한 동물에 관한 목격담이나 정보를 제시할 것이다. 구체적인 증거가 완전히 사라졌거나 빈약할 때에는 무기와 정책이 동물에게 미치는 여파를 가늠하기 위해 전쟁이 초래하는 가장 끔찍한 양상을 철저히 조사하고 상상력도 동원할 것이다.

이런 탐구의 일부로, 동물에 대한 억압이라는 개념을 적용하는 것은 동물이 군사주의와 전쟁에 의해 어떻게 파괴되는가에 대한 우리의 이해를 더욱 폭넓고 깊이 있게 해 줄 것이다.

어떤 의미에서 보더라도 동물이 억압의 대상이라는 것은 설득력을 갖는다. 아이리스 영(Iris Young, 1990)이 제기한 억압의 다섯 가지 측면(착취, 주변화, 무력함, 문화제국주의, 폭력)에서 볼 때, 동물의 신체는 노동력으로, 식량으로, 의복으로, 연구용으로, 교육용으로, 오락용으로, 상상 가능한 수준 이상의 무수한 '상품'으로 착취되고 있고, 따라서 하루라도 그들을 소비하지 않는 것은 거의 불가능할 정도다. 주변화marginalization는 동물이 지구상에서 인간 활동의 부정적 영향으로부터 벗어나서 존재할 수 있는 공간이 거의 또는 전혀 없으며, 규칙적·조직적으로 "심각한 물질적 박탈과 심지어 절멸까지 당한다."는 점에서 새로운 의미가 있다(p. 53). 우리는 우리 종을 '표준'으로 인식하도록 배워 왔고, 다른 모든 종의 정신적·정서적·신체적 특성은 그 표준에 견주어 측정되고 분류되며 가치절하 된다(영은 이것을 문화적 제국주의라고 부른다). 인간과 인간의 과학기술이 지구를 가혹하게 지배하는 상황에서 다른 동물들은 자신들의 여건을 바꿀 아무런 힘이 없으며 자신들에게 자행되는 온갖 형태의 폭력을 피할 길이 없다(Andrzejewski, Pedersen, and Wicklund, 2009).

전쟁의 여파 속에서 동물에게 벌어지는 일이나 전쟁 수행과 관련된 온갖 양상은 억압이라는 개념의 모든 양상에 해당되므로 억압으로 인정될 수 있다. 전쟁이 동물의 신체와 정신, 보금자리, 가족과 무리, 죽음, (오늘날까지 드물지 않게) 멸종에 미치는 폐해와 참상은 낱낱이 밝혀져야 한다. 동시에, 전쟁을 선포하는 쪽이든 전쟁에 희생되는 쪽이든 인간은 동물을 거의 고려하지 않는다. 하지만 동물은, 가능하다면 전쟁의 피해에서 회복되어 언제나, 어디서든, 어떻게든 살아 나가는 힘을 지녔다는 사실을 인식하는 일 또한 매우 중요하다.

이 장에서는 다음 질문을 탐구할 것이다.

- 동물에게 장기적으로 영향을 미치는 현대 전쟁의 핵심 양상은 무엇인가?
- 환경전(화학 무기, 생물 무기, 방사능 무기, 폭발성 무기, 그외 환경을 변형시키는 무기)이 동물에게 미치는 장기적 영향은 무엇인가?
- 전쟁이 특정 동물 집단에게 미치는 영향은 무엇인가?
- 전쟁과 전쟁 후에 동물에게는 어떤 선택지가 있는가?
- 해답은 무엇인가 : 일회용 반창고 vs. 근본 원인 해결

동물에게 장기적으로 영향을 미치는
현대 전쟁의 핵심 양상은 무엇인가?

●●● 　　　　　　　 인간의 처참한 전쟁이라는 활동이 초
래하는 동물의 고통을 이해하려면 전쟁의 장기적인 영향, 관련된 핵심적
인 원인과 추세를 먼저 알아야 한다.

- 제국주의는 끝없는 전쟁을 통해 동물 억압과 멸종을 가속화시킨다.
- 인간의 자연 파괴는 범지구적 갈등을 증가시킨다.
- 전쟁은 생물다양성 집중 지역biodiversity hotspot에 편중된다.
- 환경전은 죽음의 서식지를 널리 퍼뜨린다.
- 현대 무기의 파괴적 위력은 생물 절멸의 포문을 연다.
- 난민은 전쟁이 동물에게 미치는 영향을 가중시킨다.
- 전쟁은 동물에게 영향을 미치는 범지구적 문제에 쏟아야 할 자원
  을 유용한다.

제국주의는 끝없는 전쟁을 통해
동물 억압과 멸종을 가속화시킨다

●●● 　　　　　　　 범지구적 자본주의 아래, 이윤의 극대
화는 동물과 인간, 지구에게 최선이 되는 것과 근본적으로 충돌한다. 모
두의 안녕은 자연자원을 추출하고 땅과 서식지를 독점하기 위해, (동물과

인간으로부터) 노동력을 착취하기 위해 희생된다. 제국주의 역사가 확인해 주듯이, 부를 쫓는 인간은 지구 곳곳 어디서든 이윤을 뽑아내기 위해 또는 전쟁 그 자체로부터 이윤을 얻기 위해 군대를 조직하거나 정부와 합작해 공격적인 물리력을 이용해 왔다. 돈을 벌 수 있는 한 침략과 점령, 전쟁은 끝이 나지 않는다(Parenti, 1995; Shiva, 1995).

탐나는 자원은 어떠한 폭력이 따르든 징발된다. 개인이나 집단을 가두고 고문하고, 환경을 황폐화시키며, 전쟁과 절멸을 자행하고. 어떠한 폭력도 인간의 욕망을 채우는 데 쓰이기에는 지나치지 않다. 하지만 수없이 많은 사람이 전쟁 속에서 고통 당하고 죽고 터전을 잃었다 해도, 지구에 사는 어마어마한 숫자의 동물 종과 그들의 개체군 밀도를 감안했을 때 인간을 괴롭힌 고통은 분명히 더 많은 동물을 셀 수 없이 괴롭혀 왔다. 경우에 따라서는 동물이나 상아 등 동물의 신체 일부가 제국주의 전쟁을 촉발시키는 원인이 되기도 한다(Enzler, 2006).

수천 년 동안 다양한 민족이 제국주의 전쟁을 책동해 왔지만, 미국은 건국 당시부터 제국주의 국가로 시작해 20세기에는 제1의 군사 대국으로 떠올랐다. 미국은 다른 모든 나라의 국방 예산을 합한 액수보다 더 많은 돈을 국방비로 쓰고, 다른 나라에 무기를 가장 많이 팔아먹는 나라다. 따라서 이 연구는 전 세계 실정을 다루겠지만, 정보는 미국에서 얻는 양이 훨씬 많을 것이다.

인간의 자연 파괴는
범지구적 갈등을 증가시킨다

●●●　　　　　　　인구가 기하급수적으로 증가하고 인
간이 지구의 땅 끝까지 잠식하는 상태에서 인간에 의해 빚어진 범지구적
문제들이 분쟁과 충돌을 증가시킬 것이다. 기후변화가 기상이변을 초래
함에 따라 물과 식량이 더욱더 부족해지고, 빈부격차가 더 심해지며, 전
쟁을 통한 부당이득이 가장 수익성 좋은 사업으로 계속 번창하면서 전쟁
이 크게 늘어날 것이다(Broder, 2000). 나아가 단연코 세계 최대 무기상인
미국 군산 복합체와 그와 관련된 범지구적 무기 거래가 긴장을 더욱 고
조시키고 지역 간 군비경쟁까지 부추겨 미래의 충돌 가능성이 높아질 것
이다(Berrigan, 2010; Deen, 2010). 급증하는 갈등과 함께 동물의 서식지
상실과 고통, 죽음, 멸종도 가속화될 것이다.

전쟁은 생물다양성 집중 지역에
편중된다

●●●　　　　　　　동물은 서식지가 어디든 전쟁으로 인
한 단기적·장기적 공포와 부상, 죽음을 경험하게 되는데 이제 전쟁은 생
물다양성 집중 지역, 즉 생물종이 대단히 풍부하게 분포하면서도 서식지
가 심각하게 파괴된 좁은 지역에 편중되고 있다. "세계에서 멸종위기에
처한 포유류, 조류, 양서류의 4분의 3이 오직 이 집중 지역들에만 분포"

하는데, 무력 충돌의 80퍼센트가 이 지역에서 일어난다(Hanson, et al., 2009, p. 579). 이 현상을 설명하는 이론은 아직까지 나오지 않았지만, 이 집중 지역들이 완벽한 착취가 이뤄지지 않은 최후의 보루인만큼 이곳에서 발견되는 동물과 온갖 '자원들'로부터 이윤을 취하려고 달려들 공산이 크다.

환경전은 죽음의 서식지를 널리 퍼뜨린다

●●● 　　　　　초토화 작전은 워낙 오래전부터 이용되어 온 전쟁의 한 방법이지만 현대의 환경전은 어디에도 비할 데 없는 대대적인 파괴를 초래했다. 한 예로, 걸프전에서 이라크는 천만 배럴의 원유를 페르시아만에 쏟아 버려(당시 역사상 최대 규모의 유출이었다), 수만 마리의 철새와 수를 헤아릴 수 없을 정도로 많은 해양동물을 죽였다(Loretz, 1991, p. 3).

당시 원유는 사막에도 유출되어 50제곱킬로미터(약 1500만 평)에 달하는 석유 호수를 만들었고, 이 호수는 취약한 생태계를 훼손한 뒤에 종국에는 대수층(물을 보유하고 있는 지층)으로 스며들었다(Enzler, 2006). 또한 패주하던 이라크군은 쿠웨이트 유전에 불을 질러 오염물질을 대기로 방출했다. 이 불은 스모그와 산성비, 유독 가스를 야기했다. 사막에는 그을음이 두껍게 쌓여 모든 식물을 덮어 버렸다. 게다가 원유 화재 진화에 바닷물을 끌어다 쓴 탓에 토양 염도가 높아졌다. 탱크가 약한 사막 지표면을 손상시켰고, 무기나 탱크가 지나간 곳이면 어디든 열화우라늄 입자와 모래가 뒤섞였다(열화우라늄 무기는 원자력발전소에서 나오는 우라늄으로 만드는데, 방사선 피폭 논란이 이는 등의 문제로 국제사회가 비인도적 무기로 규정하고 있다). 도시에서는 물 처리 시설이 파괴되어 하수가 곧바로 티그리스강과 유프라테스강으로 흘러들었다. 이라크와 아프가니스탄 두 곳 모두 전쟁이 끝난 지 여러 해가 지났지만 환경 피해는 구석구석 만연해 있으며, 회복이 불가능한 수준이다. 따라서 이 지역에 사는 동물과 사람은 질병, 선천성 기형, 죽음에 시달릴 운명에 처해 있다.

전쟁으로 사람이 겪는 지속적인 고통에 대해서는 차츰 기록되고 있는 추세이지만, 같은 지역 동물에게 가해진 충격에 대해서는 여전히 기록되지도 주목받지도 못하고 있다. 가끔 부수적으로 언급되기는 한다. 2006년에 이스라엘이 레바논에서 벌인 전쟁에 대해 이런 논평이 나온 적이 있다. "기름 유출은 빠르게 퍼져 나가… 90킬로미터가 넘는 해안지대를 뒤덮었고, 그 결과 물고기들이 죽임을 당했으며, 멸종위기 종인 바다거북의 서식지가 오염되었다. … 총 9,000에이커의 숲이 전소되었고 불길은 나무 보유량과 조류 보호구역을 위협하고 있다(Enzler, 2006, p. 8)." 하지만 피해를 입은 개별 동물의 모습과 사연은 회자되지 않았으며, 바다거북, 물고기, 조류의 현재 상태나 장기적인 영향에 관한 연구나 보도는 이루어지지 않았다.

현대 무기의 파괴적 위력은
생물 절멸의 포문을 연다

●●●   현대 무기는 과거 어느 때보다 더욱 강력하고, 더욱 파괴적이며, 더욱 심한 오염을 야기하고, 오래 지속된다. 실제로 현재 대다수의 미국 무기는 반감기가 47억 년에 이르는 방사성 열화우라늄을 함유하고 있다. 이런 무기들의 총체적인 장기적인 결과는 알려지지 않았지만, 일각에서는 배리 샌더스(Barry Sanders, 2009)처럼 다음과 같이 주장한다.

> 생물 절멸. 인간, 동물, 식물⋯, 모든 생명의 파괴. 오직 인간만이 우라늄 노출에 의한 이 말할 수 없는 중독의 피해자는 아니다. 식물과 동물 역시 방사성 입자를 흡수해 우라늄을 먹이사슬의 일부로 영원히 남겨놓는다. 유엔환경계획UN Environment Program 이 작성한 한 보고서에서는, 열화우라늄은 일단 땅에 흡수되면 우라늄 농도를 100배로 증가시켜 지하수를 오염시킨다고 결론맺는다(p. 88).

미국에서 제조한 몇몇 주요 폭탄에 대해 간략하게만 살펴봐도 생물 절멸 과정을 촉발할 수 있는 가공할 만한 파괴력을 짐작할 수 있다. 지하 관통형 폭탄인 벙커버스터Bunker Buster는 지하에서 열화우라늄 5분의 1메트릭톤을 방출하면서 터진다. 강력 폭탄의 일종인 데이지 커터Daisy Cutter는 "진탕震盪식 효과를 일으킨다. ⋯ 광범위한 지역으로부터 산소를 빨아들여 소각이나 질식, 또는 둘 다의 방법을 통해 살아 있는 모든 생물을 죽인다"(Sanders, 2009, p. 96). 현존하는 폭탄 가운데 규모가 가장 큰 모압MOAB은 일명 '모든 폭탄의 어머니Mother of All Bombs'라고 불리는데, 이 폭탄을 경험해 본 사람들은 '강철비steel rain'라고도 한다. 10톤의 알루미늄 폭약을 터뜨려서 사람들이 폐질환과 신경계장애를 앓으면서 서서히 죽어가게 만든다(Sanders, 2009). 텅스턴 합금으로 채워진 고밀도 금속폭탄Dense Inert Metal Explosive, Dime은 "터지면서 수많은 입자의 초고온 중금속 미세 분말로 흩어져 좁은 반경 이내를 어마어마한 파괴력으로 날려 버린다. 군대는 이를 두고 '집중 격멸'이라고 부른다"(p. 113). 또한 '암 폭탄'이라고도 불리는데 부작용으로 거의 100퍼센트의 암 발병률을 보인다(Nichols, 2010).

핵무기가 아닌 '재래식' 무기로 분류되는 이 폭탄들은 미국에서 시험을 거쳐 최근에 일어난 여러 전쟁에 이용되었다. 이 무기들이 시험되거나 사용된 모든 지역에서는 치명적 폭발력으로 생명체들이 즉사하거나 살아남았더라도 지속적인 영향을 받으며 살아가고 있다.

난민은 전쟁이 동물에게 미치는 영향을 가중시킨다

●●● 　　　　　　　전쟁에 쫓긴 사람들이 자국 내 실향민이나 난민이 되어 대대적으로 이동하게 되면서 미개발 지역과 황무지, 자연공원, 삼림이 파괴되고 물이 오염되는 등 막대한 규모의 또 다른 재

앙이 초래되고 있다. 흔히 '비거주지'로 명명되는 이런 지역은 실제로는 다른 동물의 거주지다. 이런 곳에 도착한 절박한 사람들은 연료와 피난처를 얻기 위해 동물의 터전을 파괴하고 식량을 위해 동물을 죽이는 일도 흔하다(Hanson et al., p. 4). 아무런 사회 기반 시설 없이 사람들이 밀집되는 탓에 수원도 오염된다. 게다가 가축들이 야생동물의 터전을 차지해 서식지 갈등을 일으키기도 한다. 한 예로, 걸프전에서 탈출한 베두인족 난민들은 요르단으로 피난하면서 160만 마리의 양, 염소, 낙타, 당나귀를 몰고 갔다. 이 때문에 절멸되었다가 요르단으로 재도입된 아라비아 오릭스는 거의 살아남기 어렵게 되었다(Harding, 2007).

전쟁은 동물에게 영향을 미치는 범지구적 문제에 쏟아야 할 자원을 유용한다

●●● 　　　　　　　　　인간이 야기해 온 긴박한 범지구적 문제에 쏟아야 할 귀중하고 제한된 자원이 군비 지출과 전쟁의 값비싼 민영화에 유용된다. 전쟁의 여파는 전 세계 동물에게 장기적으로 막대한 영향을 미친다. 지구 온난화는 과학자들이(IPCC Report, 2013) 예견했던 것보다 훨씬 빠른 속도로 진행 중이며, 속속 벌어지는 나무의 떼죽음은 탄소 흡수원을 탄소 배출원으로 바꾸어 버린다(Carrington, 2011). 하지만 동물을 병들게 하는 가장 심각한 범지구적 문제는 언론 기업이 차단하는 또 다른 이야기, 바로 여섯 번째 대멸종이다(Andrzejewski and Alessio, 2013). 과학자들은 아무런 조처가 취해지지 않는다면 300년 안에 지구

종(양서류, 포유류, 식물, 어류)의 4분의 3이 멸종할 거라고 추정한다. 하지만 어마어마한 자금이 계속해서 제국주의와 탐욕, 전쟁을 후원하는 한 이 긴박한 문제에 제동을 걸 조처는 전혀 취해지지 않을 것이다.

환경전(화학 무기, 생물 무기, 방사능 무기, 폭발성 무기, 그외 환경을 변형시키는 무기)이 동물에게 미치는 장기적 영향은 무엇인가?

●●● 전쟁에서 살아남은 동물이 어떤 후유증을 앓는지 기본적인 수준으로라도 알려면 우리는 전쟁에서 시험되고 이용되는 유형의 무기를 더욱 면밀히 살펴봐야 한다. 지난 세기에 개발된 무기들의 파괴적 결과를 감안할 때 대다수 전쟁의 양상은 환경전으로 간주되어야 마땅하다.

이 장의 목적상 환경전은 생명과 자연계에 영향을 미치는 전쟁 관련 모든 단기적·장기적 환경 파괴를 포함한다. 일부 분석가는 전쟁 중에 직접적으로 발생하는 일은 '적극적' 활동이라 하고, 전쟁과 별 상관없어 보이는 일은 '소극적' 활동이라고 구분한다(Jenson, 2005). 하지만 이 구분은 사뭇 자의적으로 보인다. 두 유형의 활동이 모두 동물과 환경에 파괴적인 영향을 미칠 수 있고 어느 것도 '소극적'이라고 표현될 수 없기 때문이다. 대신, 두 유형의 파괴를 '직접적 환경전'과 '부차적 목표와 전쟁 지원 활동을 통한 환경전'으로 구분했다.

'직접적 환경전'에는 폭발성 무기, 관통형 무기, 화학 무기, 생물 무기,

방사능 무기가 직접적으로 사용되는 전쟁은 물론이고, 환경 자체가 전쟁 도구로 이용되는 전쟁도 포함된다. 우선 무기 유형을 간략히 살펴보고 나서 그 무기가 각각의 동물에게 미치는 영향에 대해 자세히 검토할 것이다.

폭발성 무기는 폭발물에 중금속, 화학물질, 방사능 물질, 소이제(가연성 표적을 점화시키는 화합물)를 결합한 형태다. 앞에서 소개한 것은 수많은 폭탄 중에 겨우 몇 개에 지나지 않는다. 화학 무기는 신경 가스, 머스터드 가스(둘 다 제1차 세계대전 때 독가스로 사용되던 화학물질이다.-옮긴이), 크로뮴, 텅스텐, 다른 독성물질이 폭발물에 장착되거나 경우에 따라서는 직접 살포되기도 한다. 화학 무기에는 제초제, 다이옥신, 백린, 네이팜탄 같은 소이 무기들도 포함된다. 생물 무기란 동물, 농작물, 인간을 쇠약하게 하거나 죽이기 위해 질병을 생산하고 유포하는 무기를 말한다. 이런 무기류는 모두 사전에 동물시험을 거치는데, 방법은 둘 중 하나다. 실험실에서 작정하고 하거나, 아니면 동물을 소개시킬 방법이 없거나 소개시킬 의지가 없는 가운데 시험 지역에 생물 무기가 터지거나 살포되었을 때 하거나.

석유는 고의로 '유출'하는 방식으로 무기로 이용해 왔다. 석유를 유출한 다음 불을 질러 물이나 지표면을 오염시키는 것이다. 그 밖의 환경적인 전쟁 수단으로는 늪지를 말리거나 삼림을 고사시키기, 물에 독 타기, 농경지나 자연 지역에 지뢰 매설하기 등이 쓰인다. 무섭게도 환경 변경 기술environmental modification, ENMOD에 대한 연구와 시험이나 기상 전쟁은 이미 1977년 제네바 협약에서 금지했는데도 불구하고 계속 진척되어 왔다(Chossudovsky, 2009).

'부차적 목표와 전쟁 지원 활동을 통한 환경전'은 아래와 같은 활동으로 구성된다.

- 화석연료를 대규모로 불태운다.
- 무기를 연구하고 생산한다.
- 수중 음파탐지기, 미사일, 폭탄 등을 시험한다.
- 사용된 탄약, 불발 병기, 화학물질, 방사성 폐기물을 바다에 버리거나 대기, 토양, 물로 새어 나가는 장소에 '보관'한다.
- 화학공장, 정유공장, 물 처리 시설, 전기 시설, 그외 산업 및 사회 기반 시설을 폭파한다.
- 군산 시설을 고의로 파괴한다.
- 군사기지를 건설한다.

이렇듯 광범위한 목록조차 군사주의와 전쟁의 직접적이고 부차적인 환경 파괴 행위를 전부 담아내지 못한다. 하지만 기록에 없어도 상상할 수 있듯이, 이 행위들이 결합하여 동물과 자연에 미치는 영향은 이루 말할 수 없는 단기적·장기적 폐해로, 다시 말하지만 '생물 절멸'로 귀결된다(Sanders, 2009, p. 88).

폭발물과 폭탄

모샤와 모탈라는 지뢰 폭발로 각각 다리를 하나씩 잃은 아시아코끼리인데, 둘의 이야기가 다큐멘터리로 제작되었다(Borman, 2012). 지뢰 폭발로 죽은 다른 코끼리, 동물들과 달리, 모샤와 모탈라는 '아시아코끼리의 친구들Friends of the Asian Elephant Hospital'이라는 세계 최초의 코끼리 병원에서 치료를 받고 목숨을 건졌다. 목숨은 건졌지만 우울증에 시달리며 관계맺기를 거부하는 등 이들의 삶은 한쪽 다리 절단과 반복된 수술을 겪으면서 불필요하게 축소되었다. 다행히 이 둘은 드문 사례이지만 의족이 제작되어 삶이 개선될 여지가 생겼다. 하지만 얼마 안 되는 드러난 자료로 추론해 보면, 수백만 마리의 동물들이 지뢰로 목숨을 잃거나 심각하게 부상을 입었을 가능성이 높다. 로버츠와 스튜어트(1998)는 이렇게 보도했다.

> 아프가니스탄, 보스니아, 캄보디아, 모잠비크의 지뢰에 대한 사회 경제적 비용에 관한 한 연구에서 5만 4,000마리가 넘는 동물이 지뢰 폭발로 희생되었다고 결론 맺는다. 제2차 세계대전 때 매설된 지뢰는 리비아에서 1940년부터 1980년 사이에 매년 3,000마리 이상의 동물을 죽였다(p. 36).

전쟁이 끝나고 나서 한참이 지난 후에도 무고한 희생자(동물과 민간인)를 불구로 만들고 죽일 수 있는 수억 개에 달하는 지뢰와 집속탄이 66개국이 넘는 곳에서 도사리고 있다(ICBL, 2011). "우리는 지뢰가 무고한 사람들을 죽이거나 심각하게 부상 입혔다는 얘기를 자주 듣지만 사실상 동물도 같은 운명에 시달린다. 매일 10배, 20배 더 많은 동물이 지뢰로 목숨을 잃거나 불구가 된다"(Looking-glass, 날짜 미상). 이따금 지뢰가 농경지에 매설되어 있어 사람들이 농사를 짓지 못할 때도 있다. 이런 경우에는 소나 양을 들판으로 내몰아 지뢰 제거 도구, 즉 전쟁 여파의 희생물로 쓰기도 한다.

보스니아 서부에서 미확인된 전언에 따르면, 산스키 모스트Sanski Most 주민들은 자신들만의 지뢰 제거 방법을 고안해 냈다. 일명 '양 지뢰 제거법'으로, 양을 위험 지역으로 내모는 단순한 방법이다. 양은 1980년에서 1989년 사이에 이란-이라크 전쟁에서도 지뢰 제거용으로 이용되었다(Robert and Stewart, 1998, p. 2).

크든 작든, 폭발탄explosive bombs은 즉각적인 공포와 죽음을 능가하는 충격과 대가를 톡톡히 받아낸다. 전쟁의 여타 폐해를 수반할 뿐 아니라 멀리 동떨어진 환경까지 오염시키기 때문에 개별 동물은 물론 개체군 전체의 생존과 삶의 질에도 영향을 미친다. 아프가니스탄 산악지대에 대한 다음 설명이 한 예다.

폭탄은 이 나라 야생동물의 생존을 위협한다. … 산에는 표범 같은 대형동물이 은신하고 있지만 이제 많은 야생동물의 서식지가 군대의 피난처로 이용되고 있다. 게다가 피난민들은 표범과 그외 대형동물을 사냥해서 안전하게 국경을 넘는 대가로 팔아넘긴다. 폭발물이 터져서 나오는 오염물질은 대기, 토양, 물로 흘러든다 (Enzler, 2006, p. 5).

화학 작용제와
소이 무기

●●●　　　　　　　　　　　동물에게 시험한 결과, 혈액·수포·신경·질식(또는 폐) 작용제와 같은 주요 화학 무기는 '인간에게 치명적'인 것으로 확인되었다. 그밖의 화학 작용제는 신체를 일시적으로 무력화시킨다(WILPF). 네이팜, 백린 같은 소이 무기는 누구의 피부든 피부에 닿는 순간 곧바로 피부를 불태우고 녹여 버린다. 제초제와 같은 화학약제는 '적군'이 숨어들 수 없도록 동물이 거주하는 숲, 밀림, 해안지대를 고사시킨다.

국제조약은 화학 무기를 금지하고 소이 무기를 금하거나 제한하지만, 실제로 이 무기들은 모두 개발된 이래 무수히 사용되어 왔다. 가장 최근에는 미국이 이라크 팔루자에서 그리고 추정컨대 아프가니스탄에서도 사용했다(Hambling, 2009). 이런 화학 무기가 전시와 전후에 동물에게 미치는 직접적 영향에 대해서는 알려진 바가 거의 없지만, 토양과 수질 오염, 여러 동물의 개체수 감소에 관한 몇몇 추정은 동물이 실제로 경험하는 고통과 손실에 관해 제한적으로나마 짐작하게 한다.

베트남, 라오스, 캄보디아

고엽제(제초제), 폭탄, 집속탄, 네이팜, 지뢰가 인도차이나 국가들의 삼림과 야생동물을 어떻게 파괴했는지에 관해서는 미미하지만 평가가 이뤄져 왔다. '베트남에서는 막대한 면적의 숲을 고사시키기 위해' 사용된 고엽제, 즉 에이전트 오렌지Agent Orange 2000만 갤런이 "수많은 서식 동물을 죽이고, 부상 입히고, 쫓아냈다"(Loretz, 1991, p. 1). 한 자료는 이렇게 기록한다.

에이전트 오렌지 살포로 남베트남 식물계가 입은 손상은 오늘날까지도 눈으로 확인된다. 피해가 가장 극심한 곳은 해안 지역의 맹그로브 숲(열대림과 관목들)이다. 살포 이후 이 숲은 불모의 땅이되었고 해안지대도 심각하게 풍화되었다. 바닷새의 수가 격감했으며, 맹그로브 숲 아래 수로망이 사라지면서 물고기도 중요한 번식지를 빼앗겼다. 이 숲이 이전 상태로 완전히 회복되기까지는 최소 100년이 걸릴 것으로 추정된다. … 풍요롭고 다채로운 열대림이 사라지면서 동물의 서식지도 사라졌다. 그 결과, 고엽제 살포지역에 살던 조류와 포유류의 수도 극적으로 줄어들었다. 멧돼지,야생염소, 물소, 호랑이, 다양한 종의 사슴은 숲의 초목과 식량 자원이 사라지자마자 눈에 덜 띄기 시작했다. 물소, 제부(아시아황소),돼지, 닭, 오리 같은 가축도 에이전트 오렌지 살포 이후 병들었다고 보고된다(Science Clarified, 날짜 미상).

비소 파생물인 에이전트 블루Agent Blue는 농작물을 파괴하는 데 이용되었다. 50년이 지난 후에 이 무기들이 동물에게 어떤 파괴적인 영향을미쳤는지는 온전히 파악하기 불가능하지만 강 유역과 초목이 입은 피해와 구석구석 스며 있는 다이옥신의 존재는 담수동물에게서 분명하게 드러나고 있다(King, 2006).

하와이와 미국 해안, 대서양과 태평양

1944년부터 1970년까지 수십만 톤의 화학 무기와 방사성 폐기물이 대서양과 태평양 주변 대략 30곳에 버려졌다. 때로는 이 폐기물을 확실히 가라앉히기 위해 컨테이너에 구멍을 뚫기도 했다. 화학약제인 머스터드, 루이사이트, 사린, 타분이 함유된 폭탄이 바다 밑에서 부식되면서 이 물질들이 대양으로 흘러들었다. 최근 들어서야 이 화학 무기에 관한 연구인 '하와이 해저 군수품 평가'가 시작되었다(Branan, 2009. 1. 27).

가자 지구

국제 조직과 인권 단체들은 이스라엘이 2009년에 가자 지구에서 자행한 것으로 추정되는 전쟁 범죄를 수사하고 있다. 특히, 불법적으로 백린탄과 고밀도 금속폭탄DIME을 사용했는지 여부에 초점을 맞추고 있다. 텅스텐이 함유된 고밀도 금속폭탄은 파편이 박힌 지점이 전혀 눈에 띄지 않는데도 사지를 자르고 내장을 파열시킨다. 또한 텅스텐은 '극단적인 발암물질로, 장기적으로 공격적인 암을 유발'할 수 있다(Cunningham, 2009). 아직까지 동물 피해에 관한 보고는 없지만, 동물 역시 이 끔찍한 무기로부터 피해를 입고 있다는 것은 하나마나 한 소리다.

필리핀과 태평양의 섬들 : 웨이크섬, 존스턴 환초, 괌 등

많은 태평양의 섬들은 화학 무기와 방사능 무기에 심각하게 오염되어 있다. 원인은 이렇다.

• 대기권 내 핵실험으로 터뜨린 핵폭탄 때문에

- 전 세계에서 실어온 화학 무기와 군사 폐기물이 저장되어 있기 때문에
- 군사기지에서 폐기물을 버려 주변 토양이 오염되었기 때문에
- 불발 병기를 처분했기 때문에
- 존스턴섬 화학작용제 처리장에서 화학 무기를 소각했기 때문에

이런 활동으로부터 나오는 오염물질의 범위는 어마어마하다. 폴리염화비페닐(PCBs), 에이전트 오렌지(다이옥신), 포스진 가스, 머스터드 가스, 살충제와 농약, 수은, 비소, 납, 알드린, 디엘드린, 톨루엔, 벤젠, 메틸에틸케톤, 자일렌, 트라이클로로에틸렌, 플루토늄을 비롯한 고준위 방사성 폐기물에 이르기까지. 모두 지극히 위험하고 유독한 물질이다(Nautilus Institute for Security and Sustainability, 2005).

이 민감한 섬 서식지에는 매우 다양한 육지동물과 새, 해양생물이 살고 있고, 이중 일부는 멸종위기에 처해 있다. 그런데도 이 섬을 처리장으로 계속 이용하면서 전쟁에 쓰기 위해 양산해 낸 매우 위험한 오염물질로 공기와 토양, 해양, 담수를 더럽히고 있다. 폐기물 중 상당수는 지속적으로 흘러나오는데, 오염원과 접촉하는 수백만 마리의 동물이 어떤 피해를 입는지에 대해서는 아무런 평가 기준이 없다. 사실, 이 참혹한 파괴를 은폐하기 위한 시도로 이 섬 중 몇몇은 조류 또는 야생동물 보호구역으로 지정되었다.

새와 물고기의 떼죽음

2010년이 저무는 마지막 날, 미국 아칸소 주에서 5,000마리의 붉은날

개찌르레기red wing blackbird와 8만 3,000마리의 드럼피시drumfish(민어과의 일종-옮긴이)가 떼죽음을 당하고, 며칠 뒤에는 루이지애나에서 새 500마리가 몰살된 것으로 밝혀졌다(Brean, 2011). 아칸소 주의 야생동물 및 어류포획 관리위원회Game and Fish Commission는 "새들이 격심한 신체적 외상에 시달리다 내출혈과 죽음에 이르렀다. 만성이나 전염성 질병의 증상은 나타나지 않았다."고 밝혔다(MSNBC, 2011). 수개월이 지난 뒤에도 동물들의 떼죽음에 대한 공식 해명은 발표되지 않았고 납득할 만한 원인도 밝혀지지 않았다. 증거를 찾아내기는 대단히 어렵지만, 비윤리적 비밀병기 프로그램의 유구한 역사를 고려해 볼 때 이런 현상이 화학 무기나 스칼라(날씨) 무기와 관련이 있다는 의심을 떨칠 수가 없다.

방사능 무기와 시험

방사능 무기는 제2차 세계대전 때 미국, 영국, 캐나다에 의해 개발되어 1945년 7월에 미국 뉴멕시코에서 최초의 핵실험이 단행되었다. 그 직후인 1945년 8월, 미국은 일본에 원자폭탄 두 개를 떨어뜨렸다. 물론 일본에 투하된 두 개의 폭탄이나, 1945년부터 2008년 사이에 2,000회 넘게 시행된 대기권 내 핵실험과 지하 핵실험이 동물에게 즉각적·장기적 영향을 미쳤다는 사실에 대해서는 거의 아무런 우려도 표명된 적이 없다(United Nations, 날짜 미상). 하지만 공기, 토양, 물을 더럽힌 유해한 오염은 앞으로 수 년, 수십 년, 수천 년, 어쩌면 그 이상 지속될지도 모른다. 독자적인 방사능 무기 계획을 추진하던 미국은 1968년, 잠재적인 생물 절멸 효과를 지닌 열화우라늄을 개발해 사용하기 시작했다(Lendman, 2006).

심각한 오염 지역에 사는 동물에 관한 장기적인 조사와 연구가 이루어지지 않은 상황에서 우리는 방사능 무기의 시험과 사용에 관한 자료에서 적은 양의 증거를 찾아 동물에게 가해지는 영향의 극히 일부를 추론해 낼 수 있었다.

네바다 핵 실험장

대기권 내 핵실험과 지하 핵실험 장소로 가장 많이 이용된 곳은 라스베이거스 북서쪽에 있는 사막 지역, 즉 네바다다. 사람들은 그곳을 황량한 불모지로 여기지만 핵실험 이전에 살았던 동물에 대한 묘사를 보면 전혀 다른 그림이 그려진다.

> 네바다 핵 실험장은 190종이 넘는 조류의 터전이었는데, 그중에는 띄엄띄엄 있는 샘물 근처, 빗물이 고여 일시적으로 형성된 호수 근처에 살던 물새도 있었다. 또 도마뱀 14종, 뱀 17종, 거미 97종, 박쥐 4종, 육상 포유류 42종, 거북 1종이 핵실험 개시 이전까지 살았다. 이렇듯 엄청나게 다양한 동식물이 살았던 네바다는 지역의 파괴가 그 땅의 작은 생태계를 얼마나 철저하게 망가뜨리는지 여실히 보여 주었다(Cherrix, 2008, p. 1).

헬리콥터에서 폭발 지점을 관찰하던 한 목격자는 당시를 이렇게 증언했다. "모래가 말이죠, 모래가 마치 유리처럼 녹아 버렸어요. … 풀이고 목초고, 나무가 있으면 나무까지도 전부 불에 탔고요. 그곳을 지나던 토끼들한테도 불이 붙었어요"(Gallagher, 1993, p. 5).

200회가 넘는 대기권 내 핵실험과 800회의 지하 핵실험이 이 지역에서 시행되었다. 대기권 내 실험은 1963년에 핵실험금지조약이 체결되면서 중단되었지만, 지하 핵실험은 1992년까지 계속되다가 "다량의 방사능에 노출될 경우 동물뿐 아니라 인간에게도 암과 선천적 기형이 유발된다는 사실이 알려진 뒤"에야 중단되었다(Cherrix, 2008, p. 2).

섬 핵실험장

대기권 내 핵실험은 애니웨톡 환초atoll(고리 모양으로 배열된 산호초), 비키니 환초(마셜제도), 존스턴 환초, 크리스마스섬(키리바시)과 같이 생태계가 취약한 섬에서 시행되었고, 지하 핵실험은 최대 규모를 포함해 세 차례에 걸쳐 알래스카 암치카Amchitka섬에서 시행되었다. 이 실험들이 동물에게 미친 영향에 대해서는 마셜제도 내 다른 지역에 사는 동물들과 2002년에 한 연구팀이 비키니 환초를 방문해 확인한 실태를 비교해 보면 불충분하지만 짐작할 수 있다. 비키니 환초 연구 방문에서는 산호에 대해서만 언급했다.

> 마셜제도는 다종다양한 산호의 고향이다. ⋯ 아르노 환초에 180종⋯ 마주로 환초에⋯ 156종⋯ 그리고 전 세계 5종의 바다거북이 모두 이곳 마셜제도에서 발견된다. ⋯ 무려 27종의 고래, 돌고래, 쇠돌고래porpoise가 살고⋯ 250종이 넘는 자리돔과 물고기reef fish가 산다. ⋯ 31종의 바닷새를 포함하여⋯ 70종의 새가 발견되고⋯ 그중에서 15종이 여기서 번식한다. ⋯ 폴리네시아쥐는 유일한 포유류다. ⋯ 7종의 도마뱀과 1종의 장님뱀⋯ 수많은 종의 곤충, 거

미, 참게, 야자집게도 눈에 띈다. 멸종위기 종으로는 대왕고래, 향유고래, 미크로네시아비둘기, 장수거북, 대모거북 등이 여기서 서식한다(Maps of World, 날짜 미상).

2002년에 연구팀이 비키니섬을 방문했을 때, 브라보 핵실험(비키니 환초 일대에서 이뤄진 70여 차례의 핵실험은 히로시마 원폭의 7,000배 위력으로 비키니 환초 일대의 지질학적 환경에 큰 영향을 끼쳤다)이 남긴 분화구 속에서 산호 종의 70퍼센트가 발견되었지만 "연구팀은 비키니에서 살던 28종의 예민한 산호들의 흔적은 찾지 못했다"(Dance, 2008, p. 1). 토양과 식물은 오염된 채 남아 있었다.

미 해군이 태평양 연안에서 실시하는 전투 훈련과 무기 실험

환경 파괴에 대한 수많은 문제제기에도 불구하고 미국 국립해양대기청NOAA은 2010년 11월, 미 해군에게 태평양 해안지대 인근에서 전투 훈련을 실시하도록 허가했다. 이 훈련에는 미사일 실험, 수중 음파탐지 실험, 수중 훈련용 기뢰 매설을 비롯해 열화우라늄, 크로뮴, 시안화물과 같은 유독성 방사성 폐기물 투기 작업도 들어 있었다(Hotakainen, 2010; Van Strum, 2010).

일반 대중에게 배포되는 자료에는 동물에게 미치는 영향이 '손실'이라는 완곡어법을 통해 최소화되어 설명된다.

해군은 매년 동물 230만 마리가 손실되며(이는 해양 포유류의 먹이사냥과 번식을 포함해 그외 기본적인 활동이 크게 붕괴된다는 뜻이다), 허가받은 총 5년의 기한 동안 1170만 마리가 손실된다고 예상한다. …
'손실'은 죽이거나 불구로 만드는 데 대한 합법적 완곡어법이다
(Van Strum, 2010).

야생동물과 환경 관련 단체들은 특히 수중 음파탐지 장치가 퓨젓사운드Puget Sound(미국 워싱턴 주 북서부에 위치한 만.-옮긴이)에 사는 범고래 떼에게 미치는 영향에 대해 우려한다.

열화우라늄

열화우라늄 무기는 철갑을 뚫을 수 있는 고밀도 무기를 생산하기 위해 고준위 방사성 폐기물에서 추출한 원료를 사용한다. 국제금지협약에 정확히 명기되어 있지는 않지만, 이 무기는 몇 가지 국제 문서에 의거해 살펴보면 불법이다. 다음 네 가지 합법성 테스트를 통과하지 못하기 때문이다.

- 일시성 테스트 : 무기는 전투가 끝난 뒤에도 지속적으로 영향을 미쳐서는 안 된다.
- 환경 테스트 : 무기는 환경에 지나치게 해가 되어서는 안 된다.
- 영역 테스트 : 무기는 전쟁터 밖에까지 영향을 미쳐서는 안 된다.
- 인도성 테스트 : 무기는 비인도적으로 살상해서는 안 된다(Moret, 2003, p. 3).

열화우라늄은 현재 미국이 제조하는 대부분의 무기는 아니어도 상당

한 무기의 구성 성분이다(Sanders, 2009). 폭탄, 미사일, 총알, 탱크, 대인 살상용 병기, 일부 지뢰에도 열화우라늄이 들어 간다(International Coalition to Ban Uranium Weapons, 날짜 미상). 열화우라늄 무기가 사용되면 미세한 먼지 입자가 나와 대기, 토양, 물을 오염시킬 뿐 아니라 먹이사슬로도 흘러들어 간다. 이 입자는 기상에 따라 널리 확산될 수 있고, '정화'가 사실상 불가능하다. 열화우라늄 무기는 불법인데도 불구하고 이스라엘이 1973년 제4차 중동전쟁Yom Kippur war에서 사용했고, 미국이 1991년 걸프전에서, 1990년대 유고슬라비아에서, 2000년대 이라크(와 필경 아프가니스탄)에서도 사용했다(Lendman, 2006, p. 5)

이 무기가 인간에게 미치는 장기적인 효과조차 거의 연구가 이뤄지지 않았지만 걸프전 참전군인과 중동 지역 민간인 피해자들로부터 나오는 정보는 암울하기 짝이 없다. 암 발병률 증가, 심각한 선천성 기형, 온갖 극심한 신체장애 등이 참전군인들에게서 가장 흔하게 발견되는 '걸프전 증후군'이다. 열화우라늄은 "방사성 위험물질이며… 신장독소, 신경독소, 면역독소, 돌연변이 유발 요인, 발암물질, 기형 유발물질"이다(ICBUW, p. 4). 제1차 걸프전에서 미군이 부상 당하거나 전사한 사례는 극히 적었지만 그뒤로 수천 명이 사망했고 지금까지 수십만 명이 장애를 앓고 있다. 알려진 대로라면 화학 무기, 생물 무기, 방사능 무기에 노출된 것이 원인이다. 사정이 이런데 열화우라늄에 노출된 동물은 인간만큼 끔찍한 건강이상을 겪지 않으리라고 믿을 이유가 없다. 사정이 이런데도 이를 조사한 논문은 이라크와 알제리에서 열화우라늄에 노출된 낙타가 비오염 지역에 사는 건강한 낙타와 비교했을 때 혈액검사에서 심각한 변화가 일어났음을 보여 주는 논문(Alaboudi) 단 한 편뿐이다. 이렇듯 연구가 이뤄지지 않고 있는 상황 속에서 동물들이 주변 환경과 물, 먹이를 통해 열화우라늄에 한 번 또는 지속적으로 노출되어 인간과 유사하게 고통을 겪고, 죽어 가고, 심각한 선천성 기형을 가지고 태어나는 자손을 보고 있다고 여기는 것이 타당할 것이다.

생물전과
곤충전

●●● 생물전은 "세균, 리케차rickettsiae(발진티푸스 등의 병원체), 바이러스, 독소, 진균을 이용해 적대적 목적으로… 인간, 동물, 식물 사이에 고의로 질병을 퍼뜨리는 행위"다(Biological and Toxin Weapons Convention, 2008). 이 은밀한 '연구'는 대부분 동물이나 곤충(곤충전)을 이용한다. 역사적으로 많은 인간(과 국가)들이 이 사악한 전쟁을 실행해 왔다. 미국에서 자국민을 상대로 생물 무기를 실험하거나, 인종차별주의적 질병 연구를 하거나, 안전규칙을 심각하게 위반하거나, 이제껏 한 번도 본 적 없는 신종 질병이 발생한 사실이 폭로되면 미국 생물 무기 실험은 추악한 명성을 얻는 데 그친다. 하지만 동물은 대단히 파괴적이고 광범위하며 먼 미래까지 재앙이 될 수 있는 장기적인 피해를 입는다. 몇몇 사례는 이런 위험한 시도에 동물들이 질병과 죽음을 겪었음을 조금은 감지하게 해 준다.

라임병

결정적으로 입증되지는 않았지만, 여러 증거는 1950년대에 설립된 플럼 아일랜드 동물질병센터Plum Island Animal Disease Center, PIADC가 라임병 Lyme disease을 미국의 동물과 인간에게 전파한 최초의 진원지임을 가리킨다(Carroll, 2004).

1975년, 플럼 아일랜드 동물질병센터는 론스타진드기(1975년 이전에는 텍사스 이외 지역에서는 발견된 적이 없었다)를 비롯한 '참진드기'에게 생바이러스를 주입하기 시작한다. 론스타진드기는 라임병의 유발 요인인 보렐리아 부르그도르페리Borrelia burgdorferi 균의 매개체다. 라임병에 걸린 최초의 인간 환자는 코네티컷에서 발생한 것으로 보고된다. 현재의 역학조사는 미국 내 모든 라임병 사례의 진원지가 플럼 아일랜드라는 사실을 결정적으로 보여 준다(Burghardt, 2009, pp. 4~5).

1975년부터 셀 수 없이 많은 개, 고양이, 말, 소, 염소 등의 동물이 라임병과 관련된 심장, 신장, 간, 눈, 신경기관 문제, 발열, 절뚝거림, 무기력, 식욕부진, 관절부종, 생식력 저하, 유산, 만성 진행성 관절염에 시달리고 있다(Miller, 날짜 미상).

웨스트 나일 바이러스

플럼 아일랜드 동물질병센터는 미국의 동물과 인간에게 웨스트 나일 바이러스West Nile virus(뇌에 치명적인 손상을 입히는 뇌염의 일종.-옮긴이)를 퍼뜨렸다는 혐의도 받고 있다(Carroll, 2004).

웨스트 나일 바이러스는 모기 매개 병원균으로, 북아메리카에서는 발생한 적이 없다가 1999년 8월, 최초로 인간 환자 네 명이 롱 아일랜드에서 진단을 받았다. 플럼 아일랜드 동물질병센터 바로 반대편, 서쪽으로 약 8킬로미터 반경 내에 위치한 말 농장들의 말들이 격렬한 발작을 일으키다가 죽어 간다는 신고가 들어왔다. 한 조사는 이 작고 외딴 지역에서 전체 말의 25퍼센트가 웨스트 나일에 양성반응을 보인다는 것을 밝혀냈다(Burghardt, 2009, p. 5).

그외 다른 생물 무기는 돼지, 양 등의 동물에게 살포되어 동물을 '사육하는' 인간에게 피해를 입히는 수단으로 이용되었을 공산이 크다. 하지만 이런 사건에 대한 증거가 아직까지는 결정적이지 않다.

환경변경 무기(또는 날씨 전쟁)

미국과 소련 양국의 합의로 1977년 제네바 협약에서 체결된 환경변경기술 사용금지협약에 의해 금지되었는데도 불구하고, 날씨 조작 전쟁에 관한 연구, 실험, 이용은 미국에서 조금도 수그러들지 않고 있다. 알래스카 개코나에 기지를 두고 있는 '고주파 오로라 활동 연구 프로그램 하프 High-Frequency Active Auroral Research Program, HAARP'는 전리층을 가열해 전기와 통신을 교란하거나 무방비 상태의 지역을 대상으로 심각한 기후 패턴을 만들어 내는 등 비도덕적 다양한 목표를 달성할 역량을 갖추고 있다 (Chossudovsky, 2009).

《천사는 이런 하프HAARP를 연주하지 않는다》의 공저자인 니콜라스 베기치Nicholas Begich 박사는 하프를 이렇게 설명한다. "초강력 전파 빔을 전리층에 발사해 열을 가함으로써 전리층을 들어올리는 기술이다. 이렇게 하면 전자기파가 지구 표면으로 되튀어 오면서 모든 것을, 살았든 죽었든 모든 것을 꿰뚫어 버린다." 하프는 전 세계 통신 시스템을 마비시키고, 넓은 지역에 걸쳐 기후 패턴을 변화시키며, 야생동물 이주 패턴에 개입하고, 인간의 건강에 악영향을 미칠 수 있다. 또한 특정 지역을 대상으로 홍수, 가뭄, 허리케인, 지진을 촉발할 수도 있다. 군에서 작성한 보고서인 〈에어포스Air Force 2025〉는 2025년까지 미군이 "날씨를 소유할 수 있다."고 주장한다(Gilbert, 2004, pp. 1~2).

분명한 것은 환경변경 무기가 '야생동물 이주 패턴'보다 훨씬 심각한 무엇에 개입하는, 지구상의 동물과 모든 생명을 위태롭게 하는 최고의 위협 중 하나임을 고려해야 한다는 사실이다. 동물은 이미 이 전쟁의 영향 또는 여파 아래서 살거나 죽어 가고 있는지도 모른다. 이 같은 군사 과학기술은 대단히 비밀스럽게 진행되는 까닭에 국내법이나 국제법의 명령이나 제재를 피해서 몰래 이용될 수 있다.

전쟁이 특정 동물 집단에게 미치는 영향은 무엇인가?

●●● 　　　　전쟁 속에서는 특정 동물 집단이 특별한 피해를 경험할 수도 있다. 다양한 방식으로 인간의 통제를 받는 동물은 인간과의 고유한 관계나 '이용당하는 방식' 때문에 독특한 문제를 경험할 수 있다. 반면, 야생동물이나 인간에게 직접적으로 통제받지 않는 동물은 환경 파괴나 오염, 밀렵, 서식지와 식량 자원 위협 등과 관련

된 문제들을 경험할 수 있다. 이미 벼랑 끝으로 내몰린 멸종위기 종의 경우에는 생물다양성 집중 지역에서, 군사기지 근방에서, 무기 실험장에서 국부적인 멸종을 경험할 것이다. 따라서 '부수적 피해'의 또 다른 축이 된다. 수년이 지날 때까지 거의 눈에 띄지도 않고 진행되겠지만 말이다. 앞에서 특정 무기류를 설명하면서 일부 동물에게 미치는 영향에 대해 알아보았다면, 여기서는 총체적인 전쟁 상황이 특정 동물 집단에게 불러일으키는 중대한 문제에 대해 살펴본다.

인간의 통제를 받는 동물

특정 방식으로 인간의 통제를 받는 동물은 전쟁이 미치는 즉각적인 영향을 넘어서서 전쟁이 끝나고 난 뒤에도 다치고 학대받고 쫓겨나고 유기되고 약탈되고 잡아먹히고 도살될 수 있다. 동물의 욕구가 조금이라도 고려된다 해도 노역동물이나 농장동물처럼 인간에게 당장 어떤 쓸모가 있는지가 제일 중요하다.

반려동물

인간 가족과 함께 죽임을 당하거나 부상당하지 않더라도 반려동물이 유기되거나 쫓겨나거나 인간 가족이 난민이 될 경우 버려지는 일은 드물지 않다. 이런 동물들의 미래는 낙관적이지 않다. '각자도생' 해야 할 처지로 떠밀린 동물들은 대개 전쟁으로 황폐해진 지역이나 열악한 난민 야영지 주변을 배회하는 길거리 동물이 된다. 더러는 아무 소용도 없는 잔인한 박멸 정책의 표적이 되기도 한다. 이라크는 증가하는 도시 유기견의 수를 억제한다는 명목으로 사살하거나 독살하는 방법에 의존하고 있다(Dearing, 2010). 이런 정책은 비인도적일 뿐 아니라 성공적인 결과를 도출하지도 못한다.

노역동물

인간을 위해 일해야 하는 동물의 운명은 전쟁 이후에 극적으로 악화된다. 일부 동물은 인간이 집을 잃고 피난을 떠날 때 무거운 짐을 지고 장거리 이동을 해야 한다. 아프가니스탄인들은 국경을 넘어 탈출할 때 집안 살림을 당나귀와 말을 이용해 실어 나르는데, "이 동물들은 대개 흉측하게 비쩍 마른 데다, 이동 중에 등짐에 쓸려 생긴 물집이나 안장에 의해 생긴 상처가 치료도 되지 않은 채 방치되어 있다"(Amiel, 2009). 또한 모진 강압에 시달리면서도 물과 식량을 거의 또는 전혀 제공받지 못해서 이 동물들이 미래에 살아남을 가능성은 인간 '주인들'의 운명과 함께 현저하게 낮다.

동물은 수 세기 동안 군대에 끌려가 일해 왔다. 하지만 어떤 작전이나 전쟁이 끝난 뒤 버려지거나 도살당하는 것은 드문 일이 아니다. 베를린 장벽이 무너진 뒤에 장벽을 지키는 데 이용되었던 7,000마리의 오브차카(러시아산 견종) 개들은 대부분 사살되었다. 탈주자들을 공격하도록 훈련받은 데다가 서베를린 주민들이 이 개들을 무서워했기 때문이다 (Amiel, 2009). 미군이 베트남에서 이용했던 개들도 대부분 유기되거나 뒤에 남겨졌다. 그렇지 않은 경우라 해도 이들의 미래는 불투명하다. "수년 간 전쟁에 동원되고 자주 파견되었던" 군견 가운데 전쟁 지역에서 미국으로 돌아온 개 중 일부는 '개 외상후스트레스장애' 진단을 받고 참전 군인들과 유사한 증상을 겪고 있다(Tan, 2010, p. 1).

동물원에 갇힌 동물

동물원 동물은 전쟁이 끝난 뒤에 특히 생존에 취약하다. '정상적인' 상황에서도 감옥 같은 열악한 환경 속에 갇혀서 지내기 때문에 기본적인 욕구가 철저히 인간 '관리자들'의 손에 달려 있고 '각자도생' 하기 위해 탈출할 수조차 없기 때문이다. 동물원 직원들은 대부분 전쟁 통에 살해되거나 다른 곳으로 떠나거나 노동에 대한 보수를 받지 못한다. 따라서 동물들은 방치되고, 약탈되고, 잡아먹히고, 그도 아니면 버려진 채 굶어 죽는다(Curry, 2003).

농장동물

앞에서도 언급했듯이, 농장동물은 전쟁 와중에 죽지 않으면 극심한 위협에 시달릴 공산이 크다. '주인'이나 밀렵꾼에게 잡아먹히고, 장거리를 이동하거나 화학, 생물, 방사능, 폭발성 무기로 인한 오염과 쇠약에 시달리거나, 농경지에 매설된 지뢰를 제거하는 등 위험한 전쟁 관련 활동에 이용되다가 장애를 입거나 죽는다.

야생동물

'야생'에 사는 동물은 군사 작전과 전쟁의 여파로 공동체, 가족, 보금자리, 식량, 물 공급원, 생활 패턴, 목숨까지 잃기 십상이다. 더욱이 수년간 전쟁이 지속되는 경우 난민에 의한 서식지 파괴, 가죽이나 고기를 노린 밀렵, 유독성 무기로 인한 질병, 고의적인 수질 오염, 불발탄 사고 등이 초래된다. 이런 문제는 대개 개별 동물, 개체군, 나아가 종 자체에 장기적인 피해를 입힌다. 아프가니스탄에서 벌어진 장기 전쟁에 주목하면서 미아 맥도널드(Mia MacDonald, 2002)는 이렇게 주장했다.

> 아프가니스탄의 야생동물과 그들의 서식지가 입은 폭격에 대한
> 피해 평가는 아직 시작조차 하지 못했지만 아마 상당할 것이다.
> 이 나라는 눈표범, 아이벡스(산악 지방에 서식하는 야생염소.-옮긴이),
> 곰, 늑대, 여우, 하이에나, 자칼 등 100종이 넘는 포유류의 고향이
> 지만, 이중 상당수가 최근 전투가 벌어지기 훨씬 전부터 이미 심
> 각한 멸종위기에 처했다(p. 3).

'테러와의 전쟁'이 산을 공격 대상으로 삼는 까닭에 이 동물들의 서
식지는 다른 지역에 비해 훨씬 심하게 영향을 받는다. 실제로, 아프가니
스탄 환경보호청은 2005년에 33종의 멸종위기 종을 발표하면서 2009
년 말까지 그 숫자가 80종 이상으로 불어날 것이라고 내다봤다(Frank,
2010).

새의 이동도 유의미한 영향을 받았다. 엔즐러(Enzler, 2006, p. 4)는 이
렇게 기록했다. "세계에서 중요한 철새 이동 경로 중 하나가 아프가니
스탄을 통과한다. 이 경로로 날아가는 새의 숫자는 현재 85퍼센트로 떨
어졌다." 멸종위기에 처한 시베리아흰두루미도 이동에 지장을 받았는
데 "그뒤로 개체군 전체가 아프가니스탄과 파키스탄 전역에서 사라졌
다"(looking-glass, 날짜 미상, p. 3).

전쟁 중에는 정부와 법집행기관이 부패하거나 부재하는 경우가 흔하
다. 이렇듯 체계가 무너지면 동물 살상과 서식지 파괴가 더욱 기승을 부
린다. 다음 사례를 보자.

모잠비크는 최근 무력 충돌의 영향으로 자연자원의 토대가 심각하게 훼손되었다. 야생동물, 특히 대형 포유류는 이 나라 여러 지역의 보호구역 안팎에서 대량으로 살상되었고 일부 보호구역에서는 사회 기반 시설이 파괴되었다. 전쟁 직후에는 거의 아무 규제 없이 (그리고 종종 불법으로) 야생동물과 삼림자원이 포획되고 채취된다(Hatton, Couto, and Oglethorpe, 2001, p. 11).

해양동물은 침몰된 군함에서 새어나오는 기름, 화학물질 투기, 수중 핵실험에 특히 영향을 많이 받고, 그중에서도 고래는 해군의 수중 음파 탐지 때문에 죽거나 육지로 올라와 집단 폐사한다. 바다 근처에서 전쟁이 벌어지면 물고기가 특별히 공격 대상이 되기도 한다. 소말리아 내전 때문에 식량이 부족해지자 국제적십자가 물고기 섭취를 장려했다. 그러자 어부들은 남획금지 등의 국제어업협정을 무시하고 물고기를 마구 잡아서 씨를 말렸다. 이를 문제 삼자 어부들은 총을 메고 다니며 '어업은 재산권'이라고 주장하기 시작했다(Enzler, 2006). 소말리아 연안의 생태계는 인간이 벌인 전쟁 때문에 전쟁이 끝난 지 한참 지났는데도 여전히 고통받고 있다.

멸종위기 동물과 멸종

●●●　　　　　　　　전쟁이 동물에게 미치는 영향은 지구

가 인간에 의해 초래된 멸종위기, 즉 여섯 번째 대멸종으로 빠르게 치닫고 있다는 사실과 따로 떼어서 생각할 수 없다(Ulansey, 2010).

전쟁의 주된 동기로 경제적 착취와 자연자원 추출 사이의 상관관계를 강조하면서 제임스 샴보James Shambaugh 외 저자들은 무력 충돌이 벌어지는 순간 어떤 악순환이 형성되는지 밝혀냈다.

> 무력 충돌 때문에 생물다양성과 자연자원의 토대가 고갈되고, 그에 따라 평화 유지의 기회가 낮아질 뿐 아니라 그 지역의 장기 거주자, 즉 인간의 지속 가능한 생활도 더 어려워진다. 충돌 자체는 다른 이유들 때문에 시작될지 몰라도 자원 고갈과 환경 파괴가 지역을 악순환에 빠뜨릴 위험이 있다. 빈곤이 심화되면 정치가 점점 더 불안정해지고, 정치가 불안정해질수록 무력 충돌이 더욱 빈번해진다. 무력 충돌은 환경 훼손을 심화시켜 결국 더 극심한 빈곤으로 이어진다(Shambaugh et al, 2001, p. 10).

전쟁이 나면 글로벌 기업과 특권층은 더 부유해지는 반면, 극심한 빈곤, 불평등, 착취를 당하는 인간 피해자들은 절망적인 상태가 되고, 이것이 장기적 고통, 개별 생물(동물과 인간)의 죽음, 개체군(동물과 인간)의 절멸, 전체 동물 종의 멸종에 힘을 보탠다. 더욱이 전쟁에 뒤이은 혼돈과 체제 분열 속에서 난민, 참전군인, 빈곤으로 떨어진 사람들은 그들 자신의 절망 때문에 동물의 삶을 더욱 무자비하게 유린한다. 이어지는 다양한 사례는 이 문제의 심각성 정도와 복잡성을 엿보게 해 준다.

- 르완다 : 원래 아카게라 국립공원에 속했던 지역의 3분의 2가 보호구역의 지위를 박탈당하면서 그 자리를 수많은 난민과 가축이 차지했다. 그 결과, 론영양과… 일런드(아프리카산 대형 영양-옮긴이)를 비롯해 일부 유제류(소, 말처럼 발굽이 있는 동물)가 그 지역에서 사실상 멸종되었다(Shambaugh et al., 2001). 또한 마쿠라 삼림보호구역의 조류 고유종들은 현재 '생존할 수 없는' 상태로 파악되고 있다(Hanson et al., 2009). 반면, 동부마운틴고릴라eastern mountain gorilla는 서식지가 손상되었는데도 전쟁 중에 개체수가 증가했다(Clarke, 2007).

- 스리랑카 : 10만 에이커(약 1억 2,000평)에 달하는 전쟁 지역의 밀림은 아직 지뢰로 벌집이 되어 있는데도 불구하고 야생동물, 특별히 코끼리를 위한 보호구역으로 지정되었다. 코끼리들은 전쟁과 벌채로 서식지가 파괴되자 먹이를 찾아 자주 마을에 출몰해 왔다. 한 세기 전만 해도 1만 마리에서 1만 5,000마리의 코끼리가 살던 이 지역에 현재는 겨우 3,000마리만 남았다(Mallawarachi, 2010).

- 콩고민주공화국 : 국제보존협회Conservation International는 전쟁 이후 10년 만에 "동부로랜드고릴라eastern lowland gorilla의 수가 무려 70퍼센트나 줄어들었다."고 보고했다(Clarke, 2007).

- 레바논 : 멸종위기에 처한 바다거북 새끼들이 '높은 사망률'을 보이고 있고, 참다랑어 역시 레바논의 한 발전소가 이스라엘 전투기의 폭격을 받아 바다로 기름이 유출되면서 심각한 피해를 입고 있는 것으로 추정된다는 예측이 나오고 있다(Milstein, 2006). 그러나 바다거북과 참다랑어의 상태에 관한 최신 연구는 없다. 즉각적인

위기가 사라지면 멸종위기에 처한 동물들의 곤경 또한 다시 한 번 비가시화된다.

- 우간다 : 30년에 걸친 내전 끝에 사바나코끼리와 흑멧돼지 같은 대형동물이 이 지역에서 멸종되거나 그 수가 현저히 줄었고, 이에 따라 유전적 다양성이 약화되었다. 또한 "유전적 침식의 결과로 변화하는 환경에 적응하고 진화하는 종의 능력"이 손상을 입었다(Muwanika and Nyakaana, 2005, p. 107).

- 모하비 사막 : 동물은 전쟁 자체만이 아니라 전쟁 준비기에도 심각한 피해를 입는다. 이전에 미 육군은 절멸 위협을 받는 캘리포니아사막거북 600마리를 타 지역으로 옮겨 252마리의 죽음을 초래했는데, 2011년과 2012년 사이에 모하비 사막에서 훈련 범위를 확대하기 위해 다시 1,100마리를 이동시킬 계획을 세웠다(Cart, 2009).

사례에서 확인되듯이, 겉으로 드러나는 것은 주로 대형 포유류의 수난 뿐이고 가끔 조류와 대형 파충류의 실태가 포착되는 정도다. 상대적으로 작은 동물, 눈에 덜 띄는 조류, 어류, 해양동물, 특히 곤충에게 전쟁이 미치는 영향은 인간들이 전혀 모르게 진행되는 경우가 많다. 하지만 이런 피해의 결과는 생명의 그물망, 동물과 종의 미래 생존 가능성을 심각하게 훼손할 수 있다.

전쟁과 전쟁 후에 동물에게는
어떤 선택지가 있는가?

●●●　　　　　　　　　　현대전의 맹폭과 그 범지구적 영향
아래, 지구에 사는 많은 동물은 신체, 가족, 공동체, 보금자리 차원에서
이루 말할 수 없는, 그들로서는 도저히 회복할 길이 없는 피해에 시달려
왔다. 이런 고통과 수난은 대부분 눈에 보이지 않고 말로 표현되지 않은
채, 비가시화 상태에서 진행된다. 하지만 회복하고 만회할, 다시 말해 인
간의 지배와 억압, 전쟁으로부터 벗어날 가능성이 지극히 희박해도 일부
동물은 모든 어려움과 비극을 떨쳐내고 새로운 삶을 구축해 나갈 방법을
발견해 왔다.

　회복 탄력적인 동물들은 지극히 불리한 여건에서도 이동 패턴을 다시
개척하고, 가족을 꾸리고, 공동체를 재건하고, 생명의 그물망을 유지해
나간다. 황폐해지고 파괴되고 오염된 환경 속에서 근근이 생존하는 것이
다. 지뢰가 도사리고 있고 인간이 밟기 두려워하는 땅에서 동물들은 위
험을 인지하지 못한 채 삶을 재건한다. 아마 일부 동물들은 아프가니스
탄에서 지뢰 제거에 이용되는 개, 모잠비크에서 같은 용도로 쓰이는 아
프리카대왕캥거루쥐처럼 놀라운 후각 능력을 이용해 불발 병기를 감지
하고 피하기도 할 것이다(Lindow, 2008).

　이처럼 일부 동물은 인간이 창조한 군사 활동과 전쟁 여파 속에서 어
렵게 버텨 나간다. 그럼에도 불구하고, 인간이 내세우는 계획은 겉으로
는 자연과 지구에 끼친 피해를 줄이기 위한 것이라고 하면서도 오히려
동물을 더 심각한 위험이나 서식지 파괴에 노출시키고 있다.

야생동물 보호구역은 동물을 보호하는가, 오염을 보호하는가?

●●● 　　　　　　　　연구 초기에는 야생동물에게 반환된 수많은 전쟁 지역과 군용 토지에 관한 자료를 읽어볼 계획이었으나, 조사를 하면 할수록 반환의 동기가 분명해졌다. 음흉하게도 새로이 지정된 '야생동물 보호구역'은 군사 활동으로 환경이 너무 심각하게 오염되어 인간이 안전하게 살 수 없는 곳이었다. 푸에르토리코 비에케스Vieques 섬에 있는 미국 폭격 훈련장은 활동가들의 거센 저항으로 2003년에 폭격 훈련이 전면 중단되었고, 곧이어 미국 어류 및 야생생물보호국Fish and Wildlife Service으로 넘겨져 보호구역이 되었다. 그뒤 오염이 너무 극심해 2005년에 미국 환경청이 관할하는 슈퍼펀드superfund 지역(오염의 책임 소재를 규명할 수 없거나 정화 비용을 지불할 수 없을 때 연방정부의 자금으로 오염 정화를 추진하는 대규모 오염 부지.-옮긴이)으로 지정되었다. '야생동물 보호구역'에 관한 한 비판적 분석 연구는 군대의 자기 잇속만 차리는 동기를 이렇게 설명했다.

> 미국 정부가 오염된 땅을 이런 방식으로 개발하는 주된 이유 중 하나는 이 방식이 인간이 사용해도 무방한 수준으로 오염을 정화하는 데 드는 재정 부담을 크게 줄이기 때문이다. … 어류 및 야생 생물보호국에 쏟아지는 비판의 두 번째 유형은 해군을 앞세운 미국 정부가 섬을 오염시킨 숨은 주범임이 자명한데도 위선적이게도 이 문제를 환경보호 관할기관에 떠넘긴다는 점이다. 지역 주민

들은 대다수 미국 연방정부가 비에케스 섬에서 '보존'하려는 것이 자연보다는 오염이라는 데 인식을 같이한다(Davis, Hayes-Conroy, and Jones, 2007).

미군이 오염시켜 놓고 '국립 야생동물 보호구역'으로 둔갑시킨 땅은 아주 많다. 알래스카 매리타임Maritime, 아루스투크Aroostock, 그레이트만 Great Bay, 핸포드 리치Hanford Reach, 옥스보Oxbow, 로키 마운틴 아스널Rocky Mountain Arsenal, 솔트 플레인즈Salt Plains, 테틀린Tetlin, 이외에도 목록은 계속 이어진다.

한국의 비무장지대는 길이 248킬로미터의 휴전선을 따라 폭이 4~19 킬로미터로 유동적인 곳으로, 동물보호와 생태계 복원이 가장 성공적으로 이루어진 지역으로 손꼽힌다. 비무장지대라는 명칭과 달리 실질적으로는 야생동물 보호구역인 셈이다. 토니 아지오스Tony Azios는 그곳에 사는 동물들을 이렇게 묘사했다.

세계 최고 희귀종인 두루미는 전체 개체수의 3분의 1가량이 이동할 때 비무장지대의 습지와 인근 농경지에 의존한다. 점박이물범, 고라니, 스라소니는 그곳에 사는 수많은 포유류의 극히 일부에 지나지 않는다. 한국에서 발견되는 모든 동식물 종의 최고 67퍼센트가 비무장지대와 그 주변에 서식한다. 몇몇 종은 오직 그곳에서만 발견된다(Azios, 2008).

하지만 인간의 침범, 도시 확산, 광범위한 벌채, 인근 지역의 산업화,

비무장지대에 대한 '개발' 압력이 지뢰로 뒤덮인 채 야생의 땅으로 복원된 이곳마저 동물에게서 앗아가려고 위협하고 있다. 매년 100만 명이 넘는 관광객이 이곳을 방문하는 현실은 관광업계가 이곳을 '자연보호구역'으로 만들자는 좋은 구실이 되고 있다(Azios, 2008).

국립공원은 동물들을 위한 곳인가, 관광을 위한 곳인가?

●●● 　　　　　　　대형동물의 개체수가 유지되어서 경제적 이익을 위한 관광 산업이 가능한 지역에는 국립공원이나 '사냥 금지 구역'이 신설되거나 재건된다. 수단에서 20년 동안 내전이 벌어질 때 "흰귀코브영양, 가젤과 같은 민첩한 동물은 우간다, 에티오피아, 케냐, 북수단 쪽으로 대규모로 이동해서 달아났다"(McCrummen, 2009, p. 2). 수단 야생동물보호협회 책임자인 폴 엘칸Paul Elkan은 "22년간의 내전이 끝난 후 주요 야생동물 개체군과 손상되지 않은 광범위한 서식지를 중심으로" 국립공원과 '사냥 금지 구역'이 지정될 예정이라고 밝혔다. 그 사업의 주요 수혜자가 과연 동물일까? 제이슨 벤험Jason Benham이 "남수단은 관광 산업을 부양하기 위해 투자자들에게 전쟁이 휩쓸고 지나간 야생동물 공원들에 1억 4000만 달러를 투자해 달라고 호소했다"(2011, p. 1)고 밝혔듯이, 이 경우는 인간의 경제적 이익이 근본적인 동기다.

　동물보호를 목적으로 하는 듯 보이는 사례도 있다. 보호구역을 성공적으로 운영하는 다른 지역을 통해 배우면서 지역사회와 정부가 협력하는 사업, 야생동물 이동통로 건설, 유네스코 세계유산으로 선정되기 위한 노력 등이 그렇다(Wildlife Conservation Society, 2009). 이런 계획은 훌륭해 보이지만 여전히 고려해야 할 중요한 문제가 남아 있다. 자금 조달, 정부의 부패, 적대 세력이 지역을 장악하거나 추가적인 군사 개입을 해올 때 어떻게 할 것인가 등의 문제다.

분쟁이나 내전을 겪던 국가 사이에 설립되는 국경을 초월한 평화공원 Trans-boundary Rainforest Park은 전망이 좋아 보인다. 시에라리온과 리베리아는 2009년에 멸종위기에 처한 조류 25종, 포유류 50종이 살고 있는 어퍼기니Upper Guinea 삼림 생태계를 보호하기 위해 국경을 초월한 열대우림 공원을 세웠다. 하지만 유럽연합, 세계은행, 미국 국제개발처를 비롯하여 자금을 대는 단체들은 공원의 목표와 재정적 목표가 상충된다는 점에서 우려를 제기한다. 이런 식의 논란이 되는 일부 발언이 우려를 강화한다. "평화공원을 통해 수십 년 동안 수천만 달러를 모아서 보호구역 관리와 지역 개발을 위한 안정적인 기금을 유지할 것이다"(*Wildlife Extra News*, 2009. 5).

관광 산업은 국가와 가난한 지역 주민에게 일시적으로 야생동물을 보호하게 하는 유인책이 될 수는 있어도 지속적인 보호는 되지 못하는 듯하다. 국립공원 '보호구역'에서 사는 사자와 대형동물의 멸종위기가 계속되고 있다는 것이 그 증거다.

해답은 무엇인가 :
일회용 반창고 vs. 근본 원인 해결

●●● 　　　　　　　　　보호주의자, 환경운동가, 동물권 활동
가, 그외 헌신적인 사람들과 단체는 모두 개별 동물을 살리기 위해, 지역
사회를 동물보호에 참여시키기 위해, 멸종위기 종을 지키는 정책을 만들
어 내기 위해 열과 성을 다해 일하고 있다. 이런 노력의 결과가 희망적이
기를 간절히 바라지만, 이중에서 인간의 탐욕과 제국주의, 군사주의, 전
쟁이 초래한 막대한 파괴의 근본 원인과 맞서 싸우는 경우는 전혀 없는
듯 보인다.

　사회정의, 평화, 환경, 동물에 바친 평생의 연구와 활동, 이 장을 위해
진행했던 특별 조사를 토대로, 나는 현재의 운동이 동물과 지구에 자행
되는 범지구적 파괴의 근본 원인에 다음과 같이 초점을 맞춰야 한다고
결론 내린다.

- 자연의 법적 권리
- 인구 과잉 : 세계 인구가 현재 70억 명에 육박하는 상황에서 산아제
  한을 위한 교육과 자원을 제공하는 데 즉각적으로 노력해야 한다.
- 종차별주의 : 인간의 우월성과 지배권에 대한 신화에 즉각적으로
  제동을 걸어야 하고, 동물과 생명의 그물망에 관한 대대적인 교육
  을 실시해야 한다. 이와 동시에 덜 해로운 삶을 사는 방향으로 구체
  적이고도 주요한 변화를 꾀해야 한다.
- 과잉 소비 : 채식 위주 식생활을 비롯해 적게 소비하는 삶으로 즉

각 변화하기 위한 자원과 보상을 제공하고 교육해야 한다.

- 제국주의 : 약탈적 자본주의와 제국주의적 자연자원 추출에 대한 지지로부터 즉각 돌아서서 인간의 끈질긴 공격에 자연체계가 연약해서 부서지기 쉽다는 것을 인정해야 한다.

- 군사주의와의 전쟁 : 일반적인 군대, 특히 미국 군대의 재원을 고갈시키고, 모든 군사기지를 해체하며, 군인과 일반 시민에게 평화교육을 실시하고, 무기의 생산과 판매를 전면 중단하며, 평화 부서를 위한 자금을 조성하고, 군사 지역을 해제해 오염을 정화하는 일에 초점을 맞추어 즉각적이고도 결연하게 활동한다.

- 자원 재분배 : 부와 수입에 상한선을 두고, 환경을 훼손하는 활동에 세금을 부과하며, 모든 경제 활동에 대해 정부 규제를 신설하거나 강화한다.

- 공정한 선거 : 기업과 부유층이 선거와 정부 결정에 개입하지 못하도록 즉각 방지한다. 정부 관료와 국회의원이 이익 충돌을 일으키지 않도록 철저히 규제하고 예방한다.

- 보존과 재생 가능 에너지 : 석유는 제국주의를 유지시키는 주된 원동력이다. 원자력발전소는 핵무기에 쓰이는 삼중수소와 플루토늄을 만들어 낸다. 이런 에너지원은 극단적인 보존 조치와 재생 가능하고도 무해한 에너지원으로 대체해야 한다.

- 자원 변경 : 현재 군사주의와 전쟁, 채굴, 과잉 소비, 화석과 핵연료, 그외 유해한 활동에 낭비되는 자원을 교육, 기본적 삶의 욕구 충족, 산아제한 정책을 위해 써야 한다.

- 과학의 우선순위 변경 : 과학 연구와 관련 산업은 무기 생산을 비

롯해 원자력, 유전자변형, 나노 테크놀로지 등과 같은 위험한 과학기술 개발로부터 돌아서서, 사전예방 원칙을 강화하고, 토착 지식을 존중하며, 지구의 자연적인 과정을 돕는 방향으로 나아가야 한다.

이 근본 원인들을 해결하는 일은 불가능해 보이지는 않지만 기존의 정치경제적 권력구조를 감안할 때 지독히 어려울 것이다. 하지만 근본 원인에 집중하다 보면 우리는 우리의 에너지를 극대화해 최고의 파급력을 발휘할 수 있고, 세계 어느 곳에 살든 가능할 때면 언제든 같이 연대하여 중대한 변화들을 되도록 빨리 이뤄 낼 수 있을 것이다. 지구 동물과 우리의 생명이 모두 위태롭다.

5장

인간 전쟁의
목적 달성을 위한
수단이 되다

라즈모한 라마나타필라이

인간은 동물, 야생생물과 복잡한 관계를 맺고 있다. 다양한 문화권에서 유래한 이야기들을 보면 인간은 동물에 대한 두려움만이 아니라 친밀함 때문에도 그들을 정중히 섬겼다. 그런가 하면 동물을 부당하게 이용하고 학대하는 끔찍한 이야기들도 있다. 인간은 인간 쇼비니즘과 인간중심적 태도로 다른 동물을 자신의 목적을 위한 수단으로 취급해 왔다. 이 장에서는 인간과 동물이 맺어온 관계를 다섯 단계로 정의하고, 가축화된 동물과 야생동물이 어떻게 신성한 지위에서 이용당하는 신세로 전락했는지 살펴볼 것이다. 군대와 게릴라 전사들이 군사적 이익을 위해 동물을 이용하고 야생동물의 서식지를 파괴해 온 것은 현대전의 가장 불행한 역사다. 동물은 인간의 전쟁에서 목적을 위한 한낱 수단이 되어 버렸다. 이 실용적인 셈법은 동물을 전쟁터에서 이용하는, 전 세계 군대가 두루 활용하는 전략의 수문을 열어젖혔다. 동물의 권리와 도덕적 지위는 묵살되고 그들에 대한 인간의 도덕적 의무는 알면서도 도외시된다. 나폴레옹이 도입한 현대전과 중국혁명 때부터 활용된 게릴라전은 동물과 야생동물, 환경에 끔찍한 영향을 미쳐 왔다. 이 장은 동물, 야생동물, 환경에 대한 착취의 역사를 되짚어 봄으로써 이들을 이용하는 것이 비윤리적이고 비인도적일 뿐만 아니라, 군산 복합체와 전쟁의 방식이 동물, 야생동물, 그들의 서식지에 매우 해롭다는 사실까지 증명할 것이다.

동물은 동등한 존재
그 이상이다

●●● 숲은 흔히 미지의 세계나 위험을 향한 불안감을 떠오르게 하고, 미지의 세계나 위험은 숲에 대한 공포심과 경외감을 불러일으킨다. 첫 번째 단계에서 위대한 문명은 인더스강, 티그리스강, 황허강, 양쯔강, 나일강 유역에서 발생했다. 위대한 문명은 야생의 풍요를 누렸지만 동시에 홍수라는 자연의 통제할 수 없는 양상에 시달렸고, 때문에 인간은 자신을 보호해 줄 더 높은 힘에 손을 뻗었다(Adler and Pouwels, 2008). 베다 시대(고대 인도의 기원전 1500~기원전 600년경의 시대)에 인더스강 근처에 살던 선지자들은 자연의 힘을 찬양했다. 이들은 자연과 그곳에 거주하는 동물을 신神의 지위로 승격시키고 보호받고자 했다(Radhakrishnan and Moore, 1989). 이집트, 그리스, 중국, 인도, 남아프리카에서 발견된 공예품과 기타 유물에는 인간이 동물의 우월한 힘을 갈망했음이 남겨져 있다(Sanua, 1983). 야생동물을 통제하는 신과 여신의 이미지는 여러 문화권에 두루 퍼져 있으며, 신의 우월한 힘을 표현한다. 그런가 하면 막강한 동물과 새에 대한 상징은 자연세계의 힘을

나타냄과 동시에 인간 존재의 한계를 보여 준다(Daly, 1979). 일부 동물은 오직 신과 여신에게만 길들여질 수 있다는 믿음 때문에 인간보다 더 우월한 존재로 여겨졌다. 힌두교에서 사자 위에 올라앉은 칼리와 사악한 코끼리를 길들이는 시바 가잔의 이미지는 신과 일부 동물이 인간보다 우위에 있음을 나타낸다.

일부 인도 하위 문화에서는 오늘날에도 동물을 신과 동등하면서 신성한 존재로 여긴다. 이런 문화에서는 가축화된 동물이 우유를 제공하고 논일과 수확을 거드는 데 대해 기념제를 올린다. 아마존 원시 사회 추장들은 자신들의 조상이라 여기는 남아메리카 재규어를 받든다. 이들의 신화는 반은 인간, 반은 동물인 이미지, 즉 혼성체의 우월함을 표현하고 있다. 재규어와 인간의 결합은 올멕Olmec 문명 공예품에 나타나 있다(Saunders, 2004). 여러 다른 문화권에서도 이와 유사한 신화가 발견된다. 남아시아 섬인 스리랑카의 싱할라족은 사자 왕과 공주의 결합을 조상으로 받든다. 그리스, 이집트, 중국 신화에서도 켄타우로스, 케이론, 페가수스, 미노타우로스, 포이닉스, 남타르, 반고, 여와, 복희 등과 같은 신화적 존재들이 나온다(Sanua, 1983). 인도 전통에서는 소, 독수리, 공작, 뱀, 코끼리, 호랑이, 사자와 같은 매개체를 통해 신과 여신에게 기도하는 풍습이 있다. 이런 이야기들은 동물의 범상치 않은 능력을 보여 준다.

이러한 인식이 고대 전통 속에서 동물을 공경하게 했고, 동물의 지위를 인간의 영역 너머로 끌어올렸다. 또한 고대 전사들은 사나운 동물의 힘과 능력을 가지고서 적을 물리치고 싶어 했는데, 전사들의 이런 욕망 속에서 여러 문화권의 신화가 깊이 공명했다(Schaefer, 1967). 로마 콜로세움 경기장에서 검투사들이 광분하는 관중에게 둘러싸여 흉포한 동물과 '영예로운' 싸움을 벌였던 것도 이 욕망을 잘 드러내 준다. 우월한 신체 능력을 지닌 동물과 겨루는 것은 인도, 로마, 아프리카의 전사에게 영예, 지위, 인정을 선사했다.

가축화 :
새로운 지위로의 진화

●●●　　　　　　　　인간은 힘센 야생동물과 끊임없이 대립하면서도 한편으로는 식량, 노동력, 이동수단으로 동물을 길들이기 시작했다. 두 번째 단계에서 인간은 소규모 공동체를 형성해 가축화된 소, 버팔로, 염소, 양, 돼지, 닭, 라마, 낙타, 당나귀, 노새, 말에 의지해 생존해 나갔다(Majumdar, Raychaudhuri, and Datta, 1950; Saunders, 2004; Schaefer, 1967). 또한 동물을 소유함으로써 부유한 공동체가 생겨났고, 그에 따라 새로운 도전, 즉 안전의 문제가 떠올랐다. 다른 사람들의 가축이나 방목장을 습격하는 일은 용인되는 규범이 되었고 일종의 영웅적 행위와 용맹함으로 칭송받았다. 이는 더 큰 갈등이 시작될 것임을 알리는 전조였다. 인더스강과 나일강 기슭에서는 돌과 그 밖의 정교한 기술을 통해 만들어진 도구와 무기가 발견되는데, 이는 당시 이미 조직화된 전쟁이 벌어졌음을 의미한다(Langley, 2005).

　가축과 방목장은 소규모 공동체에게는 가장 중요한 생계수단이었기 때문에 그것을 지키는 일은 일종의 자기 보호였다. 따라서 방목장과 가축을 방어하거나 습격하는 일은 공동체 간 전쟁으로 이어졌다. 이런 전쟁은 방어적 전쟁과 공격적 전쟁에 대한 개념 해석을 낳았고, 여기서 자기 보호라는 개념은 방목장과 가축화된 동물을 지키는 것과 밀접하게 연관된 도덕적 추론의 한 줄기가 되었다. 가축을 지키거나 방목장을 확장하고 싶은 집단은 다른 집단과 전쟁을 벌인 반면, 공격받은 집단은 그들을 침략자로 보았다. 《국가론》에서 플라톤은 목초지를 둘러싼 분쟁과 다른 이들의 목초지를 합병시키려는 욕구가 전쟁의 근원이 된다고 주장했다(Platon, 기원전 380년경).

전쟁에 동원된 동물들

왕국이 방어적·공격적 전쟁에 나서면서 이동식 상비군의 필요성이 대두되었다. 세 번째 단계에서 동물을 동원하는 것이 군대 원정에 유리하다고 인식하기 시작했다. 동물의 힘과 능력에서 얻어지는 이점이 이들을 인간의 전쟁으로 몰아넣은 셈이다. 정치와 군사 지침을 담은 책《아르타샤스트라*Arthasastra*》에서 저자 카우틸랴*Kautilya*는 인도 왕들이 요새를 짓고 삼면을 악어가 우글대는 해자로 에워싸는 장면을 묘사했다(Singh, 2008, 재인용). 코끼리, 말, 낙타, 당나귀, 노새, 비둘기, 매, 악어, 왕도마뱀, 독사는 인도, 그리스, 이집트, 로마 전쟁에서 군사 작전의 필수 요소였다.

코끼리와 전쟁

코끼리, 말, 개, 비둘기는 인간의 전쟁에서 가장 널리 이용된 동물이다. 그중에서도 코끼리는 인도 전쟁사에서 빼놓을 수 없는 요소다. 인도 어귀에서 알렉산드로스 대왕의 군대에 맞섰던 것도 코끼리 군단이었다(Basham, 1968). 이 시기에 기록된 《아르타샤스트라》에는 전투 코끼리를 포획하고 훈련시키고 관리하는 방법이 묘사되어 있다. 비록 책에서는 어린 코끼리와 임신한 코끼리를 잡아선 안 된다고 경고하고 있지만, 인도에서 코끼리를 포획하고 길들이는 과정은 전혀 인도적이지 않았다. 고대 시대에 마훗(코끼리 조련사)은 코끼리가 다니는 길목에 함정을 파서 코끼리를 잡았다. 함정에 빠진 코끼리는 당연히 사납게 저항했지만 마훗은 코끼리를 며칠 동안 굶기고 탈진시킨 후 굴복시켰다. 코끼리의 의지가 꺾이고 나면 마훗은 이미 조련된 다른 코끼리를 데려와 탈진한 코끼리를 구덩이에서 꺼냈다. 마훗은 코끼리를 길들이는 비결이 체벌에 대한 두려움이라고 믿었다. 따라서 훈련할 때 그들은 앵커스ankus(날카로운 갈고리가 달린 긴 막대기)를 휘둘러 코끼리를 명령에 복종하도록 했다. 말을 잘 듣는 코끼리는 먹이와 물, 목욕으로 보상해 주고, 저항하는 코끼리는 혹독한 부상으로 되갚아 주었다. 코끼리의 수명이 60년 가까이 되는 까닭에 조련된 코끼리는 보통 어린 청년에게 넘겨지면 청년은 코끼리와 함께 나이를 먹어 갔다. 그래서 어린 마훗과 코끼리는 애정을 키워 가는 경우가 많았다. 그러나 코끼리를 잡아서 훈련시키는 것은 마훗인데도 소유권은 국가나 왕에게 있었다. 전쟁에 대비해 건강한 코끼리를 준비해 두는 것은 왕의 절대적 의무였다. 왕은 코끼리를 먹일 숲을 따로 지정했고, 지정된 숲에서 나무를 베면 엄벌에 처했다.

전투 코끼리와 전사들의 영웅주의 역사는 살벌한 이미지로 가득하다. 1, 2세기 남인도 창캄Cankam 시대의 시詩에는 두려움을 모르는 전사의 기본적인 특징을 '마람maram'이라고 일컫고 있다. 용맹함, 대담함, 분노(정의), 격노, 원한, (적에 대한) 증오, 완력, 권한, 승리, 전쟁, 살생, 살인의 자질들이 마람에 포함된다. 창캄 시에는 영웅적 행위, 끔찍한 전쟁, 왕의 너

그리움이 생생하게 묘사되어 있다. 수코끼리는 발정기를 겪는다. 이때 수컷은 테스토스테론이 다량으로 분비되면서 자신이 다른 수컷과 싸울 만한 건강한 몸과 여건이 갖춰져 있음을 과시한다. 조련된 수코끼리 중에서 발정 난 코끼리는 마훗의 명령에 복종하지 않고 이따금 그들을 죽이기도 하는데 발정 난 코끼리의 난폭한 본능과 폭발적인 힘은 항상 왕과 왕의 시인들을 매료시켰다. 왕의 패권을 결정짓는 것이 바로 코끼리들의 전투 역량과 적군에게 가할 수 있는 파괴적 위력이었기 때문이다 (Hardt and Heifetz, 1995).

성인이 되는 과정에서 어린 왕자는 통제되지 않는 코끼리와 대결하고 싶어 했다(Hardt and Heifetz, 1995, p. 354). 창캄 시대에 영웅의 남자다운 면모는 두려움을 모르고 발정 난 거대한 코끼리에 맞서는 능력과 연결되어 있었기 때문이다. 시는 용감무쌍한 영웅이란 절대로 항복하지 않고, 전투에서 후퇴하지 않는 흉포한 전사라고 노래한다. 발정기에 있는 기세등등한 코끼리처럼 항복과 후퇴를 모르는 전사는 전투에 대한 사랑으로 격분한다. 전사를 결정짓는 최종적인 시험은 흉포한 코끼리와 대결하는 것이었고, 영웅은 이토록 무시무시한 도전에서 도망칠 길이 없었다. 전사는 두려움을 모른다는 명성과 죽음에 개의치 않는다는 것을 입증해야 하는 압박감에 짓눌려 살았다(Kailasapathy, 1968).

입증하지 못하면 굴욕을 당해야 했다. 그런 전사는 살아서는 물론이고 죽어서까지 위엄과 명성을 모두 잃었다. 반면, 발정 난 코끼리와 싸우는 왕은 이기든 지든 통제할 수 없는 대상과 대결을 벌였다는 영원한 명성, 즉 오직 신만이 누리는 명성을 얻었다. 전쟁에서 코끼리와 전사의 영웅적 대결을 목격한 시인들은 전사를 신의 지위로 떠받들었고, 지위에 오른 영웅적 왕은 뭇 사람들의 숭배를 받았다. 따라서 영웅은 세속적인 성공보다 죽음을 선호했고, 불멸의 지위는 사회로부터 숭배를 불러일으켰다(Hardt and Heifetz, 1995, pp. 312~313).

> 그대 조상 중 한 분은 어두운 망망대해를 항해하면서
> 바람의 방향을 정복했다네!
> 발정 난 코끼리들을 정복한 그대, 카리칼 발라반이여!
> 그대는 떨치고 나아가 승리를 거머쥐었고 그대의 능력을 보여 주었지.
> 전투에서 이긴 자는 바로 그대였으므로. 하지만
> 부유한 벤니 전쟁터에서 그는 그대를 뛰어넘지 못하고서도
> 세상으로부터 큰 명성을 얻었네. 등을 다치는 수모를 겪고서
> 북쪽으로 돌아앉은 채 스스로 굶어 죽었으니(Hardt, 1999, p. 51).

왕과 그가 거느린 코끼리들의 힘은 왕국에 승리와 부, 새로운 비옥한 땅을 가져다 주었다. 이 시기 전쟁은 방어적이었다. 약탈당한 소떼를 되찾아오고, 딸을 보호하고, 땅을 지키는 식이었다(Hardt and Heifetz, 1995, p. 314). 나중에서야 방어적인 전쟁만이 아니라 공격적인 전쟁도 일으켜 정치적 생존과 왕국의 확장을 꾀하게 되었다. 새로운 승리는 영토와 재력을 확장시켰고 나라의 안전을 강화해 주었다(Hardt and Heifetz, pp. 226~228). 코끼리의 강력한 힘은 적의 영토를 밀어 버리는 데 효율적으로 이용되었다. 코끼리 군단은 논을 짓밟았고 군인들은 적을 섬멸하기 위해 코끼리에게 물탱크를 파괴하라고 명령했다(Hardt and Heifetz, pp. 39~44). 빼앗은 농경지, 황금, 적의 코끼리는 승리를 더욱 강화하고 왕에

게 더 큰 군대를 선사했다(Hardt and Heifetz, pp. 248~250).

　이 모든 영광과 부, 권력은 코끼리의 희생에서 나오는 것이었다. 적군 코끼리의 무수히 많은 상아와 코를 잘라내면 전사는 영웅으로 변모했다. 그러나 현대의 관점에서 보자면 이런 잔혹 행위의 구체적 면면은 끔찍하기 짝이 없다. 겁에 질린 코끼리들이 전쟁터에서 달아나려고 피가 흥건한 진흙 밭에 꼼짝 없이 널브러진 부상병들을 마구 짓밟는 장면은 가히 충격적이기까지 하다(Hardt and Heifetz, pp. 410~411). 여기서 여러 가지 질문이 제기된다. 전투 코끼리들은 유혈이 낭자한 전투를 '즐겼을까?' 시인은 정말로 코끼리들을 영웅으로 우러러 봤을까? 코끼리는 인간의 전투가 가져다 주는 명성에 전혀 관심이 없다. 물론 화살이나 칼에 찔려 죽는 것도 전혀 즐기지 않는다. 전쟁터에 나간 코끼리들은 유럽 군사들이 스리랑카로 건너와 대포를 쏘아댈 때 혼비백산하여 달아나면서 틀림없이 공포에 질렸을 것이다. 코끼리를 이용한 전투는 인도를 넘어 태국, 버마, 라오스, 캄보디아 등 동남아시아 여러 국가로 확대되어 17세기까지 계속되었다(Bock, 1985; Shaw, 1993).

　코끼리 전쟁은 유럽인들이 아시아 식민지 정복에 나서서 대포를 사용하면서부터 쓸모없어졌다. 역사의 발전은 사회적으로 형성되었던 코끼리의 우월적 지위를 앗아갔을 뿐 아니라 코끼리를 처분해야 하는 애물단지로 전락시켰다. 수백 마리의 코끼리가 남아시아와 동남아시아 역사 속에서 각기 다른 시대에 전쟁에 동원되기는 했지만, 이런 전쟁은 많지 않았고 전투 코끼리들은 이 지역 안에서만 이용되었다(Bock 1985; Geiger, 2003; Shaw, 1993).

말의
운명

●●●　　　　　　　　　　말은 인간의 전쟁에서 필수불가결한
요소로, 기원은 일부 지역에서 기원전 5000~3500년경까지 거슬러 올라
간다. 말은 군사 작전에 대단히 유리한 조건을 제공했고 왕국의 확장과
제국의 건설을 도왔다. 크세노폰(그리스의 역사가로 전쟁에 참전한 경험담을
엮은 책《아나바시스》의 저자다)은 군마를 고르고 관리하는 기술을 생생하고
자세하게 소개했다. "해자를 건너뛰고, 벽을 기어오르고, 높은 둑에서 뛰
어내리고, 가파른 언덕과 급한 경사지를 전속력으로 오르내리는" 것이
자연스러운 일은 아니지만, 이는 군마를 고르고 훈련시키는 기본 원칙으
로 반드시 고려되어야 했다(Xenaphon, 2008, p. 9). 중국의 영주 사마우(공
자의 제자)의 이름은 동물과 연관되어 있다. '사마司馬'는 '말 관리자'를 뜻
했고, '우牛'는 '소'를 뜻했다(Schaefer, 1967). 이후에는 격구(말을 타고 공
채로 공을 치던 경기-옮긴이)가 중국으로 들어와 몽골 조랑말과 이란 말을
이용한 군사 훈련의 일환으로 발전했다. 원래 말은 고대 전쟁에서 전차
를 끄는 용도로만 이용되었지만, 기병이 등장하면서 군대 원정에 최고
의 속도와 유연성을 부여해 주었다. 그리스, 로마, 중국, 아랍, 몽골의 기
록에서는 기병이 군대의 속도를 높였고, 따라서 제국을 확장하는 데 도
움이 되었음을 분명히 밝히고 있다(Bakhit, 2000, p. 74; Gianoli and Monti,
1969).

　말을 대대적으로 동원한 네 번째 단계는 제국의 건설과 관련이 있
다. 현대 전쟁은 나폴레옹 시대에 시작되어 대규모 징집 군대를 조직했

고, 엄청난 수의 말에 의존하는 포병대를 만들었다. 새로 도입된 포병전은 전쟁터, 민간 영역, 숲 사이에 형성되어 있던 빈약한 경계를 허물었고, 그에 따라 민간인과 야생동물은 의도치 않은 파괴에 어느 때보다 심하게 노출되었다. 거대한 군비를 갖춘 나폴레옹은 60만 대군을 이끌고 러시아로 진격했다(Duiker and Spielvogel, 2010). 기병대뿐 아니라 식량, 장비, 무기, 대포를 옮기는 수단으로 말을 이용했다. 하지만 장거리 행군을 시작한 지 불과 몇 개월도 안 되어 나폴레옹 군대는 1만~4만 마리의 말을 잃었다. 방목지가 부족해서였다. 말들은 마구를 착용한 채 쉼 없이 지냈고 멈추지 않는 행군과 굶주림에 지쳐 나가떨어졌다. 또 껑거리끈, 즉 말꼬리 밑으로 돌려서 안장을 균형 있게 잡기 위해 매는 가죽 끈 때문에 쉽게 감염되었다. 많은 수의 말이 감염과 방치된 부상 때문에 쓰러졌다. 그런데도 군대는 심지어 행군이나 전투를 수행하지 않을 때조차 말에게서 안장을 내려 주지 않았다. 방치된 부상과 쉼 없는 행군은 나폴레옹 군대에 치명타를 입혔고, 러시아와의 전쟁이 끝났을 무렵에는 훈련된 군마 20만 마리가 희생되었다(Sutherland, 2003). 이런 참담한 비극을 겪은 뒤에도 말의 수난은 계속되었다. 제1차 세계대전 때는 장갑차, 기차, 군함이 군대의 기동 수단을 크게 향상시키고 전선까지 보급품을 효율적으로 운반했는데도 1,600만 마리에 육박하는 말을 기마, 부상병 수송책, 운송수단으로 이용했다. 엘리자베스 셰퍼에 따르면, 이 말 중 거의 절반이 '부상, 탈진, 감염'으로 죽었다(Schafer, 2005, p. 103).

　　제1차 세계대전은 동물과 새를 실험하는 기회이기도 했다. 오스트레일리아 군대는 카나리아, 유황앵무, 오리, 에뮤, 타조, 부엉이, 앵무새, 비둘기, 쇠물닭을 전쟁터로 데려갔다. 새들 중 일부는 애완용으로 이용되거나 전우가 되었다. 일부는 메신저가 되고 공기가 독가스 공격에 노출되었는지 여부를 판별하는 실험동물로 이용되었다. 당나귀는 1916년 갈리폴리 전투에서 부상병 수송책으로, 오스트레일리아군에게 물과 탄약을 보급하는 운송수단으로 활용되었다(Department of Veterans Affairs, 2009).

비둘기가 파리 공성전 때 10만 번이나 은밀하게 메시지를 전달했다는 성공담 때문에 독일은 제1차 세계대전 동안 벨기에비둘기 수천 마리를 잡아 없앴다(Lubow, 1977, p. 28). 이집트 전선에는 낙타 4만 마리와 함께 노새, 소, 당나귀가 배치되었다(Tucker, 2008). 불행하게도 제1차 세계대전은 역사적으로 화학전이 가장 격렬하게 이용된 시기이기도 하다. 특히 머스터드 가스와 신경 가스를 많이 썼는데, 총 11만 3,000톤의 화학 무기를 동원해 9만 명을 죽이고 130만 명을 부상 입혔다(Bullock, Haddow, Coppola, and Yeletaysi, 2009). 전사자와 일시적으로 시력을 잃은 장병들의 사례는 대대적으로 보도된 데 반해, 화학 무기가 동물에게 미친 영향에 관해서는 거의 알려지지 않았다. 포탄 충격shell shock(전투에서 심각한 정신적 외상을 입은 병사들이 마비, 경련, 감각이상 등을 겪는 일종의 스트레스장애.-옮긴이)이라는 개념은 인간의 증상에 대해서만 설명할 뿐 동물에게 미치는 영향에 대해서는 설명하지 못했다. 하지만 굶주린 병사들과 시민들이 죽은 동물, 특히 제1, 2차 세계대전 때 말의 사체를 먹었다는 기록은 많다.

개와
돌고래

●●● 　　　　　　　　　　　　제2차 세계대전 때는 말과 비둘기의
이용 사례는 다소 줄었지만, 새로운 군사 프로젝트에 동물을 이용할 수
있다는 단서는 군사 보고서마다 기본적으로 들어 있었다. 군사 프로젝트
라는 것은 더러 우리의 상상을 뛰어넘는다. 하버드 대학교 루이스 F. 피
셔Louis F. Fisher 교수는 박쥐 등 위에 조그만 소이탄을 부착해 일본 땅 수
천 곳에 투하하는 방법을 개발하는 독보적인 프로젝트에 관여했다. 또한
행동주의 심리학자 스키너Skinner는 비둘기 유도 미사일, 즉 "비둘기 머
리의 움직임으로 적정 모터를 작동시켜 미사일의 위치를 조종하는 미사
일 통제 장치"를 개발하는 데 몰두한 바 있다(Lubow, 1977, p. 36)(스키너
는 비둘기가 스크린에 나타난 이미지를 부리로 쪼면 먹이로 보상해 주는 방식으로
비둘기들을 훈련시킨 뒤에, 비둘기 '조종석'이 마련된 특수 탄두를 고안했다. 이 프
로젝트는 미 국방부로부터 연구비를 지원받다가 1944년에 전면 중단되었는데, 군
의 공식 입장은 다른 프로젝트 개발이 지연되었기 때문이지만, 비둘기가 일단 배가
부르면 먹이 보상에 반응하지 않는데다 무시무시한 미사일을 통째로 새에게 맡기
는 데 대한 불안감이 작용했다는 분석이 많다.-옮긴이). 한편, 러시아는 개를 자
살폭탄 테러에 이용했다. 개를 탱크 아래서 음식을 받아먹도록 훈련시
킨 뒤에 쫄쫄 굶긴 채로 고성능 폭약을 짊어지워 독일 탱크를 향해 풀어
놓는 것이다. 그리고 개가 탱크 아래로 들어가면 폭탄을 터뜨렸다(Biggs,
2008). 이런 사례들은, 군대는 때로 아무런 도덕적 거리낌도 없으며, 압
박을 받거나 절박한 상황이 되면 동물을 어디까지 잔인하게 이용할 수

있는지 잘 보여 준다.

개는 제2차 세계대전 동안에 이용 사례가 증가했고, 순찰, 메시지 전달, 가벼운 무기 수송 등에 이용되었다. 1800년대 후반에 개발된 독일 셰퍼드 종은 지능과 힘, 학습 능력과 명령에 따를 줄 아는 능력을 겸비해 유명한 군견이 되었다. 제1차 세계대전 때는 운송하는 역할을 포함해 대략 7만 5,000마리의 개가 이용되었다. 캐나다와 알래스카 개들은 짐을 실은 썰매를 끌고 눈밭을 달렸는데, 이는 다른 동물은 할 수 없는 역할이었다(Schafer, 2005). 독일군은 3만 마리의 개를 이용했으면서, 점령 지역의 개들에게는 조금의 자비도 베풀지 않았다. 예를 들어 프랑스를 침략했을 때 개가 군대에 동원되는 것을 막기 위해 민간인 소유의 개 2만 6,000마리를 학살했다(Schafer, 2005).

제1, 2차 세계대전 동안에 민간인 소유의 개들이 징집되었고 전쟁이 끝난 뒤 살아남은 경우에는 집으로 돌려보냈다. 그뒤로 군대는 자체적으로 개를 사육하기 시작했고, 군견을 마음대로 처분할 수 있는 권한 또한 갖게 되었다. 1960년대에 미군은 4,000마리에 가까운 개들을 베트남으로 데려가 북베트남군의 게릴라전에 맞섰다. 밀림에 매복해 있는 적군의 위치를 파악할 때, 멀리서도 냄새를 구별해 내는 개의 후각 능력에 전적으로 의존했다. 개는 저격수의 위치를 정확히 찾아내 순찰 중인 미군 병사에게 알리는 역할도 했다. 뿐만 아니라 인계철선(적이 건드리면 폭발물이나 조명탄, 신호탄 등이 터져 적을 살상하거나 적의 침입을 알려 주는 철선.-옮긴이)을 찾아내 많은 병사의 목숨을 구한 사례도 수두룩했다. 하지만 전쟁이 끝난 뒤에 고국으로 돌아간 개는 겨우 200마리에 불과했다. 많은 수가 전쟁 중에 죽었고, 살아남았어도 안락사를 당하거나 전쟁 자원을 필요로 하는 남베트남군에게 넘겨졌다. 미군은 개를 군사 장비로 분류하고 전쟁이 끝난 뒤에 아무렇게나 처분했다. 조련사들을 격분하게 한 조처였다(Bennett, 1999).

돌고래를 이용한 군사 연구는 냉전 시대 초기에 미국과 소련에서 크게 증가했다. 돌고래의 지능, 빠른 학습과 임무 수행 능력은 대단히 매력적인 것이었다. 새로운 환경에 적응하는 능력 또한 미 해군과 정부가 돌고래 프로그램에 수백만 달러를 투자할 충분한 이유가 되었다. 돌고래는 새로운 임무를 배우고, 심해 기지에 있는 해병을 돕는 자질도 있었다. 이 해양 포유류는 깊이가 60미터 넘는 물속으로 빠르게 헤엄쳐 들어갈 수 있는데, 이 정도 깊이면 인간 잠수부에게는 대단히 위험한 곳이다. 돌고래는 장비를 실어 나르고, 탁한 물에서 길을 잃기 쉬운 잠수부들을 구조하는 훈련도 받았다. 미사일 실험이 실시된 뒤에는 해저에서 부품을 주워 오기도 했다.

돌고래는 탁하고 얕은 물에서 산호를 인공 잔해와 구별할 줄 알았다. 군대는 돌고래의 음파탐지 능력을 이용하면 바닷속에서 금속, 특히 기뢰를 찾아내는 데 매우 유용하다는 사실을 금세 알아차렸다. 그런데 이것이 돌고래 이용에 반대하는 도덕적이고 인도주의적인 논쟁에 불을 붙였다. 하와이 대학 해양 포유류 연구소에서 해양 생물음향학을 연구하는 휘트로 아우Whitlow Au는 매장된 기뢰를 찾아낼 수 있는 해군의 유일한 음파탐지 기술이 돌고래라고 주장한다. 돌고래가 이라크전에 동원되었을 때, 움 카스르 항구에 주둔했던 빅터 레너트Victor Renuart 소장은 돌고래의 임무가 배가 드나드는 길에 있는 무기를 제거해 이라크 남부로 인도주의적 지원이 들어갈 수 있게 하는 데 있다고 말했다(Associated Press, 2003).

제1차 세계대전 때 매설된 기뢰의 수는 총 23만 5,000개, 제2차 세계대전 때 연합군이 사용한 기뢰는 60만 개에 육박했는데, 미 해군은 큰돌고래 65마리와 바다사자 15마리를 동원해 기뢰 탐지와 전투 잠수부 탐색, 분실 장비 위치 추적을 맡겼다(Fuentes, 2001). 러시아는 돌고래와 벨루가를 훈련시켜 군함을 공격하고 '자살' 임무를 수행하게 했다. 그러다가 소련의 붕괴로 해양 포유류 프로그램은 종결되었다. BBC 뉴스(2000)에 따르면 바다코끼리, 바다사자, 바다표범, 벨루가를 비롯해 굶주린 동물 27마리가 러시아에서 이란으로 팔려 나갔다.

미국은 적은 수의 야생 돌고래로 프로그램을 시작해 20년에서 25년간 이 프로그램을 이용했다. 몇몇 돌고래는 베트남 전쟁 동안 탄약이 실려 오는 항구를 지키는 임무에 이용되었다(Big House Productions, 2002). 그런데 당면한 문제 중 하나는 코끼리처럼 돌고래도 사회적 동물이어서 그들을 '은퇴'시킨 뒤에 어떻게 할 것인가 하는 점이었다.

토머스 화이트(Thomas White, 2007)는 돌고래가 "자의식이 있는 존재이며 자기의식 속에 있는 것을 반추할 줄 안다."고 말한다(p. 152). 또한 그는 돌고래의 뇌 구조를 보면 돌고래가 인간보다 더 깊은 정서적 애착을 가지고 있음이 드러난다고 지적했다. 자기 감정을 다른 이들에게 비춰 볼 수 있고, 그래서 상황에 알맞게 행동할 수 있다는 것이다. 그에 따르면 돌고래는 "감각과 운동 영역이 서로 맞물려 있다는 사실(피질 인접성) 때문에 인간보다 현실에 대한 자각과 의문 능력이 더 높을 수도 있다"(p. 152). 이런 능력 때문에 돌고래는 갇혀 사는 경우에 사회적·정서적으로 어마어마한 고통을 겪는다. 1970년대 초, 영국 돌고래 프로그램 와중에 군 돌고래의 20퍼센트가 죽었고, 이 프로그램에 동원된 돌고래의 평균 수명은 고작 2년에 불과했다. 이들 중 상당수가 무균 수조 속에서 권태에 빠졌고, 신경증에 걸린 돌고래들은 먹지 않거나 조련사에게 협력하지 않는 방식으로 목숨을 끊었다(Hussain, 1973). 오랫동안 억류되어 조련되었던 야생 돌고래를 은퇴 후 다시 바다로 방사할지 논의가 있었다. 하지만 군대는 여러 이유를 들어 고민했다. 첫째, 억류되었던 돌고래는 방사 후 대형 포식자에게 잡아먹히기 쉽다. 둘째, 돌고래는 고유한 사회집단 없이 살아남을 수 없다. 셋째, 다른 군대에 포획될 가능성이 있다. 이 딜레마를 해결하기 위해 미 해군은 군견 프로그램과 유사하게 야생 돌고래를 포획하지 않고 아예 자체 돌고래 번식 프로그램을 개발했다. 그렇게 하면 더 이상 야생 돌고래를 잡지 않아도 되고, 쓸모없어진 후 바다로 돌려보내지 않아도 되었기 때문이다.

만일 사고할 줄 알고 옳고 그름 사이에서 선택할 줄 아는 능력이 인간에게 도덕적 지위를 부여한다면, 같은 자질이 있는 코끼리와 돌고래에게도 도덕적 지위를 부여해야 한다. 코끼리와 돌고래는 복잡한 사회적·정서적 삶을 산다. 그럼에도 불구하고 그들을 군사적 목적을 위한 수단으로 강제동원할 수 있는 것은 우리가 그들에 대해서 무지하다는 것을 깨닫게 한다.

게릴라전과 야생 동식물

●●●

현대의 게릴라전은 중국혁명으로부

터 태동해 제2차 세계대전 이래로 혁명, 해방, 독립운동과 관련된 수많은 전쟁에서 유력한 전술로 이용되어 왔다. 이제까지 재래식 전쟁이 동물들에게 얼마나 심각한 해를 입힐 수 있는지 살펴보았지만, 정규군 사이에서 벌어지는 대규모 재래식 전쟁은 상대적으로 짧은 기간 동안 진행된다. 반면 게릴라전은 혁명을 일으키기 위해 재래식 군대에서 이용하는 전술로, 많은 나라에서 오랫동안 지속되었다. 게릴라전인 다섯 번째 단계에서는 숲이 게릴라 전사와 재래식 군대에게 부당하게 이용되었고, 이 때문에 야생동물과 그들의 서식지가 더 심각한 위기에 빠졌다. 무기를 보유한 채 숲에서 은신하고 훈련하는 것은 야생동물을 희생시킬 뿐 아니라 그들의 일상생활까지 파괴한다. 젊은 게릴라 전사와 모집된 어린 병사들은 훼손되기 쉬운 지역의 생태계에 대해 잘 모르고, 야생동물이 지역에서 수행하는 중요한 역할에 대해서도 인지하지 못한다. 인간 중심성과 정치적 목적에 심하게 경도되다 보니 숲과 야생동물을 보호해야 하는 필요성과 그 가치를 알아보기가 불가능해지는 탓이다.

게릴라전은 자신들의 이념에 맞는 새로운 정부를 세우고자 하는 혁명가와 해방 전사가 함께 억압적이고 부당한 정부를 끌어내리는 것이 목표이다. 일본 점령군과 싸우던 중국 혁명군사위원회 주석 마오쩌둥은 게릴라전을 가리켜 "병기와 군비 측면에서 열등한 국가가 더욱 강력한 침략 국가에 맞서 동원할 수 있는 무기"(Griffith, 2000, p. 42. 재인용)라고 설명했다. 게릴라전을 이용해 마오는 중국혁명을 완수하고 공산국가를 건립했다. 남아메리카 혁명가이자 전 세계의 강력한 저항의 상징인 체 게바라는 게릴라전을 '빈자의 무기'(Dijk, 2008, p. 39)라고 정의했다. 체 게바라는 1950년대 후반에 피델 카스트로와 함께 쿠바에서 혁명을 일으키기 위해 싸웠고 이후에 남아메리카 지역과 아프리카 나라들을 돌며 자신의 메시지와 게릴라 전술을 전파했다. 마오쩌둥과 체 게바라는 둘 다 게릴라전이 잘 훈련된 군대를 갖춘 초강대국에 맞서는 약자들의 무기라고 보았다. 게릴라전의 치고 빠지는 전술은 강대국의 재래식 군대의 피를 뽑고 진을 뺀다. 그리고 전쟁은 아무 결론 없이 수십 년 동안 지속되었다.

중국과 쿠바 혁명으로부터 영감을 얻은 베트남, 캄보디아, 버마, 엘살바도르, 과테말라, 니카라과, 멕시코, 스리랑카, 카슈미르, 체첸, 자이르, 아프가니스탄, 파키스탄, 라이베리아, 앙골라, 우간다, 르완다와 같은 나라의 반군들은 숲에 군사 훈련 기지를 세우고 군사 활동과 작전을 조직한다(Ramanathapillai, 2008). 군인과 게릴라들은 적의 눈에 띄지 않기 위해 일부러 주변의 색과 같은 색으로 몸을 감싼다. 얼룩무늬 군복, 군용차량, 장비들은 군산업과 자연의 복잡한 관계를 반영한 것이다. 전쟁과 자연의 상징적이고 미학적인 연결이 두 관계 사이에 소우주적·대우주적 연속성을 만들어 내는 것이다(인간과 우주 사이에 대응 관계가 존재하는 것을 인정하는 견해로 인간은 소우주, 우주는 대우주다). 그러다 보니 상징적 차원에서조차 자연은 전쟁 기간 동안 방어되는 대상이 되고, 표적이 되고 공격받는 대상이 된다. 전쟁에 의해 자연이 파괴되는 일이 일상적으로 벌어진다는 것은 군대가 개별 생물과 생태계의 본질적 가치를 전혀 고려하지 않는다는 사실을 말해 준다. 보통 전쟁 지역은 사람이 살기에 위험한 장소로 이해되지만 실제로는 전쟁 지역에 거주하는 다른 모든 생물도 위험에 처한다는 점을 인식해야 한다.

《땅의 윤리 : 모래 군의 열두 달 The Land Ethic: In a Sand County Almanac》에서 저자 레오폴드(Leopold, 1966)는 "우리는 우리가 보고, 느끼고, 이해하

고, 사랑하고 또는 믿음을 갖는 무엇과 관련해서만 윤리적일 수 있다.'고 말했다(p. 230). 땅과 야생동물과 맺는 우리의 윤리적 관계는 우리가 그들과 더욱 깊이 연결될 때 형성된다. 혁명가들은 대개 도시 태생이고 그들이 모집하는 신병은 전국 각지에서 또는 다른 나라에서 온다. 그렇기 때문에 이들은 자신들이 주둔해서 훈련하고 전쟁을 수행하는 숲에 대해 선조로부터 이어져 내려오는 연결고리가 전혀 없는 경우가 많고, 땅을 지키려는 지역 주민들의 수고에도 아랑곳하지 않는다. 농부는 숲이 파괴되고 야생동물이 땅에서 사라지면 살기가 어려워진다. 게릴라 전사들은 대개 숲에 의존하면서도 자연을 자신들의 목적을 위한 수단, 즉 방어나 공격의 수단으로만 취급한다. 이러한 방식은 숲을 오로지 군사적 이익과 승리밖에는 안중에 없는 분쟁 당사자 사이의 충돌 한가운데로 곧장 끌어들인다. 게릴라 전사들이 마을 주민들에게 의존하는 경우 마을 구성원들은 군대의 '합법적인 공격 목표'가 된다. 한 예로, 스리랑카 군대는 게릴라 전사들이 타밀족 마을을 지원 체계로 삼았다는 이유로 많은 수의 마틸족 마을을 파괴했다(Chelvadurai, 1987).

게릴라전에서 반군은 은신과 매복을 위해 숲에 광범위하게 퍼져 있다. 따라서 반군에게 숲이 점령당할 경우 생태계는, 특히 생태적으로 민감한 열대우림과 야생동물은 두 가지 면에서 결정적인 피해를 입는다. 첫째, 반군은 숲을 은신처, 식량, 연료 공급원으로 이용한다. 야영지와 군사 훈련을 위해 숲을 밀어 버리고, 사격 연습, 식량 조달, 밀매 등을 위해 동물을 사냥한다. 앙골라 분쟁 때 반군은 코뿔소와 코끼리를 죽여 뿔과 상아를 판 돈으로 군복과 무기를 샀다. 우간다와 탄자니아에서는 하마가 사격 연습용으로 전멸당했고, 다른 동물들은 고기와 상아 때문에 도살당했다(Thomas, 1995). 콩고 내전 당시 반군은 가람바 국립공원을 점령하고 많은 동물을 대량 살육했다. 직접적인 결과로 현재 흰코뿔소가 멸종 위기에 처해 있다(Stockholm International Peace Research Institute, 1980). 1990년대 르완다 내전 동안에는 기시와티 숲이 난민 재정착 과정에 파괴되어 침팬지 개체수가 심각하게 위협받았다. 숲에 숨어사는 난민은 대개 야생동물을 식량으로 삼는다(Brauer, 2009). 아시아와 아프리카의 반군은 사슴과 멧돼지를 식량 자원으로 삼았다. 하지만 이 동물들이 사라지면 이들의 먹잇감이 되는 피식동물에게도 해가 미쳐 도미노 효과가 일어난다. 이 지역의 피식동물은 이미 숲이 계속 경작지로 개간되면서 공간과 먹이 부족에 시달리고 있었다.

무장한 인간, 특히 너무 어려서 야생동물 보호의 중요성을 이해하지 못하는 어린 병사에게 재미 삼아 동물을 쏘게 하는 것은 비윤리적일 뿐 아니라 피해 또한 심각하다(Brauer, pp. 199~499). 1987년에 스리랑카 북부에서는 어린 타밀족 전사들이 사원 축제 때 전시하려고 아기 코끼리를 잡기 위해 어른 코끼리 세 마리를 쏘아 죽였다. 이런 철없는 행동은 이미 풀을 뜯어 먹을 곳이 부족해서 개체수가 줄어든 코끼리 떼의 삶을 더욱 피폐하게 만든다(개인적 관측).

둘째, 숲에 가해지는 가장 치명적인 피해는 정부군이 반군을 소탕하기 위해 숲을 공격 목표로 삼을 때 발생한다. 숲은 혁명적인 목적을 위한 수단이 될 수 있는 까닭에, 반대로 정부군에게는 작전을 성공시키는 데 결정적인 장애물이 될 수 있다(Thomas, 1995). 때문에 숲은 군대의 가장 우선적인 공격 대상이 된다. 반군을 제압하기 위해 정부군과 동맹들은 '숲을 불태워 버리는' 초토화 전술을 이용해 반군이 더 이상 숲에서 생활할 수도, 군사 작전을 펼칠 수도 없게 만든다. 군대가 주요 도로 양 옆에 있는 열대우림 수천 에이커를 밀어 버려 반군의 매복을 원천봉쇄하는 것은 흔하게 쓰이는 작전이다. 동시에 군대는 대포와 포탄을 이용해 숲에 있는 반군을 공격하는데, 이는 반군뿐만이 아니라 야생동물과 생태계도 말살한다. 한 예로, 전쟁 지역 숲에 사는 코끼리들은 무차별 공습과 포탄 공격, 지뢰 때문에 늘 공포에 떤다.

뿐만 아니라 요란한 폭발음 때문에 코끼리들은 숲에서 밀려나 마을과 경작지에 인접한 지역으로 옮겨간다. 이러한 이동은 농부와 코끼리 사이에 갈등을 일으키고, 농작물을 지켜야 하는 농부들은 밭을 습격하는 코끼리들을 종종 쏘아 죽인다. 스리랑카에서만도 많은 코끼리가 사살되었고 100마리가 넘는 코끼리가 이런 갈등 과정에서 포획되거나 부상을 입었다. 핀나웰라 코끼리 고아원에는 한 마리 이상의 코끼리가 지뢰 폭발로 부상을 입어 세 다리로 살아간다. 버마와 태국 국경 지역에 사는 코끼리 역시 숲속 깊이 매설된 지뢰에 노출되어 있다(Guardian, 2011).

오직 군사적 목적을 위한 수단으로만 자연을 이용하는 것은 도덕적이고 실용적인 측면에서 매우 파괴적인 결과를 낳는다. 안 그래도 취약한 생태계가 군사 작전 때문에 불안정해지고 지속 불가능한 상태로 떨어진다. 게릴라전이 유력한 전투 전략이 된 뒤부터 군사적 이익을 위해 피복 식물(plant cover, 토양침식, 양분의 유실 등을 막아 주는 식물)을 파괴하는 과학기술과 방법들이 더욱 빠른 속도로 개발되고 있다(Westing, 1973). 게릴라전이 방어적·공격적 목적을 위해 자연을 의도적으로 이용함에 따라 반대편은 자연스럽게 환경전에 기대게 되기 때문이다. 마오쩌둥은 혁명 대원들에게 "유동적으로 흐르는 물과 자유롭게 부는 바람처럼 움직여야 한다. 게릴라의 전술은 적을 기만하고 현혹하며 교란시키는 것이어야 한다."고 강조했다(Griffith, 2000, p. 103). 하지만 게릴라들이 인민과 뒤섞이거나 자연 속에 숨어들어 물고기처럼 들키지 않고 이동하기 위해 물을 이용하면 적은 '똑똑하게도' 게릴라를 잡기 위해 물을 빼 버린다.

베트남전 때 베트콩은 남베트남에서 밀림과 마을 주민들을 이용해 게릴라전을 펼쳤고, '치고 빠지기' 전술을 써서 미군을 좌절시켰다. 실제로 미군은 지뢰, 저격수, 매복, 드물게 벌어진 재래식 전투가 아니면 동에 번쩍 서에 번쩍 하는 베트콩을 거의 구경조차 하지 못했다. 이에 대한 앙갚음으로 미국 정부는 군사적·정치적·외교적 전략을 동원해 어마어마한 양의 에이전트 오렌지를 퍼붓고 수 톤에 달하는 네이팜탄을 투하하는 대규모 공습을 감행해 마을과 밀림을 쓸어 버렸다. 마을을 습격할 때는 물 항아리를 쏘고 마을의 쌀 창고를 오염시키거나 불태우는 일이 필수적인 군사 전략으로 여겨졌다(Ramanathapillai, 2008). 이런 미국의 압도적인 화력과 영리하고 살벌한 게릴라전은 베트남, 라오스, 캄보디아에 극심한 환경적 폐해를 남겼다.

아서 웨스팅Arthur Westing은 추정치를 이렇게 계산했다. 베트남전 동안 1100만×214킬로그램의 포탄과 2억 1700만×13킬로그램의 일명 데이지 커터라는 포탄이 대규모의 울창한 밀림을 없애는 목적으로 만들어졌다는 것이다(Westing, 1973b). 미군은 숲을 불도저로 밀어 버리는 전략으로도 하루에 1천 에이커(약 120만 평), 전쟁 기간 동안 적어도 75만 에이커(약 9억 2,000평)의 땅을 파괴하고 쓸어 버렸다(Westing, 1973a). 이렇게 해서 파괴된 땅에는 숲뿐 아니라 고무와 과일 농장, 그외 농경지도 포함되어 있었다. 식물이 사라지자 파괴된 토양은 비와 홍수 피해에 고스란히 노출되어 미네랄이 유실되었고, 결국 풀만 겨우 자랄 수 있을 뿐 이전의 생물 다양성은 더 이상 유지할 수 없는 땅이 되었다.

이 생태 전쟁에 맞서 베트콩은 북부에서 남부까지 숲을 관통해 남베트남 전선으로 연결되는 유명한 호치민 루트를 만들었다. 루트가 공격당하는 것을 막기 위해 베트콩은 경로를 만들 때 인도차이나의 일부로 여겨지던 이웃 나라, 즉 라오스와 캄보디아를 경유해 남쪽으로 내려가는 길을 뚫었다. 이 머나먼 행군에서 베트콩은 코끼리를 이용해 무기와 식량을 북부에서 남부의 전쟁터로 실어 날랐다. 그러자 이에 대한 앙갚음으로 미국은 전쟁 지역을 캄보디아와 라오스로 넓혔고, 조종사들에게 밀림에서 코끼리가 눈에 띄는 대로 사살할 것과 환경전 전술을 라오스와 캄보디아로 확대할 것을 명령했다. 마을과 밀림을 상대로 한 전쟁은 거의 100만 명에 가까운 난민을 양산했다. 교묘히 치고 빠지는 게릴라전의 역동과 그런 게릴라를 제거하지 못하는 재래식 군대의 무능은 인도차이나 일대의 숲에 어마어마한 고통을 가했다.

인간과 자연을 향한 군사적 공격은 대대적인 환경 파괴만 초래한 것이 아니라 야생동물에게도 악영향을 미쳤다. 코끼리는 숲에서 거의 찾아볼 수 없게 되었고, 베트남 정부는 지금까지도 코끼리 개체군을 숲에 재도입하기 위해 애쓰는 중이다. 또한 환경전의 2차적인 영향은 매우 심각한 난민 문제로 이어진다. 집을 잃은 많은 수의 난민들이 숲으로 들어가 은신해야 했고, 이들이 식량과 보금자리를 숲에서 구할 수밖에 없게 되면서 다시 땅과 야생동물에게 막대한 피해를 입혔다.

결론

●●●　　　　　　　　　　인간이 전쟁에 이용되는 동물, 이외
다른 야생동물 사이에 맺은 관계는 다채롭고 복잡하다. 동물과의 복잡한
관계는 다섯 단계를 거쳐 왔다. 첫 번째 단계에서 인간은 우세한 동물 앞
에서 스스로를 취약하게 느꼈고, 동시에 힘을 가진 그들을 공경했다. 취
약성과 공경의 감정은 이후에 인간이 여러 문화권에서 야생동물과 자연
을 신성한 지위로 끌어올리는 이유가 된다. 이 단계에서 새와 파충류 같
은 일부 동물은 인간보다 우월한 지위를 누리기까지 한다. 두 번째 단계
에서 공동체는 동물을 길들여 자신들의 사회생활과 농경생활을 풍요롭
게 하는 법을 터득했다. 이는 인간과 동물을 더욱 밀접한 존재로 결속시
켜 주었다. 이 단계에서 동물은 여전히 정중한 대우를 받아서 일부 문화
권에서는 따로 날을 잡아 논일과 수확을 거드는 동물들을 기념하기도 했
다. 하지만, 그렇더라도 동물은 인간에게 종속적인 위치가 되었다. 세 번
째 단계에서 인간은 서로 간에 충돌이 일어나고 동물에게 크게 의존하게
되면서 동물을 전쟁에 이용하는 법을 개발하기 시작했다. 이 단계에서
동물을 신성시하거나 공경하는 관계는 서서히 사라졌고, 인간은 점차 동
물을 목적을 달성하기 위한, 다시 말해 전쟁에서 승리하기 위한 수단으
로만 이용했다. 다만, 이 시기는 전투 규모가 워낙 작았기 때문에 동물을
이용하는 수준도 미미했다. 나폴레옹에서부터 시작되어 제2차 세계대전
으로 이어진 대규모 현대전은 네 번째 단계의 특징을 이루었다. 이때 동
물은 유례없이 야만적이고 난폭한 상황으로 떠밀려 들어갔다. 전쟁에서
동물은 폭발로 인한 부상과 죽음에 시달렸을 뿐 아니라 화학전과 생물전

에도 노출되었다. 굶주림은 동물 수백만 마리의 가장 흔한 사인이었다. 다섯 번째 단계에서 현대 게릴라전과 게릴라전에 맞선 정부가 채택하는 초토화 정책은 동물과 야생 동식물의 서식지를 극한의 스트레스 상황으로 몰아붙인다. 게릴라전을 봉쇄하기 위해 식물로 뒤덮인 수천 에이커의 땅을 파괴하는 에이전트 오렌지와 그외 여러 방법을 사용한 것은 인도차이나 여러 지역의 야생 서식지를 점멸시켰다. 우리 시대의 재래식 전쟁과 게릴라전은 동물과 야생 동식물의 서식지에 유례없는 위협을 가한다.

그러므로 인간은 다른 인간 집단과의 분쟁을 해결할 때 비폭력적인 방법을 사용해야만 한다. 비폭력적인 방법은 모든 생명 형태의 안녕을 지켜주고, 나아가 생명이 살아가는 터전 또한 진정으로 보호한다.

6장

전쟁과
동물의 미래

빌 해밀턴, 엘리엇 카츠

사소한 일이든 위험한 일이든 과학자들에 의해 의인화된 임무에 이용당하는 동물 이야기는 한 세기도 더 전부터 소설의 주제로 다뤄져 왔다. H. G. 웰스Wells가 그 유명한 《모로 박사의 섬The Island of Dr. Moreau》을 써서 생체 해부에 대해 고발한 것은 1896년이었다. 이 소설에서 동명의 과학자는 동물을 인간과 동물의 하이브리드로 개조하는 무서운 실험을 감행한다. 주제에 충실하게도 웰스는 인간 등장인물은 모두 불행한 결말로 이끈 반면, 인간과 동물의 하이브리드는 종국에 정상적인 동물 상태로 돌아가게 해 준다. 할리우드는 이 소설을 각각 1932년, 1977년, 1996년에 영화로 제작했다.

　오늘날 군 과학자들은 유전공학을 통해 동물을 유기적으로 개량하거나 동물에게 로봇의 일부분이나 인간의 리모트 컨트롤 장비를 결합 또는 부착해서 각각 별개로 개조하는 방식을 연구 중이다. 군 과학자들의 목적은 '동물 병사'를 만드는 데 있다. 그래서 인간을 위험한 일에서 제외하거나, 적의 주의를 다른 데로 돌리거나, 정보를 모으거나, 방어 시설을 찾아내거나, 아니면 인간과 로봇 하이브리드의 실현 가능성을 시험하기 위해서 말이다. 현대 과학자들은 모로 박사의 비인도적인 방법을 유전공학으로 대체해 유전자 변형 생물체(GMO)를 생산해 왔다. 관련 군 과학자들이 그런 실험을 해볼 만하다고 여기든 말든 간에 이런 유형의 연구가 앞으로도 계속되리라는 사실은 불을 보듯 뻔한 일이다.

서문에서도 설명했듯이, 인간 쇼비니즘이라는 만연한 문화적 특성 속에서 과학자와 연구자, 그들의 조교와 스태프들은 군대와 민간을 막론하고 연구 대상 동물을 단지 실험도구, 실험실 장비 그 이상의 아무런 가치나 중요성도 없는 물체로 바라본다. 이 뿌리 깊은 태도는 특히 거액의 돈이 걸려 있을 때에는 더욱 바뀌기 어렵다. 따라서 이 산업에 걸려든 동물들이 기대할 수 있는 유일한 희망은 그런 실험이 자꾸 실패하는 것뿐이다. 실제로 이것은 흔하게 벌어지는 일이다.

이 책에서 이제까지는 군 지도부와 과학자들이 수 세기 전부터 오늘날까지 동물을 어떻게 이용해 왔는가를 살펴보았다. 이 장에서는 군사적 활용을 위한 동물실험이 미래에 어떤 새로운 방향을 취할지 알아보려고 한다. 물론 군사 프로젝트가 '국가안보'라는 장막 뒤에 숨어 철저히 기밀을 유지하는 탓에 앞으로 발생할 착취적인 군사 프로젝트와 발명은 단지 추정일 뿐이다.

이 장에서 제기하는 내용은 엄격하게 동료 평가를 거친 연구나 학문적 출판물보다는 현재 민간 영역에서 공개적으로 드러나 있는 연구, 해외 군 연구, 공상과학소설, 비디오 게임 산업, 그외 여러 형태의 대중 오락물에서 크게 영감을 얻은 것들이다. 민간 연구자들이 그렇듯이 미군 산하 기관도 인터넷, 언론 보도, 클리핑 서비스에 쉽게 접근하고 신병을 끌어들이기 위해 대중적인 오락매체를 활용하는 까닭이다. 이들은 어떤 자원이든 간에 다양한 창의적 영역에 관심을 갖는다. 따라서 할리우드나 실리콘 밸리는 자신도 모르는 사이에 동물을 상대로 한 생물 무기에 대해 영감을 주고 있는지도 모른다.

미 국방부는 1998년부터 2007년까지 자체적인 생체의학 연구 데이터 베이스를 발표했다. 가장 최근에 발표된 동물 보호와 이용에 관한 보고서는 2005년까지밖에 거슬러 올라가지 않는다(U.S. Department of Defense, 2009). 이 자료에서 동물을 실험 대상으로 하는 연구는 대부분 트라우마 실험과 관련된 것으로, 인간을 치료하기 위해 동물을 짓뭉개거나, 폭탄으로 날려 버리거나, 독에 중독시키거나, 질식시키거나, 전기충격을 가하는 내용들이다. 동물을 전쟁터로 끌고 가거나 전투 임무에 배치하는 것은 더 이상 주류 군사 전략이 아니며 현재 나와 있는 몇몇 단서도 미래가 그런 방향으로 변화할 거라고 암시하지 않는다. 하지만 군 연구자들은 공개 데이터베이스에 최첨단 연구나 동물의 무기화 전략에 대해서는 공개할 리가 없다. 따라서 이 장에서는 군·동물 산업 복합체가 군복 소매 속에 감춰 뒀을지 모를 연구와 추측에 관해 어떠한 단서라도 검토할 것이다.

유전자 변형 동물과 원격 조정

●●●   민간 연구자가 동물을 실험 대상으로

하는 공개 연구의 서로 다른 맥락을 검토하여 잠재적 군사 응용 프로그램을 예견하는 것은 가능하다. 미 국방부 산하 다양한 기관들은 자체적인 연구도 실시하지만 대학과 민간 부문 기업체의 비군사적 연구 시설에 하청을 주기도 한다. 하지만 각 하청이 오직 한 조각의 프로젝트만 수행하는 데다 결과가 잡지에 실리지 않을 수도 있어서 하청업체의 연구자들은 자기 연구가 큰 그림에서 어떤 의미를 차지하는지 전혀 알지 못할 수도 있다. 오직 군 프로젝트 관리자만이 연구 조각을 한데 모으고, 기밀에 붙인 프로젝트를 최종 단계에서 가장 성공적인 연구 결과를 통합해 실행 가능한 무기나 다른 군사적 응용을 위해 개발한다.

따라서 즉각적이거나 명백하게 군사적 응용에 도입되지 않는 연구라 해도 군 관계자의 정밀 검토 레이더망으로 미끄러져 들어갈 수 있다. 가령 《뉴 사이언티스트 매거진New Scientist Magazine》의 캐나다 출신 과학 자문 위원 보브 홈즈Bob Holmes는 동물 유전자 변형 연구가 발전한 덕분에 '징크 핑거zinc finger', 즉 "미리 선별한 세포 내 DNA의 특정 위치를 잘라 내게 해 주는" 효소가 개발되었다고 보도했다.

> "이것은 동물유전공학 분야에 대변혁을 일으킬 것입니다." 영
> 국 에든버러 로슬린 연구소의 유전학자 브루스 화이트로Bruce
> Whitelaw는 이렇게 말한다. "당신은 당신의 징크 핑거를 제작해서
> 게놈의 특정 위치를 잘라낼 수 있어요. 어떤 게놈이든 상관없어
> 요, 돼지든 양이든 개든 쥐든 다 괜찮죠"(Holmes, 2010).

이 기사는 군사적 응용을 언급하지는 않았지만, 이 연구에 대해 읽는

군 과학자는 조사해 보고 가능하다면 이런 도구를 가져다 쓰고 싶어 할 지도 모른다.

군대는 비군사적 연구를 군사적 응용으로 발전시켜 심지어 동물의 행동을 조정할 수도 있다. CNN은 한 네덜란드 단체가 아프리카대왕캥 거루쥐에게 모잠비크에서 지뢰를 탐지하는 훈련을 시켰다고 보도했다 (McLaughlin, 2010). 스리랑카 모라투와 대학 공학자들은 난쟁이몽구스에 게 원격 조종 로봇을 묶은 채 지뢰를 탐지하도록 유도했다(New Scientist, 2008). 이제 군수품 공학자들은 동물이 탐지할 수 없는 미래형 지뢰를 개 발하거나, 반대로 동물이 탐지하는 것이 아니라 훈련을 거친 동물이 스 스로 무장하거나 폭파시킬 수 있는 지뢰를 제조할 수도 있다.

미국에서 '유전자 이식transgenic' 또는 GMO 개발에 관한 가장 활발한 연구는 농업 분야로, 농산물의 씨앗과 축산물 분야에서 전개되어 왔다. 화학회사인 몬산토와 듀퐁은 제초제에 내성이 강한 콩, 옥수수 같은 농 산물 씨앗과 인간에게 이로운 단백질이 함유된 우유를 생산하는 소에 대 해서 전 세계 특허 라이선스 계약을 따냈다(Margawati, 2003). 동물 유전 자조작은 대부분 크기와 증식률을 높이고 가축의 질병 내성을 증진하는 것으로, 모두 식량 생산 증가와 (인간에게) 더 안전한 먹을거리를 제공하 (기 위해서라고 주장하)고 있다(Margawati, 2003). 군은 국가안보에 이익이 된다고 주장하면서 수용권(정부가 필요에 따라 보상을 주고 사유재산을 수용할 수 있는 권한-옮긴이) 전략을 이용해 민간 부문 기업체의 연구에 쉽게 접근 할 수 있다. 특히 그 연구가 연방정부의 보조금이나 세금으로 지원받은 경우라면 더욱 그러하다. 따라서 미국이나 미국의 동맹국에 사는 동물들 은 탄저병, 신종 플루, 구제역과 같은 생물 무기에 해를 입지 않게 유전적으로 강화될 수 있고, 주작물은 밀과 벼 도열병에 걸리지 않게 보호받을 수 있다.

심지어 인터넷에 흔하게 돌아다니는 학생 논문조차 군 연구자에게 영감을 주어서 미처 생각지 못한 연구 분야를 재검토하게 할 수 있다. 벤저민 레스너Benjamin Resner는 매사추세츠 공과대학 석사학위 논문에서 "개와 인간이 인터넷을 통해 교류하는 방법"을 고안했는데 그는 이 연구를 고양이와 앵무새에게도 적용하고 있다(Resner, pp. 2, 80~81). 개 조종 장치는 "컴퓨터로 조작되는 개 보상용 간식 자판기, 개를 눈으로 확인하기 위한 웹캠, 개에게 클릭 소리와 주인의 목소리를 들려주는 스피커로 구성된다"(Resner, 2001, p. 9). 직접 대면으로 훈련 프로그램을 시작한 뒤에 이 조종 장치를 이용해 원격으로 계속해 나간다. 이것이 미래에는 전쟁터에 파견된 개나 다른 훈련 가능한 동물들에게 무선 이어폰이나 기타 형태의 원격 의사소통 장비로 응용될 수 있다. 더구나 훈련된 행동을 촉발하는 조련사의 전자 음성이나 클릭 소리와 같은 비언어적 신호는 컴퓨터로 재현할 수도 있는데, 적절한 행동 촉발 장치가 프로그램된 후부터는 조련사나 어떤 인간도 개입할 필요가 없게 된다.

유전자 이식 연구 가운데 군 기관이 이용할 수 있는 또 다른 공적 자원은 생명공학 컨퍼런스이다. 생명공학산업협회Biotechnology Industry Organization, BIO는 2010년 9월에 동물 관련 유전공학 기술에 관한 최초의 국가 산업 컨퍼런스인 가축 생명공학 회의Livestock Biotech Summit를 개최했다. 회의의 마케팅 자료를 인용하면 다음과 같다.

가축 생명공학 정상회의에서 논의되는 유전자 변형 동물은 다음과 같다.

- 유전적으로 변형되어 인간에게 이식 가능한 조직, 세포, 장기를 생산하는 돼지.
- 유전적으로 변형되어 인간의 항체를 생산하고 인간의 건강 상태와 질병을 예방하거나 치료하는 데 광범위하게 도움이 되는 소.
- 유전적으로 변형되어 광우병 유발인자가 없고, 따라서 소의 해면상뇌증(또는 광우병)에 저항력이 있는 소.
- 유전적으로 변형되어 젖에서 거미줄 성분을 생산하는 염소. 거미줄은 탁월한 강도와 탄력성 덕분에 인공 인대, 힘줄, 안구 봉합사, 턱 교정용 실을 제공하는 등 다양하게 활용된다. 방탄복, 자동차 에어백 등 산업용으로도 쓰일 수 있다.

이번 회의에서는 이런 동물들이 깜짝 등장하고, 앞으로 유전자 변형 동물을 어떻게 응용할 것인가에 대해 논의할 것이다. 또한 동물 보호와 이용에 관한 주제를 비롯해 유전자 변형 동물 연구의 다양한 가능성, 규제, 생명공학 산업 내 자금 지원 등을 논의하게 될 것이다(Biotechnology Industry Organization, 2010).

군 연구자가 보호복이나 수중 안전그물, 낙하산 줄에 쓸 더 나은 섬유 기술을 찾고 있다면 염소 젖에 있는 거미줄 성분의 기상천외한 응용 기술에 주목할 것이다. 군의관이라면 부상당한 병사에게 돼지 장기를 이종 이식하는 방법에 대해 자세히 알아보고 싶을 것이고, 항체가 함유된 소고기를 장병들의 식단에 올리고도 싶을 것이다. 하지만 이런 인간중심주의적인 연구에 떠밀린 동물이 맞이할 상황과 운명에 대해서는 거의 고려하지 않을 확률이 높다.

이 회의의 마케팅 자료가 밝혔듯 "BIO는 미국 전역과 해외 30개국 이상에 위치한 1,200개가 넘는 생명공학 회사와 학술연구소, 국영 생명공학 센터와 관련 단체들을 대표한다"(Biotechnology Industry Organization, 2010). 그리고 무수한 자체 컨퍼런스에 군 연구자도 가입할 수 있음은 물론이다. 군사화된 동물을 앞으로 어떻게 배치하고 이용할 것인가에 대한 응용 자료는 거의 무궁무진한 셈이다.

세계컴퓨터학회Association of Computing Machinery가 2006년 캐나다에서 개최한 또 다른 컨퍼런스에서는 싱가포르에서 온 세 명의 과학자, 테Teh, 리Lee, 척Cheok이 동물을 원격 조종하는 '햅틱haptic' 기술에 관한 논문을 발표했다.

> 이 시스템은 만질 수 있는 인터페이스를 통해 시각과 촉각을 동시에 이용하는 의사소통 방식을 실행한다. 이는 인간이 언제 어디서든 반려동물과 원격으로 교류할 수 있는 시스템이다. 주인은 위치파악 시스템 장치 속의 동물 인형을 통해 동물의 움직임을 실시간으로 보고, 실제 동물은 촉감을 재현하는 특수 재킷을 입고 있다. 주인이 시스템 장치 속의 인형을 손으로 만지면 멀리 떨어진 동물에게 접촉 신호가 간다. 그리고 동물의 움직임을 통해 햅틱 피드백을 받는다(Teh, Lee, and Cheok, 2006, para 1).

이 기술에는 군사적인 암시가 명백하다. 동물에게 촉각을 이용한 원격 명령이 내려지는 순간 동물은 미리 설정된 표적을 향해 사납게 달려들도록 훈련될 수 있다.

잡지와 웹사이트 같은 대중적인 과학매체도 군 투자자들이 접근하기 쉬운 자원이다. 2002년에도 BBC 뉴스 사이트는 쥐를 대상으로 실시한 뉴욕 주립대학 연구팀의 사이보그 연구를 소개했다. "전극을 쥐의 뇌 영역에 이식한 후 명령과 보상이 무선 장치를 통해 노트북 컴퓨터에서 설치류의 등에 달아놓은 수신기로 전송되었다. 과학자는 자신들이 원하는 방향으로 쥐를 달리고 돌고 껑충 뛰고 기어오르게 할 수 있었다"(Whitehouse, 2002). 군 연구자들은 인기 있는 매체 덕분에 잠재적인 최첨단 응용법을 좀 더 쉽게 찾아낸다.

사이보그와
군 동물실험의 '외주화'

●●●   군 연구기관들도 사이보그 이용 방안을 검토해 왔다. 이 경우 사이보그란 기계장치가 이식된 동물이나 곤충이 원격 자극에 반응하면서 기계가 지시하는 대로 적의 설비를 감시하는 형태를 말한다. 미 국방부 산하 국방첨단과학기술연구소Defense Advanced Research Projects Agency, DARPA에서는 번데기에 센서를 이식해 번데기가 날 수 있는 단계의 성충으로 우화했을 때 적과 군수품의 움직임을 파악하여 데이터를 전송할 수 있게 했다. 뿐만 아니라 연구자들은 번데기에 조그만 전자장치를 붙여 비행 방식도 조종할 수 있다. 국방첨단과학기술연

구소는 인간이 조종하는 비행 사이보그 딱정벌레를 개발하여 2009년에 공개했는데, 이 모델은 벌, 상어, 쥐, 비둘기를 포함하고, 곤충, 어류, 포유류, 조류를 이용해 미래 사이보그를 연구하는 유사 계획에 영감을 주었다(Guizzo, 2009).

또 다른 과학기술회의인 '2009 전기전자기술자협회 미세전자기계 시스템(MEMS) 컨퍼런스'가 이탈리아에서 열려, 국방첨단과학기술연구소로부터 하청을 받은 캘리포니아 대학교, 버클리 대학교 공학자들이 무선 비행 곤충 사이보그를 공개했다.

> 기계의 사고력과 곤충의 날렵한 몸이 결합한 곤충 로봇은 그야말로 완벽한 정찰병일지도 모른다. 저렴하고, 쉽게 쓰고 버려도 되고, 그러면서도 은밀한 정찰이 가능하기 때문이다. … 딱정벌레는 힘이 좋아서 소형 카메라 같은 유용한 탑재 장비를 운반하기에 손색이 없다.

> 국방첨단과학기술연구소는 … 곤충의 생애 초기에 기계를 이식하는 방법에 관한 연구도 후원하고 있다. 나비는 먹지 않고도 수천 마일을 날아갈 수 있어서 사이보그 나비는 장거리 임무 수행에 안성맞춤일 것이다. 애벌레를 변형하면 성체가 되었을 때 인간의 조종을 받으면서도 일반 나비처럼 보이게 할 수 있다. 잠자리는 한 시간에 72킬로미터를 날아갈 수 있으므로 고속 임무를 맡을 수 있다. 특히 날개길이가 25센티미터 가까이 되는 아그리파밤나방은 소형 수송선의 역할을 할 수 있어서 국방첨단과학기

술연구소의 관심을 끌고 있다(Ornes, 2010).

국방첨단과학기술연구소 연구자 잭 주디Jack Judy 박사는 현재 진행 중인 미래 연구의 주된 목적 중 하나를 이렇게 설명했다. "하이브리드 곤충 미세 전자기계 시스템(HI-MEMS) 파생 기술은 저렴한 비용으로 곤충에게 다양한 로봇 기능을 가능하게 하고, 미래의 자동 방어 시스템 개발에 영향을 미칠 것이다"(Judy, 2010).

비침투성 촉각 장치들은 햅틱 기술처럼 동물을 원격으로 조종하는 데 이용된다. 홈 비디오 게임 '닌텐도 위Nintendo Wii'를 조작하는 방식과 유사하게 이 장치 연구자들은 동물에게 구속 장치를 '입혀' 인간 조작자의 힘, 떨림, 행동을 동물에게 전달한다(Robles De-La-Torre, 2010). 이 기술의 초기 버전은 난쟁이몽구스에게 지뢰를 탐지하도록 유도하는 데 이용되어 왔다. 현재와 미래의 연구는 컴퓨터 게임, 이동통신, 수술, 로봇공학, 제조, 예술과 그외 산업으로 확장되고 있다. 구체적인 동물 조종 응용이 공적인 문헌에서 많이 발견되지는 않지만 군 햅틱 전문가들이 동물 원격 조종 개발에 뛰어드는 것은 논리적으로 타당하다.

미국이 잠재적 군 동물 응용을 위해 활용하는 또 다른 연구 자원은 전 세계 정부의 군 부서이다. 타미르 로스키(Tamir Lousky, 2007)는 2000년부터 2004년까지 이스라엘의 군 동물실험 실태를 추적했다.

5년 평균, 이스라엘에서 실험에 이용된 기니피그의 58퍼센트, 돼지의 31퍼센트, 개의 16퍼센트, 영장류의 75.7퍼센트가 MSS(이스라엘 군사안보부)에서 이용되었다. MSS는 충격적이게도 규모가 산업이나 학술 부문보다 훨씬 작은데도 불구하고 다른 부문을 모두 합한 수보다 4배 많은 영장류를 이용했다. 더욱이 이스라엘의 동물실험법은… MSS를 통상적인 법적 규제에서 제외하고 있어, 비윤리적으로 간주되는 실험도 MSS 안에서는 쉽게 승인받을 수 있다(Lousky, 2007, p. 263).

미국 동맹국의 연구는 미 농무부 동식물검역소의 관리를 받지 않는다. 1966년에 제정되어 1985년에 개정된 동물복지법 규정 때문이다. 관리의 허점 때문에 두 나라 이상의 군이 동물 연구를 공유하면 한 나라 안에서 연구하는 것보다 훨씬 더 신속하게 진행될 가능성이 높다. 로스키는 이스라엘 군 과학자들이 어떤 종류의 동물실험을 진행하는지 구체적으로 밝히지는 않았다. 하지만 다치거나 죽은 동물의 수만으로도 이스라엘의 최대 후원국인 미국의 관심을 끌 것이다. 이스라엘과 미국 양측 모두 군 연구를 비밀에 붙이는 까닭이다.

사실, 미국은 동맹국이 많은데, 특히 그중에는 미국으로부터 군사 원조를 받는 나라,; 동물에 대한 법과 문화가 미국과 전혀 다른 나라, 반려동물과 그외 동물에게 미국인처럼 높은 지위와 배려를 제공하지 않는 나라가 많다. 해외의 이런 태도가 미국의 군 과학자들이 공적 감시와 동물복지법의 관리를 모두 완벽하게 따돌린 채 군 프로젝트를 위한 동물실험 연구를 '외주화'할 수 있는 비옥한 환경을 뒷받침해 준다고 추정한다. 1992년 대법원 사례였던 루잔 대 야생동물 수호자들Lujan v. Defenders of Wildlife 사건에서, 대법원은 외국 국민이나 정부가 그들 나라의 멸종위기종을 죽이거나 해를 입히는 데 대해 미국인이 소송을 제기할 수 있는 권리(또는 지위)가 없다고 판결했다(Hamilton, 2008, pp. 8~9). 이런 제한은 외국 군 실험에 동원되는 동물들에게도 마찬가지로 적용된다.

리처드 코크런Richard Cochrane은 미 해군이 2010년에 돌고래를 훈련시켜 수중 침입자를 찾아낼 계획이라고 밝혔다. 마치 시월드(미국의 해양 테마 놀이공원-옮긴이) 공연이나 애니메이션 영화에서 영감을 얻은 것 같은 시나리오는 이랬다. 돌고래가 침입자를 찾아낸 뒤에 그를 뒤에서 살짝 들이받아 자기 코에 부착된 추적 장치를 근처에 떨어뜨린다. 그러면 훈련받은 바다사자가 "입에 수갑을 물고 나타나 뒤에서 들이받으면 수갑이 침입자의 다리에 채워진다. 수갑은 밧줄에 묶여 있어서 이후 해군이 출동해서 밧줄을 끌고 가면 된다"(Cochrane, 2009). 실제로 해군이 돌고래와 바다사자 '공격팀' 아이디어를 실행에 옮겼는지, 또는 여전히 계획 단계에 있는지는 확실하지 않고, 코크런은 정보 출처를 밝히지 않았다. 앞서 2003년에 미 해군은 이라크 항만에서 기뢰를 탐지하는 데 돌고래를 이용했다.

군 연구자는 적을 공격하기 위한 이런 프로젝트만이 아니라 방위와 예방 프로젝트에도 상당한 자원을 쏟아붓는다. 오늘날 군인들은 통상적으로 탄저병 예방접종을 한다. 이는 두말할 필요 없이 연구 과정에서 치명적이고 위험한 병원균에 감염된 동물을 이용하는 만큼 안전을 확보해야 하기 때문이다.

이를 그럴듯한 시나리오로 추측해 보면, 군 연구자나 그 대리자들이 방사능, 바이러스, 레이저, 생물 독소나 그 외 치명적인 물질을 이용해 정교하면서도 은밀히 퍼지는 무기로 동물을 학살한 후 동물 사체를 해부해서 전투 대원을 위한 적합한 생존 계획과 보호책(그런 게 있다면 말이지만)을 연구할 거라고 추정할 수 있다.

대중매체와
오락물에서 얻는 영감

●●●   군대가 전투용 동물 하이브리드를 개발한다는 설정은 상상의 나래를 펴기에 좋은 소재다. 이 설정은 할리우드가 터무니없음의 극치를 보여 주는 수준까지 우려먹었다. 텔레비전용 영화 〈샤크토퍼스Sharktopus〉는 미 해군이 원격 조종하는 유전자 변형 거대 하이브리드(반은 상어, 반은 문어) 종을 개발해 이용한다는 내용이다 (Stuart, 2010). 안타까운 것은 누가 봐도 터무니없어 보이는 이런 것도 군 결정권자에 의해 진지하게 고려되고 검토될지 모른다는 점이다.

동물 군사화의 또 다른 주요 분야인 로봇공학은 여전히 초기 구상 단계다. 하이브리드에 대한 아이디어는 아바타, 만화 캐릭터인 '워 울프War Wolf'를 탄생시켰다. 동물로 구성된 특수부대 파견대는 대중적인 지지를 얻기 쉬울 것이다. 대다수 군 연구자들은 동물의 목숨을 가치 면에서 인간 장병의 목숨과 비슷하다고 여기지 않는다. 창의적인 상상력은 보통 사람에게는 터무니없어 보이지만 군대 지략가들에게는 영감을 불어넣는다.

인기 과학 사이트인 싱귤러리티 허브Singularity Hub 선임 편집자이며 물리학자인 애런 사엔즈Aaron Saenz는 말한다. 예술가와 그밖의 창의적인 인물들이 이미 상상한 미래의 구상과 설계는 최신 과학기술의 하이브리드 개념에 기반을 두고 있다고.

실제로 과학자들이 사이보그 딱정벌레와 로봇 벌새를 만들고 있는데, 아나콘다의 모습을 한 인공지능 로봇이나 미사일 탑재 두꺼비는 왜 안 되겠는가? 이 발상 중 어느 것이 포토샵에서 공학도의 작업대까지 가게 될지 모른다. … 미래에 대해 생각할 때 우리는 대개 오늘날 우리 주위에 있는 것들을 단순히 짜깁기할 뿐이다. 과학기술의 발전 속도가 가팔라 정확히 무엇이 가능할지 예견하는 우리의 능력이 뒤엉켜 버리기 때문이다. … 나는 누군가 언젠가 현실로 만들고 싶어 할 아이디어들을 알고 있다(Saenz, 2010).

사엔즈는 또한 동물이나 곤충을 부분적으로 개조해 사이보그로 만드느니, 동물의 움직임과 능력을 토대로 아예 모방 로봇mimetic robot을 새로 만드는 편이 실현하기 쉬울 거라는 이론을 제기한다. 앞서 소개한 국방 첨단과학기술연구소가 자금을 대는 실험을 언급하면서 그는 "사이보그 벌레의 (곤충 크기) 껍데기에 전기를 안정적으로 공급하는 데 드는 공력이면 로봇 벌레를 차라리 하나 새로 만드는 것이 나은 선택일 수 있다."고 설명한다(Saenz, 2009). 군 과학자들로서는 정보와 기타 군사적 목적을 위해 곤충과 동물의 행동을 원격 조종하려고 시도하는 것보다 오히려 이들을 모방하는 로봇을 만드는 편이 더 쉽고 비용 대비 효과도 더 높을 수 있다. 인간의 목숨이 정확성에 달려 있으니 말이다.

결론

●●● 이제까지 군이 동물을 대상으로 고려 중이거나 실행 중인 또는 실행 직전에 있는 비인도적 실험과 여러 가지 명백한, 불투명한, 잠정적인 학대를 살펴보았다.

민간 연구 기관, 연구 대학, 군과 도급을 맺거나 맺지 않은 민간 부문 기업의 자료 등 군 연구자들이 이용할 수 있는 다양한 출처의 무료 또는 비독점 연구가 있다. 이를 통해 군 지략가들은 전쟁터의 지뢰를 제거하도록 훈련받거나 강요당하는 동물의 용도를 바꾸고 싶어 할지 모른다. 무기를 제거하는 쪽에서 무기를 몸에 다는 쪽으로. 논란 많은 유전공학 분야에서는 인간의 소비를 위해 '자연적이지 않은' 식물과 동물을 대거 생산해 왔다. 군 과학자들은 이 유전공학 연구를 바탕으로 인간의 파괴를 돕는 동물을 생산할 수 있다. 대학이나 대학원 학위논문에서부터 과학기술과 생명공학 기술 컨퍼런스, 심지어 대중매체조차 군이 기획하는 동물의 무기화에 중요한 자료를 제공할 수 있다.

실제로 국방첨단과학기술연구소는 사이보그 과학기술을 포유류나 조류 같은 '상위' 분류로 확대한다는 포부를 품고 대학에 하청을 줘서 곤충 사이보그 생산에 투자해 왔다. 또한 군은 전투 임무를 위한 동물의 원격, 햅틱 조종에도 직접적이고 노골적으로 관여하고 있다. 군이 직접 연구하는 세 번째 영역은 대테러 활동을 위한 돌고래와 바다사자 훈련이다. 알려진 대로라면 긍정강화 행동교정법을 이용하고 있다.

군이 이런 프로그램을 중단했을까? 사실 군 연구자로서 이런 프로그램을 개선하고 확대하지 않을 이유가 없다. 미군은 대부분 외국 정부에게 비인도적인 '궂은' 동물 연구를 맡긴 다음 유망한 작업만 가져와 도용하고 있을 공산이 크다. 뿐만 아니라 동물 기반 무기와 동물을 통해 성능을 강화한 무기를 개발하는 한편, 장병을 보호하는 방법을 찾는다는 명목으로 동물을 학살하는 방위 연구도 틀림없이 하고 있을 것이다. 군 과학자들은 늘 적보다 한 발 앞서 나가기 위해 절멸 무기를 궁리해 내는데 군의 지난 연구를 봐도 어떤 것일지 보통 사람은 좀처럼 상상하기 어렵다.

마지막으로, 군 연구가 대중매체로, 이를테면 소설, 영화, 블로그, 예술가를 대상으로 한 공모 등으로 얻을 수 있는 영감에 대해 살펴보았다. 그저 기발한 '눈요깃거리'나 생각 없는 오락물로 보일 때가 많지만 그런 발상도 군사적 용도로 둔갑할 수 있다.

군 연구의 은밀하고 비밀스러운 특성 때문에 군이 연구에 도용하거나 근거로 삼을 법한 많은 공적 자원을 추정하는 수밖에 없다. 앞으로 많은 가설의 시행 여부를 확인해 줄 수단은 언론인과 공익 제보자들의 감시 밖에는 없을 것이다. 동물을 군사적 목적에 이용하는 데 연루되지 않은 사람들은 불필요하고 비인도적인 착취에 대해 경계를 늦춰서는 안 된다.

감각성을 지닌 존재들은 바로 그 감각 때문에 군사적 충돌과 정보 수집 작전에서 요구되는 정확하고 완벽한 통제를 충족시킬 이상적인 대상이 되지 못한다. 게다가 동물은 본성상 군인만큼 신뢰할 만하다거나 예측 가능하지도 않다. 군이 아무리 훈련을 통해 '강화'하고 인간이 조작한다 해도 말이다. 저명한 동물 전문가 템플 그랜딘Temple Grandin은 동물이 자폐증을 타고난다고까지 상정해 왔다(Grandin and Johnson, 2005, pp.

67~68). 인간이라면 태어나면서부터 군 복무 자격을 박탈당할 장애를 가지고 있다는 것이다. 이러한 속성은 앞으로 동물을 광범위한 무기화와 관련된 군 연구로부터 구원해 줄지도 모른다. 동물이 선천적으로 전투 임무에 부적절하다는 사실은 종국에는 최소한 일부 군 과학자, 연구자, 하청업자, 군인을 인간 쇼비니즘과 종차별주의의 편견으로부터 해방시켜 줄 기회가 될 수 있다. 이런 식의 태도와 전략의 변화는 군 연구의 함정에 걸려든 나라들(과 거기에 의존해 있는 하청 대학들)이 소극적 평화 또는 전쟁의 부재 상태를 넘어서서 적극적 평화를 달성하도록, 평화로운 세계를 위해 더욱 다양하고 자유롭고 인도적인 미래를 만들어 나가도록 도울 것이다.

결론

모든 전쟁을
종식시키기 위한
비판적 동물과 평화 연구

앤서니 J. 노첼라 2세

한 나라의 위대함과 도덕성은 동물을 대하는 방식에서 드러난다.

-마하트마 간디

전쟁 철폐에 관해 탐구하자면, 학제 간 평화 연구 분야만큼 이 주제를 철저히 파고드는 분야는 없다. 마찬가지로 교차적intersectional 비평적 동물 연구 분야는 동물 억압 철폐에 관해 탐구할 때 없어서는 안 될 매우 중요한 분야다. 하지만 두 분야 모두 결함을 여러 가지 가지고 있다. 우선 이 두 분야는 둘 다 고등교육 안, 즉 억압적인 체제 안에 자리 잡고 있다. 게다가 둘 다 백인, 유럽인, 신체 건강한 학자들이 압도적으로 주도하고 있다. 비평적 동물 연구에 비해 평화 연구는 더욱 진보적 자유주의자, 기독교도, 이성애자 남성들이 절대적 우위를 차지한다. 나는 현재《피스 스터디즈 저널Peace Studies Journal》편집자이고 이전에 센트럴 뉴욕 평화 연구 협력단 기획자로 일했다. 평화 연구에 관여하는 사람들이 대부분 백인이며, 이성애자이고, 신체 건강한 기독교도 남성이며, 이들이 지역사회 조직화와 행동주의에 대해 책으로만 배웠지 경험이 전혀 없다는 사실을 매우 가까이서 목격해 왔다.

평화 연구가 시작된 것은 1960년대와 1970년대에 대학에서 사회정의와 평화에 대해 더 많이 배우고 대화하고 싶어 하던 전쟁 반대 활동가들에 의해서였다. 하지만 현재 관련 교수들은 활동 경험이 거의 없거나 아예 전무하다. 요즘은 평화 연구 프로그램과 교육 센터가 무척 많다. 거기에다 학부 부전공, 전공, 집중 연구 석사학위, 자격증 과정 중에서 하나나 전부 또는 일부를 조합한 학과들까지 합하면 모두 300개가 넘는다.

나는 평화 연구로 학사학위를 받지는 못했지만 텍사스 휴스턴에 있는 성 토마스 대학교에서 사회정의 부전공을 신설하는 일을 도왔다. 정치학으로 학사학위, 프레즈노 태평양 대학교에서 '평화 중재와 갈등 연구'로 석사학위를 받았다. 시러큐스 대학교에서 '갈등과 협력 연구 진흥을 위한 프로그램'에서 조교로 일했고, 연례 평화 연구 회의를 운영했으며, 사회과학으로 박사학위도 받았다. 석사, 박사 논문은 둘 다 비평적 동물 연구와 평화 연구에 초점을 맞추었다. 두 분야가 상대 분야의 임무와 이론을 무시하거나 반대하기보다 서로를 보완하려고 노력했다.

근대사에서 가장 널리 알려지고 존경받는 평화중재자인 모한다스 간디(마하트마 간디의 본명이다.-옮긴이)는 헨리 솔트Henry Salt가 쓴《채식주의를 위한 호소》(1886)를 읽고 감명을 받아 채식주의자가 되었다. 그런데 간디의 엄청난 영향력도 평화 연구 분야에서 종사하거나 평화운동을 하는 이들이 채식주의가 되거나 동물을 사려 깊고 정치적인 방식으로 배려하게 하지는 못했다. 런던 채식주의자협회 회원이자 동물권 옹호론자인

간디는 이렇게 밝혔다.

내 생각에는 양의 목숨도 인간의 목숨처럼 소중하다. 그러니 인간의 몸을 위해 양의 목숨을 빼앗아서는 안 된다. 힘없는 동물일수록 인간의 잔인함으로부터 인간에게 보호받을 자격이 있다. 하지만 스스로 희생할 자격을 갖추지 못한 사람은 누구도 보호해 줄 수 없다. 양을 끔찍한 희생에서 구하기 전에 먼저 자기 정화와 희생의 과정을 거쳐야 한다. 나는 이 자기 정화와 희생을 애타게 열망하다가 죽을 것이다. 남자든 여자든, 신성한 자비로 불타는 위대한 정신으로 이 땅에 태어나, 우리를 이 극악한 죄에서 건져 주고, 저 무고한 목숨들을 구하며, 이곳의 영혼을 정신을 정화해 주기를 나는 끝없이 기도한다(Gandhi, 1993, pp. 235~236).

세계적인 평화중재자 간디는 인간 사이의 폭력을 끝내는 것을 인간이 동물에게 자행하는 폭력을 끝내는 것과 연결시킨다. 반면 전쟁에 반대하는 미국 평화 활동가들은 군산 복합체와 불필요한 지출을 없애는 데 집중해서 평화를 가로막는 명백한 장애물에 대해서는 엄격하지만, 정작 동물과 환경 파괴는 모른 체 해 버린다.

왜 이렇게 분리되어 버렸을까? 그 이유는 겨우 이름 정도 아는 먼 나라에서 벌어지는 일의 부당함에 반대하기가 더 쉽기 때문이다. 외국 땅에서 벌어지는 전쟁에만 집중하는 것은 주류 진보적 자유주의자가 자기 성찰을 적게 하거나 또는 전혀 하지 않는다는 뜻이며, 또한 자기 나라에 평화를 구현하기 위해서 스스로 어떻게 변화해야 하는지에 대해서도 고민하지 않는다는 의미다. 주류 진보적인 전쟁 반대 활동가들은 종종 전쟁을 이용해 돈을 버는 기업에도 투자하고, 대안적인 교통수단을 고민하지 않고 하이브리드 자동차 정도 이용하는 것을 자기가 환경을 위해 '할 만큼 했다'고 생각한다. 그리고 너무나 자주, 이런 활동가들은 다른 존재들을 착취하고 지배하는 데서 이윤을 얻는 기업을 위해 일한다.

이러한 이유로, 더 나은 변화는 집에서 시작될 거라고 강조하지 않을 수 없다. 그 변화는 반드시 먹는 음식, 신는 신발, 몸에 걸치는 옷에 이르기까지 윤리적 선택을 하는 한 사람, 한 사람과 함께 시작될 것이다.

동물을 상대로 한 전쟁

●●● 　　　　　　동물은 두 가지 면에서 전쟁 피해자다. 이들은 인간끼리 벌이는 전쟁에서도 죽지만, 한편으로는 말로 표현되지 않고 눈에 보이지 않는 전쟁, 즉 인간이 동물을 상대로 벌이고 승리하는 전쟁의 피해자기도 하다. 《동물 해방-무슨 수를 써서라도》에서 로빈 웹Robin Webb은 이렇게 썼다.

동물 해방은 캠페인도 아니고 그냥 취미도 아니다. 귀찮아지거나 새로운 흥밋거리가 생긴다고 해서 걷어치워도 되는 게 아니라는 얘기다. 동물 해방은 전쟁이다. 길고 엄혹하고 피비린내 나는 전쟁이고, 헤아릴 수 없이 많은 희생자가 전적으로 한쪽에서만 생기는 전쟁이다. 또 이 전쟁의 희생자들은 방어할 능력이 없고 아무 죄도 없지만, 다만 동물로 태어났다는 사실이 이들의 비극이다 (Webb, 2004, p. 80).

하지만 '동물을 상대로 한 전쟁'은 가볍게 시인하고 넘어갈 문제가 아니다. 이 개념을 사실로 만들려면 먼저 '전쟁'을 분명히 설명해야지, 어디에 빗대는 정도로는 안 된다. 가령, 활동가들은 무심코 동물에 대한 억압을 홀로코스트나 제노사이드, 노예제와 비유할 때가 많은데, 이러한 역사는 인간의 고유한 경험일 뿐 '동물을 상대로 한 전쟁'과 같지 않다. 《테러리스트인가, 자유를 위한 투사인가?—동물 해방에 관한 성찰》(Best and Nocella, 2004)에서 스티브 베스트Steve Best가 쓴 장章의 제목은 앞에서 인용한 로빈 웹의 구절에서 영감을 얻었다. "이건 전쟁이야! 활동가와 기업형 국가 산업 사이에 확대되는 싸움"(2004)에서 베스트는 전쟁을 이렇게 정의했다.

전쟁은 정치에 내재하는 갈등이 격화된 형태고, 정치는 비군사적 수단을 통해 벌이는 전쟁이다. 여기서 비군사적 수단이란 이를테면 경제정치학의 계급 전쟁을 들 수 있는데, 이 또한 포탄을 떨어뜨리는 것 못지않게 사람들에게 엄청난 타격을 입힌다(가령 세계은행과 국제통화기금이 혹독한 긴축정책을 강요해 저개발 국가들을 망가뜨리는 것처럼, 또는 미국이 2003년에 이라크와 전쟁을 벌이기도 전에 이라크에 대한 철저한 봉쇄정책으로 100만 명이 넘는 사람들을 죽였고, 그중 절반이 유아와 어린아이들이었던 것처럼)(Best and Nocella, 2004, p. 301).

전쟁은 한 집단이 다른 집단을 상대로 저지르는 전략적이고 정치적인 폭력 행위로, 반드시는 아니지만 자주 경제적 이득을 목적으로 하고, 그 외에도 이른바 종교적·인종적 우월성을 이유로 삼기도 한다. 따라서 역사 속에서 자행된 홀로코스트, 노예제, 제노사이드는 단순한 폭력 이상이다. 그것은 늘 억압받았던 이들을 상대로 한 전쟁이었고, 억압받는 이들이 저항할 수단이 거의 없는데도 자행된 전쟁이었다. 평화 연구 분야에서 선두에 선 학자 중 한 명인 콜먼 매카시(이 책의 서문을 썼다)는 채식주의자이기도 하고 동물권을 옹호하는 학자 활동가이기도 하다. 그는 《평화 : 비폭력에 관한 에세이》(1999)에서 이렇게 썼다.

우리는 대부분 세계에서 벌어지는 갈등과 전쟁에 맞서 뭔가 중요한 행동을 취하기에는 스스로 매우 무력하다고 느낀다. 전쟁은 너무 멀리 있고 뿌리가 너무 견고해 보이기 때문이다. 내 수업을 듣는 학생들은 매 학기마다 이런 불평을 반복하고, 그럴 때마다 나는 (가르치는 일은 반복이니까) 너희가 행동을 취해서 끝낼 수 있는 전쟁이 하나 있다고 제안한다. 바로 동물과의 전쟁이다.

동물에 대한 비폭력은 그들과의 계속적인 격렬한 전쟁을 접고 평화협정에 서명을 한다는 의미다. 우리 중 동물과의 전쟁터를, 이를테면 최대 격전지인 도살장의 도살 장면을 직접 본 사람은 없기 때문에 식용으로 죽어 나가는 동물이 한 시간에 무려 70만 마리나 된다는 사실은 충격이지만 영향은 지극히 미미하다. 하지만 비폭력에 관한 내 수업에서 알베르트 슈바이처의 사상을 공부하고 동

물에게 자행되는 전쟁의 실상을 배운 학생들 중에 마음이 움직이
지 않은 학생은 거의 없다(McCarthy, 1999, p. 159).

매카시는 동물과의 전쟁이 벌어지고 있음을 설득력 있고 올바르게 주
장하지만, 지금 이 책이 다루는 주제는 인간이 동물에게 저지르는 더욱
거대한 전쟁이 아니라 인간끼리의 전쟁이 동물에게 어떤 영향을 끼치
는가이다. J. 윌리엄 기브슨J. William Gibson은《로스앤젤레스 타임스》에 쓴
"늑대와의 새로운 전쟁"(2011)에서 몬태나 주가 늑대들의 출몰과 개체수
증가를 어떤 폭력적인 방법으로 관리하는지에 대해 다룬다.

11월 초, 몬태나 주 민주당 상원의원 맥스 바커스는 몬태나에서 제
조된 무인 항공기 시험 비행에 열광하면서 정치적 소신을 표명했
다. "우리 군은 이런 탁월한 과학기술을 이용하고 있으며, 무엇보
다 무인 항공기는 국경 안보와 농업, 야생동물과 포식자 관리 차원
에서 막대한 미래 잠재력이 있다." 제조사 대표는 자기 회사의 무
인 항공기가 "늑대와 코요테의 차이를 구별할 수 있다."고 주장했
다. CIA와 공군이 테러리스트로 의심되는 사람들을 공격 대상으로
삼고 죽이는 데 이용하던 무인 항공기는 이제 늑대라는 '적'을 추
적하고 죽일 수 있는 실질적인 선택이 된 듯 보인다.

이어서 기브슨은 전쟁이 동물에게 미치는 영향과 충격에 대해 다른
예를 하나 더 제공한다. 본래 테러리스트의 공격이나 불법적인 국경 통
과를 막아내고 외국의 적을 침략하기 위해 만든 무기들을 이제는 동물

에게 쓰고 있다는 것이다. 이 무기들은 한편으로는 동물에게 시험적으로 사용되고, 한편으로는 목장주들에게 위협이 되는 동물을 공격하는 데 이용된다. 목장주란 도축되는 소를 길러 이윤을 얻는 농산 복합체agriculture-industrial complex의 일원들이다.

인간끼리 벌이는 전쟁이 모두에게 영향을 미친다

●●● 동물은 인간의 군사력에 의해 다양한 방식으로 고문을 당하는데 이 책에 참여한 편집자들은 인간끼리 벌이는 전쟁에서 동물이 직접적으로 착취되는 대표적인 여섯 가지 방식을 알아냈다. 여섯 가지 방식은 다음과 같다. 첫째, 운송수단으로 쓰인다. 둘째, 시험 대상으로 쓰인다. 셋째, 무기로 쓰인다. 넷째, 전쟁 도중에 죽거나 다친다. 다섯째, 전쟁이 끝난 뒤에 장애와 질병에 시달린다. 여섯째, 앞으로 동물을 전쟁에 어떻게 이용할 것인지를 계획할 때 쓰인다. 여섯 가지 착취 방법은 각 장에서 철저하게 논의되었다. 통탄스러울 정도로 잘 다뤄지지 않은 동물과 전쟁이라는 주제를 파헤친 이 책은 더불어 일곱 가지 종합적인 행동 방침도 제시한다.

- 사회정의 분야와 운동에서 교차성을 확장한다.
- 평화 연구 분야에 퍼져 있는 인간중심주의에 저항한다.
- 비판적 동물 연구 분야에서 인권과 평화 운동을 확장한다.

- 군·동물 산업 복합체와 모든 전쟁을 철폐한다.
- 모든 식물, 동물, 환경을 포괄하는 총체적 지구정의 운동을 확립한다.
- 모든 지배와 억압 체제를 철폐한다.
- 모든 식물, 동물, 환경을 위한 전체론적이고 포괄적인 평화 공동체를 위해 노력한다.

교차적 평화 활동가이자 동물권 옹호론자로서 나는 항상 내가 두 운동 중 어느 하나로만 규정되지 않으려고 노력했는데 더 나아가 둘 사이에 다리를 놓고 싶다.

열여덟 살 때 행동주의에 발을 들인 나는 텍사스 휴스턴에 살면서 사형제 폐지 운동을 했고, 녹색당에서 일했으며, 지구 먼저!Earth First!(전투적 색채가 짙은 급진적 환경운동단체로, 미국에서 태동했으나 현재는 국제적으로 널리 퍼져 있다-옮긴이), 시에라 클럽(세계적 환경운동단체-옮긴이), 텍사스 평화행동, 그리스도의 평화Pax Christi(가톨릭에서 출발한 국제 평화운동단체-옮긴이), 국제 엠네스티, 급진적 교육 공동체, 휴스턴 평화와 사회정의 센터에서 활동했고, 마지막으로 휴스턴 동물권 팀에서 대표로 일했다. 그러다 보니 그때껏 해온 다양한 교차적 활동은 무시된 채 더 광범위한 사회정의 운동 안에서 낙인이 찍혀 버린 것 같았다. 그래서 2003년, 이라크전이 공식적으로 개시되기 직전에 나는 활동가 한 명과 다리 하나를 점령했다. 그리고 로프를 타고 내려가 이렇게 적힌 펼침막을 늘어뜨렸다. "우리 이름으로 전쟁을 저지르지 말라No War in Our Name." 이 행동으로 I-10번 고속도로가 몇 시간 동안 폐쇄되었고, 우리는 결국 체포되었다.

이는 내가 그 전날 만든 단체 '평화를 위한 학생들'의 이름으로 감행한 마지막 행동이었고, 이때부터 사람들은 나를 동물권 활동가만이 아니라 그냥 '활동가'로 보게 되었다. 그 행동은 연합 정치학, 다운동multi-movement 정치학, 교차성에 대한 중요한 사실을 알려 주었다. 다른 운동과 진정으로 연대를 형성하고 싶다면 기꺼이 위험을 감수해야 하고, 내가 기반을 둔 운동보다는 그 바깥에 있는 사람들을 위해 더 많은 활동을 해야 한다는 점이었다. 다운동 지구정의 활동가로 거듭나려면 우리는 우리의 자유, 인생, 특권(이를테면 직업을 얻거나 대학에 다니는)을 걸지 않으면 안 되고, 나 자신보다는 다른 사람을 위해 더 많이 걸어야 한다. 다운동 활동가가 되어야 억압의 더 거대한 연결고리를 이해하게 된다. 다운동 활동가는 변화를 위한 대중운동에 대한 기대 속에서 지배체제를 개선해 나가는 게 아니라, 지배체제 전체에 저항해야 하기 때문이다.

전쟁은 수십억 달러짜리 산업이고, 여기에는 은행, 무기와 무인 항공기 제조사, 옷과 의류 디자이너, 식료품점, 인터넷 제공업체, 휴대전화와 컴퓨터 회사를 비롯해 수많은 기업과 회사의 이윤이 얽혀 있다. 반면 재향군인들은 정신적·육체적으로 부상을 입은 채 가족, 친구들과 잘 어울리지 못하고, 직업도 구하지 못하며, 외부적 갈등 때문에 고등교육 기관에서 성공적으로 학위를 마치지 못하는 일도 흔하다. 그런데도 정부는 군인에게 재정 원조를 충분히 하지 않고 장애 극복을 위한 서비스도 제대로 하지 않는다. 그 결과 전쟁터에서 본국으로 돌아온 군인 다수가 노숙인으로 전락한다.

따라서 전쟁에 반대하는 사람은 반드시 자본주의에도, 계급 차별을 양산하는 착취적 경제체제에도 반대해야 한다. 평화 활동가와 동물권 활동가들은 계급 차별에 반대하는 동시에, 인종주의에도 반대해야 한다. 인종주의는 많은 전쟁을 부채질하고, 덕분에 부유한 백인 기득권층이 군사 활동에 투자해 이윤을 챙길 수 있게 한다.

뿐만 아니라 전쟁은 어린이와 여성을 흔하게 강간하고 고문하고 살해하는 등 막대한 피해를 안긴다. 군대 기반 전쟁이 확립된 이래로 전쟁은 여성의 가정화domestication of women, 여성의 대상화를 영속화하는 가부장적 제도로 자리 잡았고, 여성을 이용해 남성 군인들을 위무하는 착취 산업을 발전시켰다. 찬드라 탈메이드 모한티Chandra Talpade Mohanty, 민니 브루스 프랫Minnie Bruce Pratt, 로빈 L. 라일리Robin L. Riley는《페미니즘과 전쟁 : 미 제국주의에 맞서다》(2008)에서 이렇게 강조했다.

> 미 제국주의적 전쟁이 오늘날 세계에서 차지하는 중심적 역할을 감안할 때, 미국이 경제적·정치적 헤게모니를 쥐기 위해 동원하는 인종차별, 동성애자 차별, 남성화된 관행과 이데올로기의 특이성을 이해하지 않고는 범지구적 규모의 '페미니즘과 전쟁'을 이해하기란 불가능하다(Mohanty, Pratt, and Riley, 2008, p. 2).

다른 문화와 전통, 나라를 파괴하는 가장 오래된 수법 중 하나는 정복된 국가의 여성들을 강간해 그 나라 남자들이 '더럽혀진' 자국 여성들과 섹스를 하지 않게 하거나 그 자식들이 혼합된 혈통에 때묻게 하는 것이었다. 모한티와 프랫, 라일리(2008)는 페미니즘이 전쟁과 군산 복합체, 미 제국주의에 반대하는 범지구적 운동이 되어야 한다고 주장했다.《지금 전쟁을 멈춰라 : 폭력과 테러리즘에 대한 효과적 대응》(Benjamin and Evans, 2005)이라는 선집에서 스타호크Starhawk는 페미니스트가 천성적으로 남자보다 인정이 많거나 온화해서 전쟁에 반대하는 것이 아니라면서 만일 그랬다면 "전 세계 마거릿 대처와 콘돌리자 라이스가 당장 우리가 틀렸음을 입증했을 것"이라고 주장했다(Starhawk, 2005, p. 85). 여성들이 전쟁에 반대하는 진짜 이유는 "평화를 위한 목소리"가 필요해서다. 다시 말해 "생명과 자유를 진정으로 염려한다면 해방과 사회정의를 위해 분투하는 다른 문화권의 여성을 정복할 게 아니라 오히려 지원할 거라고 선포하는, 그런 평화를 위한 목소리"가 필요하다(p. 86). 한 발 더 나아가 스타호크는 강함과 약함에 대한 통념에도 이의를 제기하고 이렇게 선언한다. "연민은 약한 게 아니며, 잔인성은 강한 게 아니다"(p. 86).

진정으로 전쟁에 반대하려면 백인우월주의, 가부장제, 자본주의와 그와 유사한 착취적 경제체제, 정상normalcy이란 개념, 종차별주의에도 적극 반대해야 한다. 온전한 지구정의 활동가가 되는 방법은 다음과 같다. 첫째, 다른 분야의 투쟁과 운동에 대한 책을 읽는다. 둘째, 단일 사안을 다루는 조직 안에서 다른 분야의 억압 문제를 제기한다. 셋째, 조직원들과 함께 지속적인 비판적 자기 성찰, 의무과 책임에 대해 배우는 과정에 참여한다. 넷째, 자발적으로 나서서 억압받는 이들보다 더 위험을 감수하고, 더 센 활동을 한다.

전쟁과 억압과 지배체제를 종식시키려면 우리가 일하는 방식, 다른 사람들과 교류하는 방식, 젊은 세대를 가르치는 방식을 다시 생각하지 않으면 안 된다. 우리는 조금씩 개선해 나가야 한다는 논의에 저항하고, 학교부터 병원에 이르기까지 사회적으로 형성된 모든 조직의 대대적인 전환에 집중해야 한다. 모든 조직이 포용적이고 정중하고 비폭력적인 주체로 변화될 때에만 모두를 위한 평화가 실현될 것이기 때문이다.

평화 연구와 비평적 동물 연구가 교육적으로 중요하고, 언제, 어디서, 어떻게, 왜 조직을 정비해야 할지에 관해 토론하고 비판적으로 반성할 공간과 장을 제공하기는 하지만, 이 전략에는 한계가 있다. 가령, 동물에 대한 억압을 종식시키려면 동물권 활동가들은 코드핑크Codepink와 같은 교차적 단체의 선례를 따라야 한다. 코드핑크는 주로 여성들로 구성되어 있지만 남성들에게도 열려 있는 국제 풀뿌리 운동 단체로 "미국이 원조하는 전쟁과 점령을 종식시키고, 군사주의에 범지구적으로 저항하며, 우리의 자원을 의료, 교육, 녹색 일자리, 그외 삶을 긍정하는 활동에 투자하는 것"을 목표로 한다. 우리는 동물을 지원하듯이 지역에서 생산된 먹을거리, 가공되지 않은 유기농 채식 식단도 지원해야 한다. 그렇지 않으면 거꾸로 동물을 향한 폭력과 환경 파괴를 거드는 것과 같다. 낙농장, 모피 동물 사육장, 생체실험 연구소, 도축장에서 어마어마한 쓰레기가 나오기 때문이다.

에코 테러리즘과의
전쟁

●●● 9·11 이후 미국의 정치 풍토는 정부, 언론, 기업이 조장하는 테러리즘과 안보에 대한 공포와 말치레에 물들어 있다(Blum, 2004; Brasch, 2005; Chang, 2002; Chomsky, 2003; Chomsky, 2005). 테러리즘의 공포를 대대적으로 선전하는 이러한 풍토는 "사람들이 듣고 싶어 하는 말을 해 줌으로써 그릇된 성취감을 안겨

준다. 우리는 모두 자신에 대해 좋게 느끼고 싶고, 자신이 하는 일이 옳고, 자국의 문화, 정부를 자랑스럽게 느끼고 싶어 한다. 선동가들은 이 점을 잘 알아서 우리의 충족되지 않는 욕망을 채워 주는 언어를 사용한다"(Del Gandio, 2008, p. 120). 하지만 수 조 달러를 들여 '테러와의 전쟁'이라는 전투적인 의제를 뒷받침하는 동안 사회는 완전한 기술적 감시체계의 먹이가 되어 버렸다. 이제는 누가 어디에 있든 매 순간 위성 카메라와 신분증, 컴퓨터, 그외 과학 기술의 감시를 받게 되었다(Ball and Webster, 2003; Parenti, 2003).

질문이 제기된다. 누가, 무엇이 '테러리스트'인가? 반대로, 누가, 무엇이 '자유를 위한 투사들'인가? 무엇이 '폭력'이며 누가 그것을 영속화하는 주범인가? 비평가(와 시민들)들은 기업, 국가, 대중매체가 내리는 정의와 그들이 퍼뜨리는 선전에 저항해야 한다. 그래야 비폭력 시민 불복종과 '국내 테러리즘domestic terrorism'을 구분하고, 윤리적으로 정당한 재물의 파괴와 생명에 대한 악의적인 폭력을 구분할 수 있다(Chang, 2007; Chomsky, 2005).

더글러스 롱(Douglas Long, 2004)은 이렇게 밝혔다. "FBI는 지구해방 전선Earth Liberation Front('지구 먼저!'의 후신으로, 게릴라전을 비롯해 과격하고 급진적인 환경운동을 펼친다.-옮긴이)과 동물해방전선Animal Liberation Front의 공격을 '에코 테러리즘'으로 분류하는데, FBI의 정의에 따르면 에코 테러리즘이란 '환경보호를 지향하는 준국가 단체가 환경적·정치적 이유로 무고한 피해자나 재산에 대해, 목표대상과 지지자들을 겨냥해서, 범죄적 폭력이나 상징적인 폭력을 사용하거나 사용하겠다고 협박하는 행위'다"(Long, 2004, pp. 3~4). 나는 지구해방전선과 동물해방전선이 범죄자가 아닌 에코 테러리스트로, 중대한 국내 위협 요인으로 규정되는 이유가 이념적 차이에 있다(Del Gandio, 2008)고 생각한다.

이들은 이념이 다른 개인과 기업에게 경제적 사보타주sabotage(고의적인 방해행위)를 수행함으로써 자본주의에 도전한다. 이들이 저지르는 행동은 범죄지만 물리적으로 아무도 해치지 않는 비폭력 범죄다. 이들의 죄명은 무단 침입, 공공기물 파손, 방화다. 그러다 보니 비판적 동물 연구 학자들은 사람들을 해치는, 미국 전역에 퍼져 있는 혐오단체들을 보면서 거듭 질문을 한다. 우파 혐오단체들은 어째서 심각한 국가 위협 요인이 아니란 말인가? 우파 혐오단체들은 보수적이며 변화를 만들어 내려는 게 아니다(사실 이들은 덜 진보적인 사회로 돌아가고 싶어 한다). 반대로 지구해방전선과 동물해방전선은 혁명적 사회변화를 요구하는 좌파 단체들이다. 심지어 두 단체와 유사 단체들은 경제적 위협을 가하는 수준을 넘어서 은밀하게 퍼지는 어떤 의제를 제기한다. 그 의제란, 바로 미국의 방식에 대한, 아니 실은 인간의 방식에 대한 저항이다. 포터(Potter, 2011)는 다음과 같은 의견을 밝혔다.

> 본질적으로 그들은 수천 년 동안 인류를 이끌어 온 믿음이자, 이전 사회정의 운동 단체들이 대부분 의심하지 않고 받아들였던 근원적 믿음에 이의를 제기한다. 즉, 인간이 우주의 중심이며 우리의 이익이 다른 종이나 자연세계의 이익보다 본질적으로 우월하다는 믿음에 도전하는 것이다(p. 245).

지구해방전선과 동물해방전선은 미국과 전 세계에 영향을 미칠 변화를 원한다. 이들은 동물과 자연에 대한 모든 착취를 끝내고 싶어 한다. 이는 현재로서는 존재하는 거의 모든 산업과 기업을 제거하는 것, 바로 자본주의의 파괴를 의미한다.

기업은 자신들이 환경과 동물을 파괴하고 착취하는 데 대한 비판의 목소리에 점차 신경을 쓰는 추세이지만, FBI는 자연의 권리를 옹호하는 활동가들을 상대로 오히려 전략적 감시활동을 더욱 강화하고 있다. 이는 국가가 석유, 가스, 목재, 낙농, 육우, 생체실험 산업들의 명령에는 복종하면서 권력을 향해 진실을 말하는 목소리는 잠재우려는 전략적 시도다. 국가가 지구와 동물 해방론자들을 상대로 대대적인 정치 탄압 환경을 조성하면서 서서히 실체가 드러나기 시작했다(Best and Nocella, 2006; Lovitz, 2010). 1950년대에 미국 정부가 '적색 공포'를 조성해 공산주의자와 아나키스트, 다양한 정치 활동가를 공격했듯이, 이제는 '녹색 공포'를 통해 동물과 자연을 보호하려는 이들에게 유사한 전략을 쓰고 있다(Potter, 2011). 역사는 본래 되풀이되는 법이어서 이념적 공포 하나가 또 다른 공포로 대체되는데, 이런 공포는 모두 자본주의를 비판 세력과 도전자들로부터 보호하기 위한 정치적 전선이다.

아무리 강조해도 지나치지 않은 사실은 녹색 공포가 FBI와 같은 법 집행 기관만이 아니라 기업들도 조장하고 있다는 점이다. 예를 들자면 헌팅던 라이프 사이언스Huntingdon Life Sciences(영국과 미국에 연구소를 두고 있는 동물실험 기관-옮긴이), 브리스톨 마이어스 스큅Bristol-Myers Squibb(미국 국적의 세계적 제약회사-옮긴이), 프록터 앤드 갬블P&G(비누, 세제 등을 생산하는 미국의 대표적 가정용품 제조업체-옮긴이), 존슨 앤드 존슨, 클로록스Clorox처럼 오늘날까지 동물실험을 하고 있고(People for the Ethical

Treatment of Animals, 2012), 활동가들의 항의를 받아온 기업들이 말이다. 기업은 자신들이 지구와 동물에게 저지르는 파괴와 악행이 대중에게 알려지는 걸 두려워한다. 회사의 대중적 이미지를 훼손할 테고, 고객의 신뢰가 위기에 처할 것이기 때문이다. 결과적으로 소비자들은 다른 대안을 찾게 될 테고, 회사는 이윤을 잃을 것이다. 활동가들의 공격 대상은 사람이나 정부가 아니라 새롭게 떠오른 슈퍼 파워, 즉 글로벌 기업이다. 활동가들은 합법적인 반대운동과 함께 불법적인 경제적 사보타주(매우 위험하지만 P&G, 액슨 모빌 같은 글로벌 공룡 기업을 상대하는 성공적인 전략이다)를 병행한다. 갭GAP에 대한 불매운동에서부터 맥도널드 가맹점 유리창을 깨는 것에 이르기까지 다양한 전략을 구사한다. 이 지점에서 FBI가 미국 의회로부터 위임받은 임무를 수행한다. 미국 의회는 기업들의 강력한 로비를 받고 있다.

이러한 사실에도 불구하고 동물사업 테러방지법AETA(조지 부시가 2006년 11월 27일에 서명한 법률로 1992년에 제정된 동물사업보호법의 개정안이다)은 특정 유형의 동물보호 활동을 불법으로 규정하고 에코 테러리즘이라는 꼬리표를 붙였다(Bset, 2007; Goodman, 2008; Lovitz, 2007; McCoy, 2008; Moore, 2005). 동물사업 테러방지법이 겨냥하는 것은 동물해방전선의 활동만이 아니다. 좀 더 전통적인 형태의 반대운동, 이를테면 모피 가게 앞에서 시위를 하거나 식료품점 CEO에게 항의 편지 보내기 캠페인을 벌이는 것도 해당된다. 《큰 돈벌이 : 동물권의 정치 경제》(2007)에서 보브 토레스Bob Torres는 이렇게 썼다.

특히 두 미국 법, 즉 동물사업보호법과 동물사업 테러방지법은 자본주의 국가가 동물을 부당하게 착취하는 자산가들의 이익을 어떻게 옹호하는지 잘 보여 준다. 이 두 법은 착취 역학이 사회 속에 어떻게 제도화되어 있는지 입증하는 데도 도움을 준다(Torres, 2007, pp. 72~73).

이전까지 미국 정부가 동물·산업 복합체를 보호한다는 사실을 믿지 않았던 사람들에게 동물사업보호법AEPA과 동물사업 테러방지법은 정부가 동물착취 사업에 종사하는 기업을 보호하고 있음을 공개적으로 명확히 해 주었다. 헌법적 권리보장센터는 이렇게 밝혔다. "동물사업 테러방지법은 수정헌법 제1조에 보장된 많은 활동을 금지하고 있다. 동물착취 기업에게 이윤 손실을 초래해 '지장'을 주는 피켓 시위, 불매운동, 위장 조사도 하면 안 된다. 그러니 동물사업 테러방지법은 사실상 동물과 환경을 옹호하는 평화적·합법적 저항운동을 모두 침묵시키는 법이다."

동물사업 테러방지법은 동물보호 활동가와 환경 운동가들에 대한 정치 탄압 도구로, 미국시민자유연맹, 미국변호사협회, 미국법률방어기금을 포함해 수백 개 단체가 이의를 제기해 왔다. 동물사업보호법이 수정헌법 제1조가 보장하는 활동을 범죄로 규정했다면 동물사업 테러방지법은 시민불복종 활동을 테러로 규정하고, 비폭력 활동가에 대한 법적 보호를 약화시켰다. 강조되어야 할 점은 동물사업 테러방지법이 동물기업 보호연합, 미국입법교류회의, 소비자자유센터와 같이 생체의학과 기업식 농업에 종사하는 부유층의 로비로 제정되어, 민주당 상원의원 다이앤 파인스타인Dianne Feinstein, 공화당 하원의원 제임스 센센브레너James Sensenbrenner와 같은 입법자들이 초당적으로 지지했다는 점이다.

동물사업 테러방지법은 '동물착취 기업'이 무엇이며 그런 기업에게 지장을 주는 '범죄 활동'이 무엇인지에 대한 폭넓은 정의 때문에 교활한 로비스트와 정부 지지자들이 확대 해석할 경우 모든 사회운동을 간단히 끝장낼 수 있다. 그런데 거의 모든 사회운동은 어떤 식으로든 동물착취 기업과 관련이 있다. 가령, 감옥 폐지 운동은 감옥과 계약을 맺고 있는 기업에게 영향을 미친다. 대학 등록금 인상 반대 운동도 마찬가지다. 대학은 동물을 이용하는 외식 기업과 의류 기업에 하청을 주기 때문이다. 따라서 간접적이든 직접적이든 동물착취 기업에게 지장을 주지 않는 시민운동은 없다. 거의 모든 기업이 심지어 식료품점, 자동차 대리점, 석유회사, 신발과 의류회사, 컴퓨터 회사까지도, 동물착취와 도살에 어떤 방식으로든 기여하고 있기 때문이다.

물론 법집행 기관의 관점에서 보면 범죄 활동에 연루된 단체는 범죄자로 분류되어야 한다. 그리고 정부는 범죄자와 테러리스트의 차이를 설명하고 그 둘을 각각 정의해야 하는데, 이는 예전부터 어렵고 주관적인 작업이었다. 그럼에도 정부와 경찰이 정치 활동가들을 테러리스트로 중상해서는 안 된다. 오히려 급진적 사회변화를 지지하는 사람들, 즉 동물권 활동가들의 동기와 주장을 이해하고자 노력해야 한다. 관료들은 에코 테러리스트가 맥도널드 가맹점을 때려 부수는 사람, 동물을 학대 현장에서 풀어 주는 사람이라고 주장하지만, 녹색 범죄학자들 green criminologist(Beirne and South, 2007)은 숲을 개벌(특정 숲에 있는 나무를 한꺼번에 모두 베어내는 벌채 방식-옮긴이)하는 기업, 빅맥을 위해 동물을 도축하는 기업, 물·공기·땅을 오염시키는 기업이 법적 개인으로서 진짜 범죄자고 테러리스트라고 주장한다(녹색범죄학에 대해서는 뒤에서 더 자세히 다룰 것이다).

활동가들을 테러리스트로 낙인찍는 것은 동물권 운동에 대한 정치탄압 행위다.《운동에 재갈 물리기 : 대테러법, 돈, 정치학이 동물보호 활동에 미치는 영향》(2010)에서 다라 로비츠Dara Lovitz는 "에코 테러리즘으로 인한 사망자나 심각한 부상자가 단 한 명도 발생하지 않았는데도 FBI는 이른바 에코 테러 단체들을 미국 제일의 국내 위협 요인으로 낙인찍었다"(Lovitz, 2010, p. 106)고 썼다. 오늘날, 2001년 9월 11일에 미국에서 자행된 테러 공격 이후로 '테러리스트'는 미국 정부가 위협 요인으로 보기만 하면 아무에게나 가져다 붙일 수 있는 꼬리표가 되었다. 수백 년 동안 일반 대중은 누군가를 이른바 농담 식으로 망신 줄 때면 미치광이, 멍청이, 천치, 머저리, 저능아와 같이 전형적인 장애 꼬리표를 붙여 비하했다. 이런 차별 용어들은 오늘날에도 여전히 이용되고 있지만 누군가의 이데올로기나 운동 전략을 비하하는 한 방법으로 '테러리스트'라는 단어가 새롭게 추가되었다.

로비츠는 이렇게 덧붙였다. "한 사람이 누군가에게 '테러리스트'라는 꼬리표를 붙이느냐 마느냐는 그가 누군가가 옹호하는 대의를 지지하느냐, 반대하느냐에 달려 있다"(Lovitz, 2010, p. 106). 활동가와 사회 운동가들은 사회적·정치적 변화 욕구를 갖기 때문에 태생적으로 논란을 일으키기 쉽고, 따라서 낙인 피해자가 되기 쉽다. "낙인은 손상된 집단 정체성을 의미하고, 그러한 집단과 연결되는 것은 불명예와 지위 격하의 원인이 된다. 누가 욕을 하거나 조롱하면서 굳이 문제 삼지 않더라도 그것이 그 집단 전체로서 인식되기 때문이다"(Linden and Klandermans, 2006, p. 214). 정치 탄압의 전략으로서 낙인찍기의 목적은 한 사람이나 집단을 사회적·정치적 결함을 지닌 존재로 지위 격하하고 명예를 떨어뜨리는 데 있다. 따라서 정부가 어떤 운동을 낙인찍으면 낙인은 대중 속으로 흘러들어가 운동을 문화적 농담거리나 위협으로 만들어 버린다.

비판적 범죄학의 관점에서 보면 '테러와의 전쟁(부시 행정부가 9·11 테러범들을 공격하기 위해 만들었다)'은 다국적 기업과 신보수주의의 글로벌 군산 지배체제의 이익을 위협하는 이들에게 어떤 전쟁이 벌어지는지 더욱 적나라하게 보여 준다(Fernandez, 2008). 9·11 이후, '테러와의 전쟁'은 정부, 기업, 법집행 기관이 시민의 자유, 언론의 자유, 사실상 국내의 거의 모든 반대 의견을 공격하는 형태로 벌이는 민주주의와의 전쟁을 완벽하게 은폐시킨다(Chomsky, 2005). 테러리즘은 한낱 용어에 불과한 것이 아니다. 테러리즘은 무기다. 그 정의는 사용자가 특정 개인이나 집단을 공격 대상으로 삼기 위해 정치적 목적으로 결정된다.

미국에서 국가 및 지방 법집행 기관이 점차 군사화되고, 국내 테러리즘에 대한 관심이 한층 강도 높아져 고성능 무기까지 늘어남에 따라 지방의 기물 파손자, 절도범, 살인범, 심지어 일반적으로 받아들여지는 것들에 대하여 반기를 드는 반대자조차 정치적 의도가 있다며 테러리스트로 몰리고 있다.

범죄화의 개념에 뿌리를 둔 '테러화terrorization'는 반대 의견을 가진 상대를 그들의 대의와 목표까지 비방하며 테러리스트로 낙인찍고, 비정상인 것으로 묘사하며 악마화한다. 그런 방법으로 자신들의 대의를 합법화하고 안전하게 지켜내는 것이다. 앞에서도 말했듯이, 이 전략은 그들을 저능아, 절름발이, 불구자, 장님, 바보, 멍청이, 천치로 낙인찍어 비정상으로 설정하고, 반면 과학, 의료, 정부, 교육 방면에서 힘 있는 자리에 선 이들을 '정상'의 기준으로 삼는 것과 유사하다.

테러화는 반대자의 역사만큼이나 오랫동안 존재해 온 정치 탄압과 사회 통제의 한 형태다. 미 법집행 기관의 군사화가 현실이 되면서 반대자에 대한 테러화 역시 현실이 되었다. 꼬리표 이론 내의 새로운 개념인 테러화는 두 가지 연구 분야에 속한다. 사회 통제와 정치 탄압이다. 꼬리표 붙이기는 미국에서 아주 오래전부터 존재해 왔지만, 그 이용 범위와 규모는 2001년 9월 11일 이후 크게 확대되었다.

역사적으로 반대 행동은 늘 '비정상적 행동'이라는 꼬리표가 붙고 사악한 것으로 묘사되었다. 특히 사회 변화의 맥락에서 반대 행동은 억압적인 정치경제 권력에 맞선 이성적인 대응이 아니라 그저 정신질환, 심하게는 악마로까지 여겨지는 경우도 많았다. 사회 변화에 순응하지 못하는 개인들은 비정상이 되거나 정신병을 얻거나 미쳐 버린다고 여겨졌다(Pfohl, 1994). 요즘에도 여전히 법집행 기관은 사회정의라는 이름으로, 심리학자, 정신의학자, 정치학자, 사회학자의 도움을 받아서, 특정 행동을 하는 이들을 오로지 그들의 '동기'만을 근거로 파악해야 한다고 믿는다. 사회정의 활동을 하는 사람들은 지적 판단이 아니라 감정에만 치우친 사람들로 사악하게 묘사되고, 정신이상자로 분류될 수 있음을 암시한다. 이성 대 비이성이라는 이분법은 가부장적 철학 전통에 기반을 둔 것으로, 반대의 적법성을 깎아 내리기 위한 분석적 틀로 기능한다. 이는 테러리즘의 또 다른 수단이다.

에코 테러리즘에 관한
녹색 범죄학의 관점

●●●　　　　　　　　관료들은 맥도널드를 부수거나 동물을 학대 현장에서 풀어 주는 이들을 테러리스트라고 주장한다. 하지만 녹색 범죄학과 새롭게 떠오르는 녹색 안보 연구에 따르면 숲을 개벌clear cutting(인공적으로 숲 전체의 나무를 모두 베는 것)하고, 동물을 도축하며, 물·공기·땅을 오염시키는 등의 행위를 하는 기업과 정부 역시 당연히 테러리스트로 규정할 수 있어야 한다. '테러리즘'이라는 용어에 대한 명확한 정의가 없음을 강조하면서 FBI는 이렇게 썼다.

> 테러리즘에 관한 단일하고, 보편적으로 수용되는 정의는 없다. 다만, 연방규정집에는 테러리즘이 "정치적 또는 사회적 목표를 촉진하기 위하여 정부나 민간인 또는 그것의 어느 일부분을 위협하거나 강제하려고, 개인persons이나 재산에 대해 무력과 폭력을 불법으로 사용하는 행위"라고 정의되어 있다(FBI, 2005).

　녹색 범죄학자들과 법조계 사이의 논쟁에는 핵심 쟁점이 있다. 바로 '불법으로'라는 개념의 정의다. 동물권 활동가와 일부 환경운동가는 땅과 그곳에 사는 동물을 재산으로 보는 데 동의하지 않는다. 하지만 현재의 규범은 그렇게 보기 때문에 벌목을 막거나 도축을 막기 위해 '무력이나 폭력'을 사용하는 행위에 테러리즘이라는 꼬리표가 붙는다. 나아가 녹색 범죄학자와 비판적 동물 연구 학자들이 동물, 땅, 공기, 물은 재산이 아니라고 주장하면 그것들은 FBI가 분류한 '개인(영어 단어 person은 사람만이 아니라 생물 '개체'도 가리킨다. 따라서 동물이나 환경을 파괴해도 테러리즘에 해당한다는 뜻이다.-옮긴이)' 또는 '그것의 어느 일부분'에 걸린다.

하지만 이를 뒤집어 말하면, 기업의 이익을 위해 그것들을 파괴하는 행위도 다름 아닌 테러리즘이다. 게다가 이런 활동은 '정치적 또는 사회적 목표를 촉진하기 위하여' 이용된다. 생체 해부, 공장식 축산, 동물을 이용한 오락산업, 쇼핑몰이나 대학을 위해 숲을 개벌하는 행위, 호수에 독성 물질을 투기하는 행위는 모두 사회정치적 변화를 일으키기 위한 목적 아래 이루어진다. 가령, 어느 쇼핑몰 소유주가 특정 지역의 경제성장을 꾀하기 위해 숲을, 수많은 동식물 종이 서식하는 복잡한 생태계(생태적·사회적 서식지)를 파괴할 때, 그는 '정치적 또는 사회적 목표'의 영향을 받는다. 새로운 사업에 대한 정치적 투자자들과 지역 투자자들의 영향을 받는다는 말이다.

정부를 테러리스트라고 주장한 최초의 녹색 범죄학자는 나이젤 사우스Nigel South다. "환경에 자행하는 기업과 국가 범죄"에서 사우스(1998)는 이렇게 썼다.

국가는 '테러리즘'을 비난하지만, 대립적인 집단과 갈등이 생길 때면 국가 역시 항상 완벽하게 테러리스트 유형의 방식을 활용했다. 악명 높은 사례를 꼽자면, 1985년 뉴질랜드 오클랜드 하버에서 그린피스 기함flagship인 '레인보 워리어'를 가라앉힌 사건이다. 이는 프랑스 첩보기관 특공대원들이 자행한 테러리스트 폭력 범죄였다.

《생태 전쟁Eco-Wars》(1991)에서 데이Day는 국가의 후원 아래 환경 운동가나 단체에게 가해진 폭력과 협박 활동의 다양한 사례를 기록했다. 데이의 이런 사례와 레인보 워리어 사건은 환경 문제와 정치학의 관계를 고민하는 범죄학 개념과 매우 밀접한 관련이 있다(South, 1998, p. 447).

녹색 범죄학의 관점에서 기업이 자행하는 것도 에코 테러리즘이다. 하지만 현재 에코 테러리즘은 정부, 개인, 기업에게 경제적 손실을 초래하는 환경운동가나 동물권 운동가에게만 따라붙는 꼬리표다(Arnold, 1997; Liddick, 2006; Long, 2004; Miller and Miller, 2000). 동물사업 테러방지법이라는 미국 법에 그렇게 규정되어 있다. 테러리즘이라는 용어는 문제의 소지가 많다. 정치 탄압의 도구로 사용되기 때문이다. 또한 이 용어는 가변적이어서 정부나 기업의 의제에 적합하게 새로 손질하기도 쉽다. 달리 말하면 누군가에게 테러리스트가 다른 누군가에게는 자유를 위한 투사가 된다.

'테러리즘'이나 '테러리스트'처럼 영향력이 큰 용어의 정의를 바꾸는 일은 문제가 많다. 동물권 활동가와 환경운동가, 정부와 기업 사이의 정치 담론 안에는 사실 두 가지 유형의 에코 테러리스트가 존재한다. 첫째, 경제적 손실을 초래하는, 지구해방전선과 동물해방전선 같은 테러리스트, 둘째, 환경 파괴를 초래하는, 공장식 축산 농가와 석유 및 가스 회사 같은 테러리스트가 그것이다. 델 간디오(Del Gandio, 2008)는 더 정확하게 이렇게 썼다.

누구라도 테러리스트 꼬리표가 붙으면 자동적으로 악하다고 여겨진다. 급진적인 환경운동가들에게 에코 테러리스트라는 꼬리표를 붙이는 (그리고 법적으로 책임을 묻는) 일이 점점 흔해지고 있다. 참으로 당황스러운 일이다. 과잉 소비, 화석 연료, 기업에 의한 환경오염이야말로 실제로 환경에 테러를 가하는 주범들임에도 불구하고 말이다(p. 119).

그러므로 에코 테러리즘을 비폭력 활동가들이 환경과 동물을 보호하기 위해 취하는 행동이 아닌 '조직적이고 계획적인 살해, 고문, 납치, 또는 사회적·정치적·경제적 목적을 위해 환경과 동물을 파괴하는 행위'로 정의해야 한다. 지구 숲의 절반 이상을 개벌하는 행위, 고통스러운 생체 해부 실험을 위해 영장류를 야생에서 포획해 오는 행위, 공장식 축산의 유출수로 식수를 오염시키는 행위, 화학물질을 투기하는 행위, 한 해에 100억 마리가 넘는 동물을 조직적으로 살육하는 행위, 기업의 후원으로 환경과 동물에게 자행하는 그 밖의 끔찍한 폭력 행위가 생태적 테러리즘, 즉 에코 테러리즘의 사례다. 따라서 환경을 파괴하고 이윤이나 권력을 얻는 기업들은 녹색 범죄학자들이 이미 주장했듯이 범죄자일 뿐 아니라, 에코 테러리스트이기도 하다(White, 2008).

전환과
전쟁의 종식[1]

●●●   이 책의 저자들이 그렇듯이 활동
가들도 전쟁의 종식, 사회와 기관의 완전한 전환을 요구하는 상황에
서 우리는 앞서 전쟁을 정의했듯이 전환도 새롭게 정의해야 한다. 전환
transformation은 모든 사람이 억압하는 자와 억압받는 자의 복잡한 관계
로 연결되어 있는 구조 속에서, 우리가 지배체제와 개인을 향한 침해에
대해 저항하고 맞서 싸울 때에야 비로소 모든 사람이 자유로워질 수 있
음을 강조한다. 전환은 혁명처럼 파괴하고 건설하는 또는 이기고 지는
해결책이 아니다(Skocpol, 1994; Tilly, 1978). 전환은 제도와 구조를 포함
하여 전 세계 모든 개인의 변화 역시 요구한다.

     나의 이념적 관점과 정의, 평화, 갈등 연구, 교육 분야에 대한 관심이
전환이라는 범주로 모이게 된 것은 루스 모리스(Ruth Morris, 2000), 존
레더라크(John Lederach, 1995), 벨 훅스(Bell Hooks, 1994)의 저작을 통
해서다. 범죄학 안에서 모리스는 전환적 정의를 촉진한다. 레더라크는
평화와 갈등 연구 안에서 갈등 전환을 촉진한다. 훅스는 교육 안에서 전
환적 교육학을 장려한다. 이들은 모두 사회적 전환을 달성하기 위해 서
로에게 영향을 미치고 상호 의존적으로 노력해 나간다. 레더라크(1995)
는 이렇게 썼다.

---

1 이 부분은 Nocella A. J. Ⅱ, "An Overview of the History and Theory of
Transformative Justice," *Peace and Conflict Review*, 6, no. 1(2011)에서 발췌했다.

나는 한 걸음 물러나서 프레이리Freire의 교육학적 기틀과 관련
된 큰 그림을 들여다보는 것이 유용하리라고 생각했다.《억압받
는 이들의 교육학》(1970)에서 프레이리는 리터러시literacy, 즉 지극
히 개별적이고 개인적인 사안으로 보이는 읽기와 쓰기 능력을 사
회 변화를 탐구하고 촉진하는 도구로 삼는다. 읽기와 쓰기 능력은
맥락 속에서의 자기 인식, 즉 의식화라고 부를 수 있는데, 이는 개
인적 전환과 사회적 전환을 동시에 촉진하는 개념이다(Lederach,
1995, p. 19).

1990년대 말, 캐나다 퀘이커교도인 루스 모리스Ruth Morris는 회복적 정
의(피해자와 가해자가 용서와 화해를 통하여 범죄로 인한 피해를 회복하고 평화를
이루는 것을 목표로 하는 범죄와 정의에 대한 접근법)가 갈등 안에 있는 억압,
부정의, 사회적 불평등 문제를 다루지 않는다면서 이의를 제기했다. 도
너 코커(Donna Coker, 2002)는 '전환적transformative'이라는 용어와 '회복적
restorative'이라는 용어가 서로 교체 가능한 것으로 잘못 생각되어 왔다고
지적했다. 하지만 모리스는 회복적 정의는 보복적 정의 체제에 이의를
제기하고 사람들을 한데 모으지만, 전환적 정의가 다루는 사회정치적·경
제적 사안은 인식하지 못한다고 주장했다(Coker, 2002).

가령, 열네 살 먹은 남자 아이가 동성애자이고 가난한 지역 출신인데,
새벽 두 시에 어느 문 닫힌 상점을 털었다고 가정해 보자. 전환적 정의라
면 절도라는 범죄만 보지 않고 그 소년이 왜 그렇게 했는지도 볼 것이다.
호모포비아인 아버지에게 쫓겨서 집을 나왔나? 먹을거리, 옷, 숙소 때문
에 돈이 필요했을까? 회복적 정의가 피해자와 가해자 사이의 특정한 갈

등만 다루는 데 반해, 전환적 정의는 그 갈등을 기회 삼아 더욱 심각한 사회정치적 부정의를 다루고자 노력한다.

　회복적 정의 과정은 사회적 억압 문제를 배제하고 피해자 대 가해자 관계를 형성함으로써 "지극히 개인화된 범죄정의 과정을 만들어 낼 위험이 있다"(Coker, 2002, p. 129). 다수의 교도소 폐지 운동가들을 비롯해 가정폭력 문제와 싸우는 페미니스트들이 회복적 정의가 억압 문제를 제대로 다루지 않는다고 비판하는 것은 바로 이러한 이유 때문이다(p. 129). 사회는 가난한 이들과 동성애자를 억압하기 때문에 (최소한 항시) 두 가지 피해자가 존재한다. 따라서 갈등은 개인 간의 중재로 풀 일이 아니라 더욱 큰 공동체에 기반을 둔 접근법을 통해 풀어야 한다. 그렇기 때문에 전환적 정의는 범죄정의 시스템에 대한 하나의 대안을 넘어서서 평화를 위한 사회정의 철학이며, 그러한 목표를 달성할 수단도 겸비한 철학이다. 나아가 이것은 비교조적인, 과정 중심의 철학이다. 따라서 갈등을 전환할 때 그리고 잔혹 행위, 인종차별, 성차별, 호모포비아, 계급 차별, 종차별, 폭행, 학대, 무엇보다 치유 문제를 다룰 때 창의적으로 접근할 수 있게 해 준다.

　폭력에 대응하는 대안 프로젝트Alternatives to Violence Project, 세이브 더 키즈Save the Kids, 제너레이션 파이브Generation Five 같은 단체 사이에는 공통적인 원리가 있다. 이 원리를 통해 전환적 정의의 핵심 철학이라고 할 수 있는 요소들을 정리했다.

- 전환적 정의는 폭력과 처벌, 제도화와 감금에 반대한다.
- 범죄는 지역사회에 기반을 둔 갈등의 한 형태이며, 사회와 정부도

잠재적 가해자로 연루되어 있다.

- 전환적 정의는 여성, 유색인종, 레즈비언·게이·양성애자·트랜스젠더·퀴어·간성intersex·무성asexual 커뮤니티(LGBTQIA)에 속하는 이들, 빈민층, 이민자, 장애인, 기타 소외된 집단을 향한 사회정치적 부정의와 싸워 정체성 문제를 정의의 영역으로 되돌린다.
- 전환적 정의는 갈등을 전환하는 중재, 협상, 지역사회 모임의 가치를 믿는다.

억압받는 이들과 함께 싸울 때 사회정의 운동가들은 억압하는 쪽을 적으로 규정할 때가 많다. 하지만 전환적 정의는 억압 문제와 싸울 때 아무도 적으로 보지 않는다. 특정 집단이나 조직, 정부기관이 억압을 만들고 유지하기 위해 수행하는 역할에 대해서도 마찬가지다. 대신 전환적 정의는 모든 개인이 자발적이고, 안전하고, 건설적이고, 비판적인 대화에 참여해야 하고, 대화 속에서 사람이 치유를 위한 의무와 책임, 주도성을 발휘해야 한다고 주장한다. 이는 다시 말해 법집행 기관, 판사, 변호사, 수감자, 지역사회 구성원, 교사, 정치인, 정신적 지도자, 활동가 등이 모두 함께 힘을 합해야 한다는 뜻이다.

전쟁은 부정의와 건전하지 못한 갈등의 결과다. 따라서 갈등과 부정의를 관리하는 방식 역시 바꾸어야 한다. 개인 간 또는 집단 간 갈등을 해결할 때, 갈등 전환은 전환적 정의와 유사하게 불평등, 부정의, 억압, 지배 문제를 다룬다. '갈등 해결'은 특정한 사건을 다루는 데에 국한되는 반면, '갈등 전환'은 더욱 거대한 사회정치적 문제를 풀어야 한다고 보는 것이다. 갈등 전환의 창시자인 존 레더라크는 중앙아메리카에서 활동하다가 돌아온 뒤로 이 용어를 사용하기 시작했다.《갈등 전환》(Lederach, 2003, p. 3)에서 레더라크는 이렇게 썼다.

> 나는 라틴계 동료들이 '갈등 해결'과 '갈등 관리'라는 개념들이 의
> 미하는 바에 대해 의문을 가졌고 의심까지 품었음을 알게 되었다.
> 그들이 볼 때 '해결'은 사람들이 중요하고 타당한 문제를 제기했
> 을 때 갈등만 제거하려고 시도하는 '포섭'의 위험을 수반한다. '해
> 결' 과정에 지지와 옹호를 위한 여지가 남아 있는지 분명하지 않
> 았다. 동료들의 경험에 비추어, 심각한 사회정치적 문제들을 신속
> 히 해결하다 보면 대개 그럴싸한 말들만 무성할 뿐 진정한 변화는
> 일어나지 않았다. "갈등이 생기는 데는 다 이유가 있다." 그들은
> 이렇게 말하곤 했다. "이 '해결'이라는 개념은 정말로 필요한 변화
> 를 은폐해 버리는 또 다른 방법에 불과한 것이 아닐까?"(p. 3)

갈등 전환은 모든 유형의 갈등을 다루는 방법론이다. 전쟁은 물론이고 개인 간 갈등도 다루는데, 개인 간 갈등은 사회정치적·경제적 변화에 영향을 미치고, 반대로 사회정치적·경제적 변화가 특정 개인 간 갈등을 대화로 이끌기도 한다. 갈등 전환은 사회운동 중재나 국제적 분쟁에만 중요한 것이 아니라, 동물에게 벌이는 전쟁이나 인간끼리의 전쟁을 비롯해 모든 종류의 갈등에도 중요하다.

따라서 우리가 깨달아야 할 사실은 대대적인 전환이 꼭 일어나야 하며, 총체적인 사회정의를 위해 현재의 지배체제를 개선해 나가거나 지배체제와 함께하거나 그 안에서 일한다는 것은 현실적이지 못하다는 사실

이다. 총체적인 지구정의는 모든 지배체제가 파괴되고 그 자리를 포용적이고 정중한, 다양한 공동체들이 대체할 때에만 가능하다. 이것이 대대적인 사회적 전환이다.

이 장에서 동물과 관련된 세 가지 유형의 전쟁을 알아보았다. 첫째, 이책이 상세히 다루고 있는 유형으로, 둘 이상의 적대적인 인간 군사력이 무심코 그리고 냉담하게 동물의 삶에 해를 끼치는 전쟁이다. 둘째, 매카시가 주장했듯이, 종차별주의의 사회구조를 바탕으로 인간이 동물에게 벌이는 전쟁이다. 마지막으로 셋째, 지배체제가 동물권 활동가들에게 벌이는 전쟁으로 이 전쟁의 첫 번째 전략은 그들을 '테러리스트'로 낙인찍는 것이다. 그러므로 지구상에서 모든 전쟁을 종식시키려면 우리는 인간끼리의 전쟁을 끝내야 하고, 지구와 동물에 대한 폭력을 멈춰야 하며, '정상'이라는 패권적 구상을 통한 이른바 타자의 소외를 중단해야 한다.

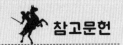 참고문헌

Aboud, E. T., Krisht, A. F., O'Keefe, T., Nader, R., Hassan, M., Stevens, C. M. Alif., and Luchette, F. A., "Novel Simulation for Training Trauma Surgeons," *The Journal of Trauma,* 71, no. 6(2011): 1484-1490.

_____, "'Mad Cow' Disease and the Animal Industrial Complex," *Organization and Environment,* 10, no. 1(1997): 26-51.

Adams, Carol. J. *The Sexual Politics of Meat: A Feminist- Vegetarian Critical Theory,* New York: Continuum Publishing, 1997.

Adams, Kathleen, Randy Scott, Ronald M. Perkin, and Leo Langga, "Comparison of Intubation Skills Between Interfacility Transport Team Members," *Pediatric Emergency Care,* 16, no. 1(2000) : 5-8 .

Adler, Philip J. and Randall L. Pouwels, *World Civilizations,* Belmont, CA: 2005.

Aegerter, Gil and Jeff Black, "Coast Guard Defends Medical Training on Live Animals After PETA Posts Gory Video," *US News,* April 19, 2012. http://usnews.nbcnews.com/_news/2012/04/19/11286441-coast-guard-defends-medical-training-on-live-animals-after-peta-posts-gory-video?lite (accessed February 18, 2013).

Alaboudi, Abdul K., "Depleted Uranium and Its Impact on Animals and Environment in Iraq and Algeria," n.d. www.uraniumweaponsconference. de/speakers/khadum_du.pdf.

Allen, Larry, "AFSOC Training Programs: Briefing to USAF APBI and NTSA," 2010. www.ndia.org/Resources/OnlineProceedings?Documents/01A0/1540-AFSOC.pdf (accessed January 31, 2013).

Allen, Scott and Nathanial Raymond, *Experiments in Torture: Evidence of Human Subject Research and Experimentation in the "Enhanced" Interrogation Program,* Physicians for Human Rights. http://physiciansforhumanrights.org/library/reports/experiments-in-torture-2010.html (accessed November 9, 2013).

American Heart Association, "Message from AHA ECC Programs: PETA Inquiries re: Use of Live Animals in PALS Courses," 2009. www.peta. org/issues/Animals-Used-for-Experimentation/endotracheal-intubationtraining-maiming-and-killing-animals.aspx (accessed January 31, 2013).

Amiel, Barbara, "Dogs Are Victims in a Scary War," *Macleans*, November 23, 2009. http://www2.macleans.ca/2009/11/19/dogs-are-victims-in-a-scary-war/ (accessed January 31, 2013).

Andrzejewski, Julie and John Alessio, "The Sixth Mass Extinction," In *Censored 2014: Fearless Speech in Fateful Times*, edited by Mickey Huff, and Andy Lee Roth, 365-385, New York: Seven Stories Press, 2013.

Andrzejewski, Julie, Helena Pedersen, and Freeman Wicklund, "Interspecies Education for Humans, Animals, and the Earth, In *Social Justice, Peace, and Environmental Education: Transformative Standards*, edited by Julie Andrzejewski, Marta Baltadano, and Linda Symcox, Routledge, 2009, 136-153.

Arluke, Arnold and Frederic Hafferty, "From Apprehension to Fascination with 'Dog Lab': The Use of Absolutions by Medical Students, *Journal of Contemporary Ethnography*, 25, no. 2(1996): 201-225.

Arnold, Jennifer, Becky Lowmaster, Melinda Fiedor-Hamilton, Jennifer Kloesz, Dena Hofkosh, Patrick Kochanek, and Robert Clark, "Evaluation of High Fidelity Neonatal Stimulation as a Method to Teach Pediatric Residents Neonatal Airway Management Skills," Report presented at the 2008 International Meeting on Simulation in Healthcare, Santa, Fe, NM, May 2008. www.dtic.mil/dtic/tr/fulltext/u2/a479674.pdf (accessed January 31, 2013).

Arnold, Ron, *Eco-Terror: The Violent Agenda to Save Nature, the World of the Unabomber*, Bellvue, WA: Free Enterprise Press, 1997.

Associated Press, "Reprieve from Wound Tests Is Ended for Pigs and Goats," *New York Times,* January 24, 1984. http://query.nytimes.com/gst/fullpage.html?sec=health&res=9506EED8 1F38F937A1-5752COA962948260 (accessed October 21, 2012).

Associated Press, "Dolphins Help Spot Mines in Iraq War," 2003. www.apnewsarchive.com/2003/Dolphins-Help-Spot-Mines-in-Iraq-War/id c615ba06b3622465118e98dfe4dccd9f(accessed October 21, 2013).

Attridge, Harold W. and Wayne A. Meeks, *The Harper Collins Study Bible: New Revised Standard Version*, New York: HarperCollins, 2006.

Aung, Thet Wine, "White Elephants Stabbed by Junta," *Irawaddy*, May 8, 2010. www.irrawaddy.org/article.php?art_id=18428 (accessed October 21, 2012).

Australian Light Horse Association, "The Mounted Horses of Australia," n.d.

http://www.lighthorse.org.au/resources/history-of-the-australian-light-horse/the-mounted-soldiers-of-australia. www.lighthorse.org.au/resources/history-of-the-australian-light-horse/the mounted-soldiers-of-australia (accessed February 20, 2013).

Australian War Memorial, n.d. http://www.awm.gov.au/visit/ (accessed February 21, 2013).

Azios, Tony, "Korean Demilitarized Zone Now a Wildlife Haven," *Christian Science Monitor*, November 21, 2008. www.csmonitor.com/Environment/Wildlife/2008/1121/Korean demilitarized-zone-now-a-wildlife-haven/ (accessed January 31, 2013).

Baillie, Duncan J., "The Breeding of Horses for Military Purposes," *Royal United Services Journal*, 1872: 735-748.

Baker, Peter S., *Animal War Heroes*, London, UK: A & C Black, 1933.

Bakhit, Mohammed A., *History of Humanity*, New York: Routledge, 2000.

Balcombe, Jonathan, *Second Nature: The Inner Lives of Animals*, New York: Palgrave MacMillan, 2010.

Ball, Kirstie and Frank Webster, "The Intensification of Surveillance," In *The Intensification of Surveillance*, edited by Kiristie Ball and Frank Webster, 1-15, London, UK: Pluto Press, 2003.

Barash, David P., *Approaches to Peace: A Reader in Peace Studies*, New York: Oxford University Press, 2010.

Barnard, Neal D., *Animals in Military Wound Research and Training*, Washington, DC: Physicians Committee for Responsible Medicine, 1986.

Basham, Arthur L., *The Wonder That Was India*, New York: Grove Press, 1968.

Battersby, Eilee, "Eight Million Dead in a Single Conflict: 5,000 Years of War Horses," *Irish Times*, January 14, 2012. http://www.irishtimes.com/culture/film/eight-million-dead-in-a-single-conflict-5-000-years-of-war-horses-1.444971.

BBC News, "Home Town Party for War Hero Bird," 2009. www.news.bbc.co.uk/2/hi/middle_east/670551.stm (accessed October 21, 2012). (accessed October 21, 2012).

Begich, Nick, *Angels Don't Play This HAARP: Advances in Tesla Technology*, Anchorage, AK: Earthpulse, 1995.

Begley, Charle, *A Report on the Elephant Situation in Burma*, October, Bedfordshire: EleAid, 2006. http://www.eleaid.com/wp-content/uploads/2013/10/A-Report-on-the-Elephant-Situation-in-Burma.pdf

Behnam, Sadeq, "Birds Disappear from Afghanistan, Leaving Pests to Flourish," November 19, 2010. http://iwpr.net/report-news/birdlife-disappears-afghan-landscape (accessed January 31, 2013).

Beirne, Piers and Nigel South, *Issues in Green Criminology: Confronting Harms Against Environments, Humanity, and Other Animals*, (2007): Portland, OR: Willian.

Bekoff, Marc, and Jessica Pierce, *Wild Justice*, (2010): Chicago, IL: University of Chicago Press.

Belloni, Robert, "The Tragedy of Darfur and the Limits of the 'Responsibility to Protect'," *Ethnopolitics*, 5, no. 4 (2006): 327-346.

Benham, Jason, "Sudan Seeks Millions for War-Hit Wildlife," *Standard for Fairness and Justice*, January 18, 2011. http://uk.reuters.com/article/2011/01/18/us-sudan-south-wildlife-idUKTRE70H1S120110118 (accessed February 4, 2013).

Behnam, Sadiq, "Birds Disappear From Afghanistan, Leaving Pests to Flourish," *Institute for War and Peace Reporting*, November 19, 2010. http://iwpr.net/report-news/birdlife-disappears-afghan-landscape (accessed November 9, 2013)

Benedictus, Leo, "Bounding into action with the dogs of war," *The Guardian*, May 15, 2011. http://www.theguardian.com/world/2011/may/15/dogs-war-osama-bin-laden

Benjamin, Mar, "'War on Terror' Psychologist Gets Giant No-Bid Contract," Salon.com, October 14, 2010. http://www.salon.com/2010/10/14/army_contract_seligman/.

Benjamin, Medea and Jodie Evans, *Stop the Next War: Effective Responses to Violence and Terrorism*, Maui, HI: Inner Ocean, 2005.

Bennett, Jeffrey P., *War Dogs: America's Forgotten Heroes*, Produced by Jeffrey P. Bennett, 1999, Sherman Oaks, CA: GRB Entertainment, DVD.

Berrigan, Frida, "America's Global Weapons Monopoly," *TomDispatch*, February 17, 2010. www.commondreams.org/print/52891 (accessed October 21, 2012).

Best, Steven, "The Animal Enterprise Terrorism Act: New, Improved, and ACLU-Approved, "*Journal for Critical Animal Studies*, III, no. 3 (2007).

Best, Steven and Anthony J. Nocella II, *Terrorists or Freedom Fighters? Reflections on the Liberation of Animals*, New York: Lantern Books, 2004.

_____, *Igniting a Revolution: Voices in Defense of the Earth*. Oakland, CA: AK Press, 2006.

_____, "Clear Cutting Green Activists: The FBI Escalated the War on Dissent," *Impact*, Spring 2006.

Bethune, Sir Edward C., "The Uses of Cavalry and Mounted Infantry in Modern Warfare," *Royal United Services Institution Journal*, 50, no. 3 (1906): 619-636.

Biggs, Barton, *Wealth, War, and Wisdom*, Hoboken, NJ: Wiley, 2008.

Big House Productions, *Animals in Action Volume 4: Underwater Warriors*, Written and produced by Big House Productions, 2002. New York: BigHouse Productions, DVD.

Biological and Toxin Weapons Convention, "Meeting of Experts," August 18-22, 1975. www.acronym.org.uk/bwd/indes.htm (accessed August 25, 2010).

Biotechnology Industry Organization, "GE Animals to Exhibit at Livestock Biotech Summit," August 25, 2010. http://www.bio.org/media/press-release/ge-animals-exhibit-livestock-biotech-summit (accessed February 6, 2013).

Blechman, Andrew D., *Pigeons: The Fascinating Saga of the World's Most Revered and Reviled Bird*, New York: Grove Press, 2006.

Block, Ernest F. J., Lawrence Lottenberg, Lewis Flint, Joelle Jakobsen, and Dianna Liebnitzky. "Use of a Human Patient Simulator for the Advanced Trauma Life Support Course," *The American Surgeon*, 68, no. 7 (2002): 648-651.

Blum, William, *Killing Hope: U.S. Military and the C.I.A. Interventions Since World War II*, Monroe, ME: Black Rose Books, 2000.

Bock, Carl, *Temples and Elephants: The Narrative of a Journey of Exploration Through Upper Siam and Lao*, White Orchid Press: Bangkok 1985.

Boggs, Carl, *Imperial Delusions: American Militarism and Endless War*, Lanham, MD: Rowman & Littlefield, 2005.

_____, "Corporate Power, Ecological Crisis, and Animal Rights," In *Critical Theory and Animal Liberation*, Edited by John Sanbonmatsu, 71-96, Lanham, MD: Rowman & Littlefield, 2011.

Bolivian Army, "Memorandum of Understanding Concerning the Activation, Organization, and Training of the 2nd Battalion," April 28, 1967. www.gwu.edu/nsarchiv/NSAEBB/NSAEBB5/che14_1.htm (accessed October 21, 2012).

Borman, Windy, *The Eyes of Thailand*, Directed by Windy Borman, 2012, DVA Productions in association with Indiewood Pictures.

Bowyer, Mark, Alan V. Liu, and James P. Bonar, "A Simulator for Diagnostic Peritoneal Lavage Training," *Studies in Health Technologies and Informatics*, 11 (2005): 64-67.

Branan, Nicole, "Danger in the Deep: Chemical Weapons Lie Off Our Coasts," *Earth Magazine*, January 27, 2009. http://www.earthmagazine.org/article/danger-deep-chemical-weapons-lie-our-coasts (accessed January 31, 2013).

Brasch, Walter M., *America's Unpatriotic Acts: The Federal Government's Violation of Constitutional and Civil Rights*, New York: Peter Lang, 2005.

Brauer, Jurgen, *War and Nature: The Environmental Consequences of War in a Globalized World*, AltaMira Press: Maryland, 2009.

Brean, Joseph, "Loud Noises May Have Caused Arkansas Bird Deaths, *National Post*, January 1, 2011. news.national post.com/2011/01/03/mass-bird-deaths puzzle-arkansas-town/ (accessed October 21, 2012).

Broder, John M., "Climate Change Seen as Threat to U.S. Security," *New York Times*, August 9, 2000. http://www.nytimes.com/2009/08/09/science/earth/09climate.html (accessed February 1, 2013).

Brodie, Bernard, and Fawn M. Brodie, *From Crossbow to H-Bomb*, Bloomington: Indiana University Press, 1973.

Broome, Richard, *Aboriginal Australians: Black Responses to White Dominance, 1788-1994*, St Leonards, NSW: Allen & Unwin, 1994.

Bullock, Jane, George Haddow, Damon P. Coppola, and Sarp Yeletaysi, *Introduction to Homeland Security: Principles of All-Hazards Risk Management*, Burlington, MA: Butterworth Heinemann, 2008.

Burghardt, Tom, "Biological Warfare and the National Security State: A Chronology," *Global Research*, August 9, 2009. http://www.globalresearch.ca/biological-warfare-and-the-national-security-state (accessed October 14, 2012).

Burstein, Stanley M., "Elephants for Ptolemy II: Ptolemaic Policy in Nubia in the Third Century BC," In *Ptolemy II: Philadelphus and His World*, edited by Paul McKechnie and Phillipe Guilleme, 135-147, Leiden, NL: Brill, 2008.

Burt, Jonathan, "Review: The Animals' War Exhibition," *History Today*, October 1, 2006.

Butler, Frank K., "Tactical Management of Urban Warfare Casualties in Special Operations," *Military Medicine*, 165, no. 4 supplement (2000): 1-48.

Capaldo, Theodora, "The Psychological Effects of Using Animals in Ways That They See as Ethically, Morally, or Religiously Wrong," *Alternatives to Laboratory Animals*, 32, supplement no.1 (2004): 525-531.

Carrington, Damian, "Mass Tree Deaths Prompt Fears of Amazon 'Climate Tipping Point'," *The Guardian/UK*, February 4, 2011. www.common-dreams.org/headline/2011/02/04-0 (accessed October 14, 2012).

Carroll, Michael Christopher, *Lab 257*, New York: William Morrow, 2004.

Cart, Julie, "Army Seeks to Move More Than 1,100 Desert Tortoises," *Los Angeles Times*, August 5, 2009. latimesblogs.latimes.com/greens-pace/2009/08/desert-tortoise-endangered species-army-training-html (accessed February 2, 2013).

Casey-Maslen, Stuart, "Introductory Note," *Convention on the Prohibition of the Use, Stockpiling, Production and Transfer of Anti-Personnel Mines and on their Destruction*, Oslo, 18 September 1997. http://legal.un.org/avl/ha/cpusptam/cpusptam.html (accessed November 5, 2013).

Casson, L., "Ptolemy II and the Hunting of African Elephants," *Transactions of the American Psychological Association*, 123 (1993): 247-260.

Center for Constitutional Rights, "The Animal Enterprise Terrorism Act (AETA), n.d. ccrjustice.org/learn-more/faqs/factsheet%3A-animal-enter-prise-terrorism-act-%28aeta%29 (accessed October 14, 2012).

Chang, Nancy, *Silencing Political Dissent*, New York: Seven Stories Press, 2002.

Charles, Michael B., "African Forest Elephants and Turrets in the Ancient World," *Phoenix*, 62, no. 3/4 (2008): 338-362.

Chayer, Amelie, "United Kingdom Under Fire from Treaty Allies for Failure to Clear Landmines," Geneva, CH: International Coalition to Ban Land-mines, November 26, 2008. http://www.icbl.org/index.php//Treaty/MBT/Annual-Meetings/9MSP/Media/pressreleases/pr26nov08 (accessed February 2, 2013).

Chelvadurai, Manogaran, *Ethnic Conflict and Reconciliation in Sri Lanka*, Manoa, HI: University of Hawaii Press, 1987.

Cherrix, Kira, "Test Site Profile: Nevada Test Site," 2008. mason.gmu.edu/kcherrix/nts.html (accessed October 12, 2012).

Cherry, Robert A. and Jameel Ali, "Current Concepts in Simulation-Based Trauma Education," *The Journal of Trauma*, 65, no. 5 (2008): 1186-1193.

Chivers, C., "Tending a Fallen Marine, with Skill, Prayer and Fury," *New York*

Times, November 2, 2006.

Chomsky, Noam, *Knowledge of Language: Its Nature, Origin, and Use*, New York: Seven Stories Press, 1987.

_____, *Power and Terror: Post-9/11 Talks and Interviews*, New York: Seven Stories Press, 2003.

_____, *Imperial Ambitions: Conversations on the Post-9-11 World*, New York: Metropolitan Books, 2005.

Chossudovsky, Michel, "Excluded from the Copenhagen Agenda: Environmental Modification Techniques (ENMOD) and Climate Change," *Global Research*, December 5, 2009. http://www.globalresearch.ca/environmental-modification-techniques-enmod-and-climate-change (accessed October 14, 2012).

Clarke, Hamish, "The Nature of War," *Cosmos*, May 9, 2007. www.cosmos-magazine.com/features/online/1289/the-nature-war (accessed October 21, 2012).

Clifton, Wolf, "Animal Cruelty and Dehumanization in Human Rights Violations," *The Greanville Post*, November 10, 2009. http://www.greanvillepost.com/2009/11/10/animal-cruelty-and-dehumanization-in-human-rights-violations/ (accessed February 2, 2013).

CNN.com, "UK Honors Glow Worm Heroes," November 24, 2004. http://edition.cnn.com/2004/WORLD/europe/11/24/uk.newwaranimals/index.html (accessed October 14, 2012).

Cochrane, Richard, "Marine Animals Setto Guard U.S. Submarine Base," *Hypocrisy Reigns Supreme*, December 17, 2009. hypocrisy.com/2009/12/17/marine-mammals-set-to-guard-us-submarine-base (accessed February 2, 2013).

Codepink, "What Is Codepink?," n.d. www.codepink4peace.org/article.php?list=type&type=3 (accessed October 14, 2012).

Coker, Donna, "Transformative Justice: Anti-Subordination Processes in Cases of Domestic Violence," In *Restorative Justice and Family Violence*, edited by Heather Strang and John Braithwaite, 128-152, Cambridge, UK: Cambridge University Press, 2002.

Collins, John J., *Introduction to Hebrew Bible*, Minneapolis, MN: Fortress Press, 2004.

Costs of War, n.d. http://costsofwar.org/article/environmental-costs (accessed February 21, 2013).

Crawford, Angus, "UK Misses Falklands Mine Deadline," *BBC News*, November 24, 2008. http://news.bbc.co.uk/2/hi/uk_news/politics/7742661.stm (accessed October 14, 2012).

Creel, Herrlee G., "The Role ofthe Horse in Chinese History," *American Historical Review*, LXX (1965): 647-672

Cunningham, Erin, "In Gaza, Alarm Spreads Over Use of Lethal New Weapons," *Antiwar*, January 23, 2009. http://www.antiwar.com/ips/cunningham.php (accessed February 2, 2013).

Curry, Ajaye, "Animals: The Hidden Victims of War," *Animal Aid*, 2003. www.animalaid.org.uk/images/pdf/waranimals.pdf (accessed February 2, 2013).

Daily Mail, "Forgotten Heroes: A million horses were sent to fight in the Great War-only 62,000 came back," November 9, 2007. http://www.dailymail.co.uk/columnists/article-492582/Forgotten-Heroes-A-million-horses-sent-fight-Great-War-62-000-came-back.html#ixzz-2k5AMKSGc.

Daily Mail, "Black Labrador Treo Becomes 23rd Animal to Receive the Dickin Medal After Serving in Afghanistan," February 24, 2010. http://www.dailymail.co.uk/news/article-1253312/Black-Labrador-Treo-23rd-animal-receive-Dickin-Medal (accessed October 12, 2012).

Daily Mail, "Huge Rise in Vivisection as 3.7m Experiments on Animals Are Carried Out in a Year," July 14, 2011. http://www.dailymail.co.uk/sciencetech/article-2014279/Huge-rise-vivisection-3-7m-experiments-animals-carried-yuear.html#ixzz1idSWDlkz (accessed October 12, 2012).

Daly, Peter M., *Literature in the Light of the Emblem*, Toronto, Canada: University of Toronto Press, 1979.

Dance, Amber, "50 Years After the Blast: Recovery in Bikini Atoll's Coral Reef," May 27, 2008. http://www.print.news.mongabay.com/2008/0526-dance_bikini.html?print (accessed February 2, 2013).

Dao, James, "After Duty, Dogs Suffer Like Soldiers," *New York Times*, December 1, 2011. www.nytimes.com/2011/12/02/us/more-military-dogs-show-signs-of-combat-stress.html (accessed February 2, 2013).

Dart, Raymond A., "*Australopithecus Africanus*: The Man-Ape of South Africa," In *A Century ofNature: Twenty-One Discoveries That Changed Science and the World*, edited by Laura Garwin and Tim Lincoln, 10-20, Chicago, IL: University of Chicago Press, 1925.

David Grant Medical Center, "Protocol #FDG20050030A: Neonatal Resuscitation Training in the Laboratory Animal." www.travis.af.il/units/dgmc/ (accessed October 14, 2012).

Davis, Jeffrey S., Jessica Hayes-Conroy, and Victoria M. Jones, "Military Pollution and Natural Purity: Seeing Nature and Knowing Contamination in Vieques, Puerto Rico," *Geojournal*, 69, no, 3 (2007): 165-179.

Dearing, Stephanie, "Dogs of War: Iraq's Feral Dog Population on the Rise," *Digital Journal*, January 18, 2010. www.digitaljournal.com/print/article/285913 (accessed October 14, 2012).

Deen, Thalif, "Despite Recession, Global Arms Race Spirals," *Inter Press Service News Agency*, March 16, 2010. http://www.ipsnews.net/2010/03/disarmament-despite-recession-global-arms-race-spirals/ (accessed February 2, 2013).

Del Gandio, Jason, *Rhetoricfor Radicals: A Handbook/or Twenty-First Century Activists*, San Francisco, CA: New Society Publishers, 2008.

Dempewolff, Richard E., *Animal Reveille*, New York: Doubleday, Doran & Company, 1943.

Department ofthe Air Force, "Freedom ofInformation Act (FOIA) 08-0051-HS, C-STARS Courses," August 28, 2008. Private Resource.

Department of Defense, "Animal Care and Use Programs Fiscal Year 2002-2003," 2003. zoearth.org/tag/pigs (accessed October 12, 2012).

Department of Veterans Affairs, "M is for Mates. Animals in Wartimes Ajax to Zep," Canberra, AUS: Department of Veteran Publication in Association with the Australian War Memorial, 2009.

Derr, Mark, *Dogs Best Friend: Annals ofthe Dog-Human Relationship*, New York: H. Holt and Company, 1997.

Derry, Margaret E., *Horses in Society*, Toronto, Canada: University of Toronto Press, 2006.

Diamond, Jared, *Guns, Germs and Steel: The Fates of Human Societies*, New York: W. W. Norton and Company, 1997.

Dijk, Ruud V., ed., *Encyclopedia of the Cold War* (Volume One), Agingdon, UK: Routledge, 2008.

Doctors Against Animal Experiments Germany, *Military Experiments on Living Animals Prohibited*, August 11, 2010. www.aerzte-gegen-tierversuche.de/en/component/content/article/55-resourses/262-military-esperiments-on-living-animals-prohibited (accessed October 14, 2012).

Drury, Ian, "Their Last Journey: Tragic Bomb Dog Theo in Line for an 'Animal VC' as He and His Master's Body are Flown Home Together," *Daily Mail*, March 5, 2011. www.dailymail.co.uk/news/article-1362837/Bomb-sniffing-Army-dog-master-repatriated-Wootton-Bassett.html (accessed February 2, 2013).

Dube, Mathieu, "Strathconas Celebrate the Battle of Moreuil Wood. Lord Strathcona's Horse (Royal Canadians)," www.strathconas.ca/strathconas celebrate-the-battle-of-moreuil-wood?id=835 (accessed October 12, 2012).

Duiker, William J. and Jackson J. Speilvogel, *World History* (6th ed.), Boston, MA: Wadsworth, 2010.

Dunayer Joan, *Animal Equality: Language and Liberation*, Derwood, MD: Ryce, 2001.

Dupuy, Trevor N., *The Evolution of Weapons and Warfare*, New York: Bobbs Merrill, 1980.

Ellul, Jacques, *The Technological Bluff*, Grand Rapids, MI: William B. Eerdmans Publishing Company, 1990.

Enzler, Svante M., "Environmental Effects of Warfare," 2006. www.lenntech.com/environmental-effects-war.htm (accessed February 2, 2013).

Equal Justice Alliance, "Our allies," n.d. http://www.equaljusticealliance.org/allies.htm (accessed March 1, 2012).

Falck, A J., M. B. Escobedo, J. G. Baillargeon, L. G. Villard, and J. H. Gunkel, "Proficiency of Pediatric Residents in Performing Neonatal Endotracheal Intubation," *Pediatrics*, 112, no. 6 (2003): 1242-1247.

Fang, Irving, "Alphabet to Internet: Mediated Communication in Our Lives," 2008. www.mediahistory.umn.edu/archive/PigeonPost.html.

Felton, Debbie, *Haunted Greece and Rome: Ghost Stories from Classical Antiquity*, Austin: University of Texas Press, 1999.

Fernandez, Luis A., *Policing Dissent: Social Control in the Anti-Globalization Movement*, Piscataway, NJ: Rutgers University Press, 2008.

Foster, Robert E., Ellen P. Embrey, David J. Smith, Annette K. Hildabrand, Paul R. Cordts, and Mark W. Bowyer, "Final Report of the Use of Live Animals in Medical Education and Training Joint Analysis Team," 2009. www.mediapeta.com/ulamet/ulamet_jat.pdf (accessed February 3, 2013).

Filner, Bob, "The Battlefield Excellence Through Superior Training (BEST) Practices Act-H. R. 1417," *The PETA Files*, April 8, 2011. www.peta.orglb/thepetafiles/archive/tags/BEST../default.aspx (accessed February 2, 2013).

Foucault, Michel, *The History of Sexuality, Volume 1: The Will to Knowledge*, London, UK: Penguin, 1988.

Fox News, "Afghan Police Stop Bombing Attack From Explosives-laden Donkey," June 8, 2006. http://www.foxnews.com/story/2006/06/08/afghan-police-stop-bombing-attack-from-explosives-laden-donkey/.

Frank, Joshua, "Bombing the Land of the Snow Leopard: The War on Afghanistan's Environment," *Counterpunch*, January 17, 2010. http://www.counterpunch.org/2010/01/07/the-war-on-afghanistan-s-environment/ (accessed February 2, 2013).

Frankel, Rebecca, "War Dog," *Foreign Policy*, May 4, 2011. www.foreignpolicy.com/articles/2011/05/04/war_dog (accessed February 4, 2013).

Fuentes, Gidget, "Navy's Underwater Allies: Dolphins," *North Country Times*, May 6, 2001. http://simonwoodside.com/content/writing/dolphins/2001-05-06-nctimes.txt (accessed February 4, 2013).

Gabriel, Richard A., *The Ancient World: Soldiers' Lives Through History*, Westport, CT: Greenwood Publishing Group, 2007a.

_____, *Muhammad: Islam's First Great General*, Norman, OK: University of Oklahoma Press, 2007b.

Gala, Shalin G., Justin R. Goodman, Michael P. Murphy, and Marion J. Balsam, "Use of Animals by NATO Countries in Military Medical Training Exercises: An International Survey," *Military Medicine*, 177(8), (2012): 907-910.

Gallagher, Carole, *American Ground Zero: The Secret Nuclear War*, Cambridge, MA: Massachusetts Institute of Technology, 1993.

Galtung, John and Carl G. Jacobsen, *Searching for Peace: The Road to TRANSCEND*, London, UK: Pluto Press, 2000.

Gandhi, Mohandus K., *Gandhi, an Autobiography: The Story of My Experiences with Truth*, Boston, MA: Beacon Press, 1993.

Gardiner, Juliet, *The Animals' War: Animals in Wartime from the First War to the Present Day*, London, UK: Portrait, 2006.

Ghebrehiwet, Teame, "The Camel in Eritrea: An All-Purpose Animal," *World Animal Review*, 91, no. 2, 1998. www.fao.org/docrep/W9980T/w9980T6.htm (accessed January 30, 2013).

Gianoli, Luigi, and Mario Monti, *Horses and Horsemanship Through the Ages*, New York: Crown Publishers, 1969.

Gibson, J. W., "The New War on Wolves," *Los Angeles Times*, December 8,

2011. http://articles.latimes.com/2011/dec/08/opinion/la-oe-gibson-the-war-on-wolves-20111208 (accessed February 19, 2013).

Gilbert, Scott, "Environmental Warfare and U.S. Foreign Policy: The Ultimate Weapon of Mass Destruction," *Global Research*, January 1, 2004. http://www.globalresearch.ca/environmental-warfare-and-us-foreign-policy-the-ultimate-weapon-of-mass-destruction-2/5357909 (accessed January 30, 2013).

Goodman, Jared S., "Shielding Corporate Interests from public dissent: An examination of the undesirability and unconstitutionality of 'eco-terrorism' legislation," *Journal of Law and Policy*, 16, no. 2 (2008): 823-875.

Gouveia, Lourdes and Arunas Juska, "Taming Nature, Taming Workers: Constructing the Separation Between Meat Consumption and Meat Production in the U.S," *Socologica Ruralis*, 42, no. 4 (2002): 370-390.

Gowers, Sir Willia, "The African Elephant in Warfare," *African Affairs*, 46, no. 182 (1947): 42-49.

Grandin, Temple and Catherine Johnson, *Animals in Translation: Using the Mysteries of Autism to Decode Animal Behavior*, New York: Simon & Schuster, 2005.

Greenhalgh, P. A. L., *Early Greek Warfare: Horsemen and Chariots in the Homeric andArchaic Ages*, Cambridge: Cambridge University Press, 2010.

Grichting, Anna, "From Military Buffers to Transboundary Peace Parks: The Case of Korea and Cyprus," Paper presented at the Parks, Peace and Partnership Conference, Waterton, Montana, September 9-11, 2007. http://www.beyondintractability.org/citations/9976 (accessed February 3, 2013).

Griffith, Samuel B., *On Guerilla Warfare*, Chicago, IL: University ofIllinoise-Press, 2000.

Grossman, Dave, *On Killing: The Psychological Cost ofLearning to Kill in War and Society*, New York: Back Bay Books, 2009.

Guardian/UK, February 1, 2003, "War: Hell for Animals," http://www.animalaid.org.uk/h/n/NEWS/archive/ALL/882/ (accessed April 29, 2013).

Guizzo, Erico, "Moth Pupa+MEMS Chip=Remote Control Cyborg Insect," IEEE Spectrum: Automaton, February 17, 2009. spectrum.ieee.org/automaton/robotics/robotics-software/moth_pupa_mems_chip_remote_controlled_cyborg_insect (accessed February 3, 2013).

Haddon, Celia, "So Can a Dog Really Die of a Broken Heart?" *Daily*

Mail, March 4, 2011. www.dailymail.co.uk/femail/article-1362789/So-dog-really die-broken-heart.html (accessed February 4, 2013).

Haggis, Jane, "Thoughts on a Politics of Whiteness in a (Never Quite Post) Colonial Country: Abolitionism, Essentialism and Incommensurability," In *Whitening Race: Essays in Social and Cultural Criticism*, edited by Aileen Moreton-Robinson, Canberra, AUS: Aboriginal Studies, 2004.

Hall, Andrew B., "Randomized Obj ective Comparison of Live Tissue Training Versus Simulators for Emergency Procedures," *The American Surgeon*, 77 no. 5 (2011): 561-565.

Hambling, David, "U.S. Denies Incendiary Weapon Use in Afghanistan," May 15, 2009. www.wired.com/dangerroom/2009/05/us-incendiary-weapon-in-afghanistan-revealed (accessed February 3, 2013).

Hamilton, Jill, *Marengo—The Myth of Napoleon's Horse*, Toronto: Harper Collins Canada/Fourth Estate, 2000.

Hanson, Thor, Thomas M. Brooks, Gustavo A. B. Da Fonseca, Michael Hoffman, John F. Lamoreux, Gary Machlis, Cristina G. Mittermeier, Russell A. Mittermeier, and John D. Pilgrim, "Warfare in Biodiversity Hotspots," *Conservation Biology*, 23, no. 3 (2009): 578-587.

Harding, Lee E., Omar F. Abu-Eld, Nahsat Hamidan, and Ahmad al Sha'Ian, "Reintroduction of the Arabian oryx *Oryx leucoryx* in Jordan: war and redemption," *Oryx*, 41, no. 4 (2007): 478.

Hardt, George L. and Hank Heifetz, translators, *The Four Hundred Songs of War and Wisdom: An Anthology of Poems from the Classical Tamil (The Purananuru)*, New York: Columbia University Press, 1999.

Hardt, Michael and Antonio Negri, *Multitude: War and Democracy in the Age of Empire*, New York: Penguin, 2004.

Harris, Robert and Jeremy Paxman, *A Higher Form of Killing: The Secret History of Chemical and Biological Warfare*, New York: Random House, 1983.

Hatton, J., M. Couto, and J. Oglethorpe, *Biodiversity and War: A Case Study from Mozambique*, 2001. www.worldwildlife.org/bsp/publications/Africa/146/Mozambique.pdf (accessed October 12, 2012).

Hausman, Gerald and Loretta Hausman, *The Mythology of Dogs: Canine Legend*, New York: Macmillan, 1997.

Hofmeister, Erik H., Cynthia M. Trim, Saskia Kley, and Karen Cornell, "Traumatic Endotrachial Intubation in the Cat," *Veterinary Anaesthesia and Analgesia*, 34, no. 3 (2007): 213-216.

Hogsed, Sarah, "Live Goats Used in Fort Campbell Medic Training," *Eagle Post*, January 20, 2010. www.theeaglepost.us/fort_campbell/article_4da5e92f-10d9-513e-ad61-19157ad63a29.html (accessed February 3, 2013).

Holmes, Bob, "New Tools Fuel Progress on Development of Genetically Engineered Farm Animals," *Health*, July 14, 2010. www.ihavenet.com/Health-New-Tools-Fuel-Progress-on-Development-of-Genetically-Engineered-Farm-Animals-New-Scientist.htrnl (accessed December 31, 2010).

hooks, bell, *Teaching to Transgress: Education as the Practice of Freedom*, New York: Routledge, 1994.

Hotakainen, Rob, "Is Navy Plan a Threat to World's Oldest Killer Whales?," *McClatchy Newspapers*, December 24, 2010. www.article.wn.com/view/2010/12/24/Environmentalists_fear_Navy_plan_could_harm_whales/ (accessed October 14, 2012).

Hribal, Jason, *Fear of the Animal Planet: The Hidden History of Animal Resistance*, Oakland, CA: AK Press.

Huff, Mickey, Andrew Lee Roth, and Project Censored, *Censored 2011*, New York: Seven Stories Press, 2010.

Hui, Sylvia, "Films Tell Story of WWII Elephant Rescue in Burma," *Guardian*, November 1, 2010. www.guardian.co.uk/workd/feedarticle/9339643 (accessed February 3, 2013).

Human Rights Watch, July 24, 1990, "Ethiopia 'Mengistu has Decided to Burn Us like Wood' Bombing of Civilians and Civilian Targets by the Air Force." http://www.hrw.org/reports/archives/africa/ETHIOPIA907.htm.

Hussain, Farooq, "Whatever Happened to Dolphins?," *New Scientist* (January 25, 1973): 182-184.

Hyland, Ann, *The Warhorse: 1250-1600*, Stroud, UK: Sutton, 1998.

_____, *The Horse in the Middle Ages*, Stroud, UK: Sutton, 1999.

Hyland, Ann and Lesley Skipper, *The warhorse in the modern era : the Boer War to the beginning of the second millennium*, Stockton-on-Tees: Black Tent Publications, 2010 .

Institute for War and Peace Reporting, August 1, 2011, "Report Spurs Action on Afghan Bird Poaching." http://iwpr.net/report-news/report-spurs-action-afghan-bird-poaching-O.

International Campaign to Ban Landmines (ICBL), "What is a Landmine?," n.d. www.icbl.org/index.php.icbl/Problem/Landmines/What-is-a-Landmine (accessed October 14, 2012).

International Coalition to Ban Uranium Weapons (ICBUW), "A Concise Guide to Uranium Weapons, the Science Behind Them, and Their Threat to Human Health and the Environment," n.d. www.bandepleteduranium.org/en/i/77.html#1 (accessed October 12, 2012).

Intergovernmental Panel on Climate Change, "Climate Change 2013: The Physical Science Basis, 2013." http://www.climatechange2013.org (accessed November 13, 2013).

Jager, Theodore F., *Scout, Red Cross and Army Dogs: A Historical Sketch of Dogs in the Great War and a Training Guide for Rank and File of the United States Army*, Rochester, NY: Arrow, 1917.

Jenson, Eric T., "The International Law of Environmental Warfare: Active and Passive Damage During Times of Armed Conflict," *Vanderbilt Journal of Transnational Law,* 38 (January 2005): 145. papers.ssrn.corn/so13/papers.cfm?abstract_id=987033 (accessed October 14, 2012).

Johnston, Steven, "Animals in War: Commemoration, Patriotism, Death," *Political Research Quarterly,* 65, no. 2 (2012): 359–371.

Joy, Melanie, *Why We Love Dogs, Eat Pigs and Wear Cows*, San Francisco, CA: Conari Press, 2010.

Judy, Jack, "Hybrid Insect MEMS (HI-MEMS) Programs," *Microsystem Technology Office,* March 5, 2010. www.derpa.mil/mto/programs/himems/indes.html#content (accessed December 20, 2012).

Kailasapathy, Kanakacapapati, *Tamil Heroic Poetry*, Clarendon, UK: Oxford University Press, 1968.

Katagiri, Nori, "Containing the Somali Insurgency: Learning from the British Experience in Somaliland," *African Security Review,* 19, no. 1 (2010): 33–45.

Katzman, Gerald H., "On Teaching Endotracheal Intubation," *Pediatrics,* 70, no. 4 (1982): 656.

Keegan, John, *A History of Warfare*, New York, First Vintage Books, 1994.

Keesler Air Force Base, "Protocol #FKE20070008A Endotracheal Intubation Training Exercise Using a Ferret Model," July 26, 2007. (Private Resource)

Kelly, Jeffrey A., "Alternatives to Aversive Procedures with Animals in the Psychological Teaching Setting," In *Advances in Animal Welfare Science,* edited by Michael W. Fox and Linda D. Mickley, Washington, DC: The Humane Society ofthe United States (1985): 165-184.

Kennedy, Phoebe, "Why Burma's Dictatorship Is Desperately Hunting for a While Elephant," *Independent*, April 2, 2010. http://www.independent.co.uk/news/world/asia/why-burmas-dictatorship-is-desperately-hunting-for-a-white-elephant-1934018.html (accessed February 3, 2013).

Kenner, Charles L., *Buffalo Soldiers and Officers of the Ninth Cavalry, 1867-1898: Black and White Together*, Norman: University of Oklahoma Press, 1999.

Kimberlin, Joanne, "Military contractor cited for treatment of goats," *The Virginian Pilot*, June 30, 2012. http://hamptonroads.com/2012/06/military-contractor-cited-treatment-goats.

King, Jessie, "Vietnamese Wildlife Still Paying a High Price for Chemical Warfare," *The Independent*, June 8, 2006. http://www.independent.co.uk/environment/vietnamese-wildlife-still-paying-a-high-price-for-chemical-warfare-407060.html (accessed February 2, 2013).

Kirkham, Sophie, "Training Day for the Dog Soldiers," *Sunday Times*, December 15, 2002. http://www.sundaytimes.lk/021215/index.html (accessed October 12, 2012).

Kistler, John M., *Animals in the Military: From Hannibal's Elephants to the Dolphins of the U.S. Navy*, Santa Barbara, CA: ABC-CLIO, 2007.

Klein, Naomi, *The Shock Doctrine: The Rise of Disaster Capitalism*, London, UK: Routledge, 2008.

Knapp-Fisher, Harold C., *Man and His Creatures*, London, UK: Routledge & Sons, 1940.

Kovach, Bob, "Riderless Horse Adds Poignancy to Military Burials," CNN.com. March 23, 2008. http://www.cnn.com/2008/LIVING/05/23/arlington.riderless.horse/

Kovach, Gretel C., "Marine Corps Expands Infantry Bomb Dog Program: Camp Pendleton Handlers Tout Results," *UT San Diego News*, June 16, 2010. www.signonsandiego.com/news/2010/ddec/04/marine-corps-expands-infantry-bomb-dog-program (accessed February 4, 2013).

Kristof, Nicholas D., "Dad Will Really Like This," *New York Times*, June 16, 2010. http://www.nytimes.com/2010/06/17/opinion/17kristof.html (accessed February 4, 2013)

Lackland Air Force Base, "Protocol #FWH20090154AT Intubation Instruction and Training Using a Ferret," (July 27, 2009): Private Resource.

Langley, Andrew, *Ancient Egypt*, Chicago, IL: Raintree, 2005.

La Prensa, "El Giobierno Prohibe a los Militaires Sacrificat Animates," *FM Bolivia*, March 31, 2009. www.fmbolivia.com/noticial0332-el-gobierno-prohibe-a-los-militares-sacrificar-animales-html (accessed October 12, 2012).

Last, Alex, "Victory on the Back of a Donkey," *BBC News*, 2000. http://news.bbc.co.uk/2/hi/africa/755624.stm (accessed February 12, 2013).

Lawrence, Thomas E., *Seven Pillars of Wisdom*, New York: Penguin, 1997.

Le Chene, Evelyn, *Silent Heroes: The Bravery and Devotion of Animals in War*, London, UK: Souvenir Press, 1994.

Lederach, John P., *Preparing for Peace: Conflict Transformation Across Cultures*, Syracuse, NY: Syracuse University Press, 1995.

Leighton, Albert C., "Secret Communication Among the Greeks and Romans," *Technology and Culture*, 10, no. 2 (1969): 139-154. www.jstor.org/discover/10.2307/3101474?uid=3739256&uid=2129&uid=2&uid=70&uid=4&sid=21101750261877 (accessed February 3, 2012).

Lemish, Michael, *War Dogs: A History of Loyalty and Heroism*, Dulles, VA: Potomac Books, 1996.

Lendman, Stephen, "Depleted Uranium—a Hidden Looming Worldwide Calamity," *Global Research*, January 19, 2006. depleteduraniumthechildkiller.com/depleted_uranium_a_worldwide_calamity.htm (accessed February 4, 2013).

Leopold, Aldo, *The Land Ethic: Jn a Sand County Almanac*, Oxford, UK: Oxford University Press, 1966.

Levy, Debbie, *The Vietnam War*, Minneapolis, MN: Lerner Publishing Group, 2004.

Liddick, Donald, *Eco-Terrorism: Radical Environmental and Animal Liberation Movements*, Westport, CT: Praeger Publishers, 2006.

Lilly, John C., *The Scientist: A Metaphysical Autobiography*, Berkley, CA: Ronin Publishing, 1996.

Lin, Guy, Yahav Oron, Ron Ben-Abraham, Dafna Barsuk, Haim Berkenstadt, Haim Ziv, and Amir Blumenfeld, "Rapid Preparation of Reserve Military Medical Teams Using Advanced Patient Simulators," *International Trauma and Anesthesia and Critical Care Society Conference*, May 15, 2003. www.itaccs.com/traumacare/archive/spring_03/Friday_pm.pdf (accessed February 4, 2013).

Linden, Annette and Bert Klandermans, "Stigmatization and repression of extreme-right activism in the Netherlands," *Mobilization*, 11, no. 2 (2006), 213-228.

Lindow, Megan, "The Landmine Sniffing Rats of Mozambique," *Time*, June 2, 2008. http://www.time.com/time/world/article/0,8599,1811203,00.html (accessed February 3, 2013).

Little, Robert, "Army's Claims for Survival Rate in Iraq Don't Hold Up," *Baltimore Sun*, Narcg 29, 2009. www.baltimoresun.com/news/nation world/bal-military-medicine-statistics-0329,0,1407580,story (accessed February 4, 2013).

Long, Douglas, *Ecoterrorism*, New York: Facts on File, 2004.

Looking-Glass, n.d, *Animals in War*. www.looking-glass.co.uk/animalsinwar/ (accessed February 20, 2009).

Loretz, John, "The Animal Victims of the Gulf War," *PSR Quarterly*, (1991): 221-225. fn2.freenet.edrnnton.ab.ca/puppydog/gulfwar.htm (accessed February 4, 2013).

Lousky, Tamir, "Training, Research and Testing in Israel," *Alternatives to Animal Testing and Experimentation*, 14, Special Issue (August 2007): 261-264. altweb.jhsph.edu/bin/s/q/paper261.pdf (accessed February4, 2013).

Love, Ricardo M., "Psychological Resistance: Preparing Our Soldiers for War," 2011. msnbcmedia.msn.com/i/.../120103_PTSD_Army_Paper.pdf (accessed February 4, 1013).

Lovley, Erika, "Lawmaker Says DOD 'Tortures' Animals," *Politico*, February 3, 2010. www.politico.com/news/stories/0210/32496.html (accessed February 4, 2013).

Lovitz, Dara, "Animal Lovers and Tree Huggers Are the New Cold-Blooded Criminals?," *Journal of Animal Law*, 3 (2007): 79-98. http://www.animal-law.info/articles/arus3janima1179.htm (accessed February 4, 2013).

_____, *Muzzling a Movement: The Effects of Anti-Terrorism Law, Money, & Politics on Animal Activism*, New York: Lantern Books, 2010.

Lubow, Robert E., *The War Animals*, Garden City: Doubleday, 1977.

Lucas, Alfred, *Ancient Eyptian Materials and Industries*, London, UK: Arnold-Publishers, 1962.

Mabry, Robert L., "Use of a Hemorrhage Simulator to Train Military Medics," *Military Medicine*, 170, no. 11 (2005): 921-925.

MacDonald, Mia, "War News: Animals in Afghanistan," *Satya*, February 15,

2002. www.miamacdonald.com/a.php?id=16 (accessed February 4, 2013).

Madigan Army Medical Center, "Department of Clinical Investigation: Annual Research Progress Report: Fiscal Year 2006," 2007. www.dtic.mil/cgibin/GetTRDoc?AD=ADA492477 (accessed February 4, 2013).

Majumdar, Ramesh C., "Hem Chandra Raychaudhuri, and Kalikincar Datta," *An Advanced History of India*, London, UK: Macmillan Publishers India LTD, 1950.

Mallawarachi, Bartha, "Sri Lankan War Zone to Become Wildlife Sanctuary," *Seattle Times*, December 1, 2010. http://seattletimes.com/html/nationworld/2013560287_apassrilankawildlife.html (accessed February 4, 2013).

Maps of World, "Wildlife in Marshall Islands," n.d, travel.mapsofworld.com/marshall-islands/marshall-islands-tours/wildlife-in-marshall-islands.html (accessed February 4, 2013).

Margawati, Endang T., "Transgenic Animals: Their Benefits to Human Welfare," *Action Bioscience*, January 2003. www.actionbioscience.org/biotech/margawati.html?ref-Klasistanbul.Com (accessed February 4, 2013).

Marshall, S. L. A., "Slam," *Men Against Fire: The Problem of Battle Command*, Norman: University of Oklahoma Press, 2000.

Martin, Brian, *Social Defense, Social Change*, London, UK: Freedom Press, 1993.

Mayor, Adrienne, *Greek Fire, Poison Arrows, and Scorpion Bombs: Biological and Chemical Warfare in the Ancient World*, New York, Overlook, 2003.

McCabe, Richard E., *Prarie Ghost: Pronghorn and Human Interaction in Early America*, Boulder: University of Colorado Press, 2004.

McCarthy, Colman, *All of One Peace: Essays on Nonviolence*, New Brunswick, NJ: Rutgers University Press, 1999.

McCoy, Kimberley E., "Subverting Justice: An Indictment ofthe Animal Enterprise Terrorism Act," *Animal Law Journal*, 14 (2008): 1-18.

McCrummen, Stephanie, "After War, Wildlife Returns to the Sudan," *Boston Globe*, October 11, 2009. www.boston.com/news/world/Africa/articles/2009/10/11/after_war_wildlife_returns_to_sudan (accessed February 4, 2013).

McDonald, Mia, "War News: Animals in Afghanistan," *Satya*, February 15, 2002. http://www.miamacdonald.com/a.php?id=16 (accessed February 4, 2013).

McLaughlin, Elliott C., "Giant Rats Put Noses to Work on Africa's Land

Mine Epidemic," *CNN.com*, September 8, 2010. www.cnn.com/2010/WORLD/Africa/09'07/herorats.detect.landmines/index.html (accessed February 4, 2013).

Mendoza, Monica, "Man's Best Friend Not Immune to Stigmas of War; Over comes PTSD," *Official Website of the U.S. Airforce*, July 27, 2010. http://www.af.mil/news/story.asp?id=123215014 (accessed February 4, 2013).

Miller, Lloyd E., *Lyme Disease: General Information and FAQ*, n.d. www.cs.cmu.edu/afs/cs.cmu.edu/usr/jake/mosaic/lyme.html (accessed February 4, 2013).

Miller, Joseph A., and R. M. Miller, *Eco-Terrorism and Eco-Extremism Against Agriculture*, Arlington, VA: Joseph A. Miller, R. M. Miller, 2000.

Mills, C. Wright, *The Power Elite*, New York, Oxford University Press, 1999.

Milstein, Mati, "Lebanon Oil Spill Makes Animals Casualties of War," *National Geographic News*, July 31, 2006. http://news.nationalgeographic.com/news/2006/07/060731-lebanon-oil.html (accessed February 4, 2013).

Mohanty, Chandra, Talpade Pratt, Minnie Bruce, and Robin L. Riley, "Introduction: feminism and US wars—mapping the ground," In *Feminism and War: Confronting U.S. Imperialism*, edited by Robin L. Riley, Chandra Talpade Mohanty, and Bruce Pratt, Zed Books, 2008, 1-16.

Moore, Andrew N. I., "Caging Animal Advocates' Political Freedoms: The Unconstitutionality of the Animal and Ecological Terrorism Act," *Animal Law*, 11 (2005): 255-282. http://www.animallaw.info/articles/arusll-animall255.htm (accessed February 4, 2013).

Morehouse, David, "Live Tissue Training Point Paper," bloximages.chicago2.vip.townnews.com/nctimes.com/content/tncms/assest/v3/editorial/2/0c/20c128fa-83ab-11de-b0a8-001cc4c002e0/20c128fa-83-ab-11de-b0a8-001cc4c002e0.pdf (accessed December 20, 2012).

Moret, Leuret, "U.S. Nuclear Policy and Depleted Uranium," Testimony at the International Criminal Tribunal for War Crimes in Afghanistan, Chiba, Chiba Prefecture, JP: June 28, 2003. http://www.grassrootspeace.org/TribTest062803.html (accessed February 4, 2013).

Morillo, Stephen, "The Age of Cavalry Revisited," In *The Circle of War in the Middle Ages: Essays on Medieval Military and Naval History*, edited by Donald J. Kagay and L. J. Andrew Villalon, Rochester: Boydell Press, 1999, 45-58.

Morris, Ruth, *Stories of Transformative Justice*, Toronto, CA: Canadian Scholars Press, 2000.

MSNBC, "More bird fall from the sky—this time in Louisiana," MSNBC, January 24, 2011. http://www.msnbc.msn.com/id/40904491/ns/us_news-environment/ (accessed March 12, 2011).

Munson, Mary, "There Ought to Be a Law to Protect Animals," *Miami Herald*, November 24, 2008. https://www.commondreams.org/view/2008/11/24-2 (accessed February 4, 2013).

Muwankida, Vincent B., Silvester Nyakaana, and Hans R. Siegismund, "Genetic Consequences of War and Social Strife in Sub-Saharan Africa: The Case of Uganda's Large Mammals," *African Zoology*, 40, no. 1 (2005): 107-113. http://www.nbi.ku.dk/english/staff/publicationdetail/?id=4737b700-74c3-11zdb-bee9-02004c4f4f50 (accessed February 4, 2013).

Mydans, Seth, "Researchers Raise Estimate on Defoliant Use in Vietnam War," *New York Times*, April 17, 2003. http://www.nytimes.com/2003/04/17/world/researchers-raise-estimate-on-defoliant-use-in-vietnam-war.html.

National Army Museum, "Boney's Mount," April 20, 2011. http://www.nam.ac.uk/exhibitions/permanent-galleries/changing-world-1784-1904/gallery-highlights/boneys-mount (accessed February 20, 2013).

National Museum of Denmark, "Weapons, Violence and Death in the Neolithic Period," *Historic Viden, Danmark*, n.d. oldtiden.natmus.dk/udstillingen/bondestendlaeren/slebne_oekser_af_flint/vaaben_void_og_doed_i_bondestenalderen/language/uk (accessed February 4, 2013).

Nautilus Institute for Security and Sustainability, "Toxic Bases in the Pacific," 2005. nautilus.org/apsnet/toxic-bases-in-the-pacific/ (accessed February 4, 2013).

Naval Medical Center, Portsmouth, "Protocol # NMCP.2008.A034. Pediatric Intubation Training Using the Ferret Model," 2008. http://www.dtic.mil/dtic/brd/2008/34672.html (accessed February 4, 2013).

Naval Medical Center, Portsmouth, February 23, 2009. Internal Memorandum (Private Resource).

New Scientist, "Mongoose-Robot Duo SniffOut Landmines," April 26, 2008. http://www.newscientist.com/article/mg19826535.900-mongooserobot-duo-sniffs-out-landmines.html (accessed February 4, 2013).

Nibert, D., "Conflict, Violence, & the Domestication of Animals," Paper Presented at the 10th Annual North American Conference for Critical Animal Studies, Brock University, Ontario, Canada: March 31, 2011.

Nichols, Bob, "D.I.M.E. Bombs: Closer to Fallujua's Puzzle," *Veterans Today: Military and Foreign Affairs Journal*, October 30, 2010. www.veteranstoday.com (accessed February 4, 2013).

Nocella, A. J. II., "An Overview of the History and Theory of Transformative Justice," *Peace and Conflict Review*, 6, no. 1 (2011). http://www.review.upeace.org/index.cfm?opcion=0&ejemplar=23&entrada=124 (accessed February 19, 2013).

Noske, Barbara, *Beyond Boundaries: Humans and Animals*, New York: Black Rose Books, 1997.

O'Donnell, John E., *None Came Home The War Dogs of Vietnam*, Bloomington: Authorhouse, 2001.

Olson, Lacie, "Analysis of FY 2012 Budget Request. The Center for Arms Control and Non-Proliferation," *Washington, DC Center for Arms Control and Non-Proliferation*, 2011. http://armscontrolcenter.org/issues/securityspending/articles/fy_2012_briefing_book/ (accessed February 4, 2013).

_____, "Fiscal Year 2012 Defense Spending Request Briefing Book," *Washington, DC Center for Arms Control and Non-Proliferation*, February 14, 2011. http://armscontrolcenter.org/issues/securityspending/articles/fy_2012_briefing_book/ (accessed February 4, 2013).

Ornes, Stephen, "The Pentagon's Beetle Borgs," *Discover*, May, 2009. http://discovermagazine.com/2009/may/30-the-pentagons-beetle-borgs#.URFy_-goXeY (accessed February 4, 2013).

Padilla, Abel, "The Mighty M4," *War Wolf*, September 21, 2009. http://themightym4.blogspot.com/2009/09/war-wolf.htmln (accessed February 4, 2013).

Parenti, Christian, *The Soft Cage: Surveillance in Americafrom Slavery to the War on Terror*, New York: Basic Books, 2003.

Parenti, Michael, *Against Empire*, San Francisco, CA: City Lights Publishers, 1995.

Paul, E. S. and Anthony L. Podberscek, "Veterinary Education and Students' Attitudes Toward Animal Welfare," *Veterinary Record*, 146, no. 10 (2000): 269-272.

Pearl, Mary C., "Natural Selections Roaming Free in the DMZ," *Discover*, November 13, 2006. http://discovermagazine.com/2006/nov/natural-selections-dmz-animals (accessed February 4, 2013).

Pearn, John and David Gardner-Medwin, "An Anzac's Childhood: John

Simpson Kirkpatrick(1892-1915)," *The Medical Journal of Australia*, 178, no. 8 (2003): 400-402.

People for the Ethical Treatment of Animals (PETA), *Military Stabbing Live Dogs*, Online Video, n.d. http://www.peta.org/tv/videos/peta2-investigations/959533349001.aspx (accessed February 4, 2013).

_____, "Victory! Army to Discharge Monkeys from Lab," October 13, 2011. www.peta.org/b/thepetafiles/archive/2011/10/13/victory-army-to-discharge-monkeys-from-lab.aspx (accessed February 6, 2013).

_____, "Peta's Caring Consumer Program: Companies That Do Tests on Animals." www.mediapeta.com/peta/PDF/companiesdotest.pdf (accessed February 6, 2013).

Peterson, Dale, *The Moral Lives of Animals*, New York: Bloomsbury Press, 2011.

Pfohl, Stephen, *Images of Deviance and Social Control: A History*, New York: McGraw-Hill, 1994.

Phillips, Gervase, "'Who Shall Say That the Days of Cavalry are Over?' The Revival ofthe Mounted Arm in Europe, 1853-1914," *War In History*, 18, no. 1 (2011):5-32.

Phillips, Michael M., "Shell-Shocked Dog of War Finds a Home with the Family of a Fallen Hero. Jason's Death in Iraq Left Room for a Marine at the Dunhams' House; Gunner Fit the Bill," *Wall Street Journal*, October 6, 2010.

Phillips, Peter and Project Censored, *Censored 2000: The Year's Top Censored Stories*, New York: Seven Stories Press, 2003.

Physicians Committee for Responsible Medicine, "Frequently Asked Questions: Implementing Non-Animal Training Methods in U.S. Military Medical Courses," n.d. http://www.pcrm.org/research/edtraining/military/faqs-implementing-nonanimal-training-methods (accessed February 6, 2013).

_____, "New Videos and Website Expose Cruel Military Training," 2009. http://www.pcrm.org/good-medicine/2009/summer/new-videos-and-web site-expose-cruel-military (accessed February 6, 2013).

_____, "Live Animal Use in Advanced Trauma Life Support Courses in the U.S. and Canadian Programs: An Ongoing Survey," April 26, 2012. http://www.pcrm.org/pdfs/research/education/pcrm_survey_list_us_canada_ atls_programs.pdf (accessed February 6, 2013).

_____, "Live Animal Use for the Teaching of Endotracheal Intubation in

Pediatrics Residency Programs in the United States," August 6, 2012. www.pcrm.org/.../EthicsinPediatricsTrainingSurveyResults.pdf.

Physicians for Human Rights, "Physicians for Human Rights Calls for Pentagon Inspector General Inquiry Into Alleged "No-Bid" Contract to Dr. Martin Seligman," October 14, 2010. http://physiciansforhumanrights. org/press/press-releases/news-2010-10-14-seligman.html (accessed February 6, 2013).

Pickrell, John, "Dolphins Deployed as Undersea Agents in Iraq," 2011. *National Geographic News*, March 28, 2003. news.nationalgeographic.com/ news/2003/03/0328_030328_wardolphins.html (accessed February 6, 2013).

Piggot, Stuart, "Chariots in the Caucasus and China," *Antiquity*, 48, no. 89 (1974): 16-24

Pilger, John and Alan Lowery, *The War You Don't See*, Film, directed, written and produced by John Pilger and Alan Lowery (2010); London, UK: Dartmouth TV1.

Plato, *The Republic*, translated by Christopher Rowe, New York: Barnes & Noble, 2004 (original work 380 B.C.).

Plumwood, Val, *Feminism and the Mastery of Nature*, London, UK: Routledge, 1993.

Poole, R., "By the Law ofthe Sword: Peterloo Revisited," *History*, 91, no. 302 (2006): 254-276.

Potter, Will, *Green is the New Red: An Insiders Account of a Social Movement Under Siege*, San Fancisco, CA: City lights Books, 2011.

Quade, Alex, "Monument Honors U.S. 'Horse Soldiers' Who Invaded Afghanistan," *CNN.com*, October 6, 2011. http://www.cnn.com/2011 /10/06/us/afghanistan-horse-soldiers-memorial/.

Radhakrishnan, Sarvepalli and Charles A. Moore, *A Source Book: Indian Philosophy*, Princeton, NJ: Princeton University Press, 1989.

Ramanthapillai, Rajmohan, "Modern Warfare and the Spiritual Disconnection From Land," *Peace Review*, 2, no. 1 (2008): 113-120. www.tandfonline. com/doi/abs/10.1080/10402650701873825 (accessed February 6, 2013).

Rance, Philip, "Elephants in Warfare in Late Antiquity," *Acta Antiqua*, 43, no. 3-4 (2003): 355-384. http://www.akademiai.com/content/ p427216360x17417/ (accessed February 6, 2013).

Ravitz, Jessica, "War Dogs Remembered, Decades Later," *CNN.com*, February 12, 2010. http://www.cnn.com/2010/LIVING/02/12/war.dogs/.

Read, Donald, *Peterloo: The Massacre and Its Background*, Manchester, UK: Manchester University Press, 1958.

Resner, Benjaman I., "Rover @ Home: Computer Mediated Remote Interaction Between Humans and Dogs," *Massachusetts Institute of Technology*, 2001. http://dspace.mit.edu/handle/1721.1/62357 (accessed February 6, 2013).

Resources News, n.d, "Birds Also Victims in Afghan War." http://www.mts.net/~dkeith2/dec-5.html.

Rice, Rob S., Simon Anglim, Phyllis Jestice, Scott Rusch, and John Serrati, *Fighting Techniques of the Ancient World: 3000B.C.-500A.D. Equipment, Combat Skills, and Tactics*, New York: Thomas Dunne Books, 2006.

Richardson, Edwin H., *British War Dogs: Their Training and Psychology*, London, UK: Skeffington & Son, 1920.

Ritter, Matt E. and Mark Bowyer, "Simulation for Trauma and Combat Casualty Care," *Minimally Invasive Therapy & Allied Technologies*, 14, no. 4 (2005): 224-234.

Roberts, Adam M. and Kevin Stewart, "Landmines : Animal Casualties of the Underground War," *Animals' Agenda*, 18, no. 2 (1998): 224-234. http://ecn.ab.ca/puppydog/aa-art.htm (accessed February 6, 2013).

Robles De-La-Torre, Gabriel, "Haptic Technology, an Animated Explanation," n.d. http://www.isfh.org/comphap.html (accessed February 6, 2013).

Robson, Seth and Marcus Kloeckner, "Army Looking to Conduct Combat Medic Training on Live Animals in Germany," *Stars and Stripes*, June 2, 2010. http://www.stripes.com/news/europe/army-looking-to-conduct-combat-medic-training-on-live-animals-in-germany-1.105621 (accessed February 6, 2013).

Routley, Richard, "Is There a Need for a New Environmental Ethic?," *Proceedings of the XV World Congress of Philosophy*, Volume 1 (1973): 205-210.

Routley, Richard and Val Routley, "Against the Inevitability of Human Chauvinism," In *Ethics and Problems of the 21st Century*, edited by Kenneth E. Goodpaster and Kenneth M. Sayre, 36-58, Notre Dame, IN: University of Notre Dame Press, 1979.

_____, "Human Chauvinism and Environmental Ethics, In *Environmental Philosophy*, edited by Mannison McRobbie and Richard Routley, 96-189, Canberra, AUS: Australian National University Press, 1980.

Rupert, Mark E., "Academia and the Culture of Militarism, In *Academic Re-*

pression: Reflections from the Academic Industrial Complex, edited by Anthony J. Nocella, II, Steven Best, and Peter McLaren, 428-436, Oakland, CA: AK Press, 2010.

Saenz, Aaron, "Free Flying Cyborg Beetles," *Singularity Hub*, October 7, 2009. http://singularityhub.com/2009/10/07/free-flying-cyborg-beetles/ (accessed February 6, 2013).

_____, "Eye Popping Pies of Cyborg Animals from Photoshop Contest," *Singularity Hub*, March 15, 2010. http://singularityhub.com/2010/03/15/eye-popping-pics-of-cyborg-animals-from-photoshop-contest/ (accessed February 6, 2013).

Sanbonmatsu, John, "Blood and soil: Notes on Leirre Keith, Locavores, and Death Fetishism," *Upping the Anti*, no. 12 (2011).

_____, "John Snabonmatsu Replies to Derrick Jensen," *Upping the Anti*, no. 13 (2011).

Sanders, Barry, *The Green Zone: The Environmental Impact of Militarism*, Oakland, CA: AK Press, 2009.

Sanua, Victor D., Editor, *Fields of Offering: Studies in Honor of Raphael Patai*, Cranbury: Associated University Press, 1983.

Saunders, John Joseph, *The History of the Mongol Conquests*, Philadelphia: University of Pennsylvania Press, 2001.

Saunders, Nicholas J., *Ancient Americas: The Great Civilisations*, Sutton Publishing Limited: United Kingdom, 2004.

Sawyer, Taylor, Agnes Sierocka-Castaneda, Debora Chan, Benjamin Berg, and Mark W. Thompson, "High Fidelity Simulation Training Results in Improved Neonatal Resuscitation Performance," *American Academy of Pediatrics National Conference*, October 1, 2010 .

Scahill, Jeremy, *Blackwater: The Rise of the World's Most Powerful Mercenary Army*, New York: Nation Books, 2008.

Schafer, Edward H., "War Elephants in Ancient and Medieval China," *Oriens*, 10, no. 2 (1957): 289-291.

_____, *Ancient China*, New York: Time-Life Books, 1967.

Schaffer, E., *Animals, World War!* Encyclopedia S-z (Volume 4).

Scharrer, Gary, "Indian Group Objects to Buffalo Soldier Plates," *Houston Chronicle*, November 26, 2011. http://www.chron.com/news/houston-texas/article/Indian-group-takes-issue-with-Buffalo-Soldier-2293128.php (accessed February 6, 2013).

Schirch, Lisa, *The Little Book of Strategic Peacebuilding*, Intercourse, PA: Good Books, 2004.

Science Clarified, "Agent Orange," n.d. http://www.scienceclarified.com/A-Al/Agent-Orange.html (accessed February 6, 2013).

Scigliano, Eric, *Love, War, and Circuses: The Age-Old Relationship Between Elephants and Humans*, Boston, MA: Houghton Mifflin Co., 2002.

Seligman, Martin, "Learned Helplessness," *Annual Review of Medicine*, 23, no. 5 (1972): 407-412.

Shambaugh, James, Judy Oglethorpe, and Rebecca Ham, *The Trampled Grass: Mitigating the Impacts of Armed Conflict on the Environment*, Washington, DC: Biodiversity Support Program, 2001. pdf.usaid.gov/pdf_docs/PNACN55l.pdf (accessed February 6, 2013).

Shaw, J. C., *The Paston Papers Siam 1688*, Craftsman Press: Bangkok, 1993.

Shelton, Jo-Ann, "Elephants as Enemies in Ancient Rome," *Concentric: Library and Cultural Studies*, 32, no. 1 (2006): 3-25.

Shiva, Vandana, *Biopiracy: The Plunder of Nature and Knowledge*, Boston, MA: Southend Press, 1995.

Singer, Peter, *Biopiracy: The Plunder of Nature and Knowledge*, London, UK: Pimlico Press, 1975.

Singer, Peter W., *Wired for War: The Robotics Revolution and Conflict in the Twenty-First Century*, New York: Penguin Books, 2009.

Singh, Upinder, *A History of Ancient and Early Medieval India: From Stone Age to the 12th Century*, New Delhi, IN: Dorling Kindersley, 2008.

Singleton, John, "Britain's Military Use of Horses 1914-1918," *Past and Present*, 193, no. 1 (1993): 178-203.

Skocpol, Theda, *Social Revolutions in the Modern World*, Cambridge, UK: Cambridge University Press, 1994.

Society for the Prevention of Cruelty to Animals (SPCA), "Retired Working Dogs Stranded in Iraq," March 12, 2011. http://www.spcai.org/index.php/news-and-blog/spcai-news/item/522-retired-working-dogs-stranded-in-iraq.html (accessed February 6, 2013).

South, Nigel, "Corporate and State Crimes Against the Environment: Foundations for a Green Perspective in Europe," In *The New European Criminology: Crime and Social Order in Europe*, 443-461, New York: Routledge, 1998.

Spielberg, Steven, *War Horse*, Film directed by Steven Spielberg (2011 ; Burbank, CA: Walt Disney).

Stannard, David E., *American Holocaust*, New York: Oxford University Press, 1992.

Stanton, Doug, *Horse Soldiers: The Extraordinary Story of a Band of US Soldiers Who Rode to Victory in Afghanistan*, New York: Scribner, 2009.

Starhawk, "Feminist Voices for Peace," In *Stop the Next War Now: Effective Responses to Violence and Terrorism*, edited by Jodie Evans and Medea Benjamin, 84-86, Novato, CA: New World Library, 2005.

Stockholm International Peace Research Institute (SIPRI), *Warfare in a Fragile World: Military Impact on the Human Environment*, New York: Crane, Russak, 1980.

_____, *Background Paper on SIPRI Military Expenditure Data*, April 11, 2010. http://www.sipri.org/databases/milex (accessed February 6, 2012).

Stuart, Hunter, "Sharktopus Trailer Released and It Is Awesome," *Huffington Post*, September 16, 2010. http://www.huffingtonpost.com/2010/07/17/sharktopus-trailer-releas_n_650081.html (accessed February 6, 2013).

Sulfigar, Ali, "PESHAWAR: Wildlife Too Bearing the Brunt," *Dawn*, November 5, 2011. http://archives.dawn.com/2001/11/05/local28.htm (accessed February 21, 2013).

Sullivan, Shannon and Nancy Tuana, Editors, *Race and Epistemologies of Ignorance*, Albany: State University of New York (SUNY) Press, 2007.

Sutherland, Donald M. G., *The French Revolution and Empire: The Quest for a Civic Order*, Oxford, UK: Blackwell, 2003.

Swart, Sandra, "Horses in the South African War, c. 1899-1902," *Society & Animals* 18, no. 4 (2010a): 348-366.

_____, "'The World the Horses Made': A South African Case Study of Writing Animals into Social History," *International Review of Social History*, 55, no. 2 (2010b): 241-263

Tait, Cindy, "On the Differences Between a Child and a Kitten," *Journal of Emergency Nursing*, 36, no. 1 (2010): 78-80.

Tan, Michelle, "Dogs Bring Home Stress Too," *Army Times*, December 30, 2010.

Teh, Kong Soon, Shang Ping Lee, and Adrian David Cheok, "PoultryInternet: A Remote Human-Pet Interaction System," In *CHI '06 Extended Abstracts on Human Factors in Computing Systems*, (2006): 251-254. http://dl.acm.org/citation.cfm?id=1125505&dl=ACM&coll=DL&CFID

=274800838&CFTOKEN=87688175 (accessed February 7, 2012).

Telegraph, "Terrorists Tie Bomb Belt to Dog in Iraq," May 27, 2005. http:// www.telegraph.co.uk/news/worldnews/middleeast/iraq/1490888/Terro rists-tie-bomb-belt-to-dog-in-Iraq.html.

Thomas, William, *Scorched Earth: The Military Assault on the Environment*, Philadelphia, PA: New Society Publishers, 1995.

Tier One Group, "Instructing Combat Trauma Mangement to Trainees," March 16, 2008. (Private Resource).

Tilly, Charles, *From Mobilization to Revolution*, New York, NY: McGraw-Hill Publishing, 1978.

Torres, Bob, *Making a Killing: The Political Economy of Animal Rights*, Oakland, CA: AK Press, 2007.

Tsolidis, Georgina, (2010) "Simpson, His Donkey and the Rest of Us: Public Pedagogies of the Value of Belonging," *Educational Philosophy and Theory*, 42, no. 4 (2010): 448-461.

Tucker, Spencer C., *Almanac of American Military History: Volume One, 1000- 1830*, Santa Barbara, CA: ABC-CLIO, 2012.

Twine, Richard, *Animals as Biotechnology: Ethics, Sustainability and Critical Animal Studies*, Oxford, UK: Routledge, 2010.

_____, "Revealing the 'Animal-Industrial-Complex': A Concept and Method for Critical Animal Studies," *Journal for Critical Animal Studies*, 10, no. 1 (2012): 12-39.

Ulansey, David, *Call of Life: Facing the Mass Extinction*, Film directed by Monty Johnson (2010; New York: Species Alliance.) DVD.

Uniformed Services University of the Health Science, "Live Animal Purchases for Use in Student Education," Washington, DC: n.d

United Nations, "End Nuclear Testing," *International Day Against Nuclear Tests*, n.d. www.un.org/en/events/againstnucleartestsday/history.shtml (accessed February 6, 2013).

University of Kansas Natural History Museum, "Comache Preservation," n.d. http://naturalhistory.ku.edu/explore-topic/comanche-preservation/ comanche preservation (accessed February 21, 2013).

U.S. Army Europe Command Surgeon, Internal Memorandum, 2010. (Private Resource).

U.S. Army Medical Department, Office ofthe Surgeon General, HQDA EX- ORD 096-09, "Mandatory Pre-Deployment Trauma Training (PDTT)

for Specified Medical Personnel," 2009. www.documbase.com/HQ-DA-Exord-048-10.pdf (accessed October 12, 2012).

U.S. Army Medical Research Institute of Chemical Defense, "Chemical Casualty Care Resuscitation Practical Exercise Using the Nonhuman Primate Model," 2005a. http://www.gevha.com/home/51-general/821-pcrm (accessed October 12, 2012).

_____, "Medical Management of Chemical Casualties, Laboratory Exercise Worksheet," 2005b. video.onset.freedom.com/nwfdn/kf8sgk-18pigs.pdf (accessed February 7, 2013).

U.S. Department of Agriculture, "Memo: Complaint #E10-197 Tactical Medics International," July 29, 2010. (Private Resource).

U.S. Department of Army, Navy, Air Force, Defense Advanced Research Projects Agency, and Uniformed Services University of Health Sciences, "The Care and Use of Laboratory Animals in DOD Programs," 2005. www.apd.anny.mil/pdffiles/r40_33.pdf (accessed February 7, 2013).

U.S. Department of Defense, "DOD Biomedical Research Database (BRD)," 2010. http://www.dtic.mil/biosys/brd/index.html (accessed February 6, 2013).

U.S. Department of Justice Federal Bureau of Investigation, "Terrorism: 2002-2005," n.d. http://www.fbi.gov/stats-services/publications/terrorism-2002-2005 (accessed February 6, 2013).

U.S. Medicine Institute for Health Studies, December 3, 2002, "Computer, Robots, and Cyberspace: Maximizing the Cutting Edge."

Vandiver, John and Marcus Kloecker, "German Ruling Puts USAREUR Plans for Live-Animal Medical Training on Hold," *Stars and Stripes*, August 17, 2010. www.stripes.com/news/german-ruling-puts-usareur-plans-for-live-animal-medical-training-on-hold-1.114989 (accessed February 6, 2013).

Van Strum, Carol, "Action Alter: Pacific NW Residents—Stop the Navy's Coastal Weapons Testing," *Daily Kos*, October 21, 2010. http://www.dailykos.com/news/coastal%20protection# (accessed February 6, 2013).

Varner, John G. and Jeannette J. Varner, *Dogs of the Conquest*, Norman: University of Oklahoma.

Vastag, Brian, "Army to Phase Out Animal Nerve-Agent Testing," *Washington Post*, October 13, 2011. articles.washingtonpost.com/2011-10-13/national/35277114_1_green-monkeys-nerve-gas-vervet (accessed February 6, 2013).

Waisman, Amir and Mimouni Mor, "Pediatric Life Support (PALS) Courses in Israel: Ten Years of Experience," *Israel Medical Association Journal*, 7, no. 10 (2005): 639–642 (accessed February 6, 2013).

Walmsley, Robert, *Peterloo*, Manchester, UK: Manchester University Press, 1969.

War Resisters League, "Where Your Income Tax Money Really Goes: U.S. Federal Budget 2012 Fiscal Year," 2011. www.warresisters.org/sites/default/files/FY2012piechart-color.pdf (accessed February 6, 2013).

Webb, Robin, "Animal Liberation–By 'Whatever Means Necessary'," In *Terrorists or Freedom Fighters: Reflections on the Liberation of Animals*, edited by Steve Best and Anthony J. Nocella, Lantern, 2004, 75–80.

Weiss, Rick, "Dragonfly or Insect Spy? Scientists at Work on Robobugs," *The Washington Post*, October 9, 2007. http://www.washingtonpost.corn/wp-dyn/content/article/2007/10/08/AR2007100801434.html (accessed 4 November 2013).

Westing, Arthur H., "Environmental Warfare II: 'Levelling the Jungle,'" *Bulletin of Peace Proposals*, 4, no. 38 (1973a).

_____, "Environmental Warfare II: 'The Big Bomb,'" Bulletin of Peace *Proposals*, 4, no. 40 (1973b).

_____, "Environmental Consequences of the Second Indochina War: A Case Study," *Ambio*, 4, no. 5 (1975): 216–222.

White, Rob, *Crimes Against Nature: Environmental Criminology and Ecological Justice*, Portland: William, 2008.

White, Thomas I., *In Defence of Dolphins: The New Moral Frontier*, Oxford, UK: Blackwell Publishing, 2007.

Whitehouse, David, "Here Come the Ratbots," *BBC News*, May 1, 2002. http://news.bbc.co.uk/2/hi/science/nature/1961798.stm (accessed February 6, 2013).

Wildlife Conservation Society, "Afghanistan's First National Park," 2009. www.wcs.org/conservation-challenges/local-livelihoods/recovering-from-conflict-and-disaster/afganistan-first-national-park.aspx (accessed February 6, 2013).

Wildlife Extra, "Pigmy Hippos Survive Two Civil Wars in Liberia's Sapo National Park," 2008. http://www.wildlifeextra.com/go/news/pygmy hippos872.html#cr (accessed February 6, 2013).

_____, "Sierra Leone & Liberia Create Major Trans-Boundary Park," 2009. http://www.wildlifeextra.com/go/news/leone-liberia009.html#cr (accessed February 6, 2013).

Wilcox, Fred, *Scorched Earth: Legacies of Chemical Warfare in Vietnam*, New York: Seven Stories, 2011.

Wilhelm (Trans), *Culavamsa: Being the More Recentpart of the Mahavamsa*, Asian Educational Services: Chennai, 2003.

Wincer, Simon, *The Lighthorsemen*, Film written by Ian Jones and directed by Simon Wincer (1987; Sydney, AU: Hoyts), DVD.

Winterfilm Collective, *Winter Soldier*, Film produced by the Winterfilm Collective (2008; United States: Millarium Zero), DVD.

Women's International League for Peace and Freedom, "Chemical Weapons," *Reaching Critical Will*, n.d. www.reachingcriticalwill.org/legal/cw/csindex.html (accessed October 14, 2012).

Woolf, Marie, "Military Lab Tests on Animals Double in Five Years," *Independent*, May 14, 2006. http://www.independent.co.uk/news/uk/politics/military-lab-tests-on-live-animals-double-in-five-years-478165.html (accessed February 21, 2013). www.fao.org/docrep/004/Y2809Ey2809e00.htm (accessedJanuary 18, 2012).

World Society for the Protection of Animals, "Situation Critical for Gaza's Animals," January 23, 2009. http://www.wspa international.org/latest-news/2009/animal_welfare_gaza.aspx (accessed February 6, 2013).

Wylie, Dan, *Elephant*, London, UK: Reaktion Books, 2008.

Wynter, Philip, "Elephants at War: In Burma, Big Beasts Work for Allied Army," *Life*, April 10, 1944. http://www.lifemagazineconnection.com/LIFE-Magazines-1940s/LIFE-Magazines-1944/1944-April-10-WWII-LIFE-Magazine-Burma-Cassino (accessed February 6, 2013).

Yager, Jordy, "A Nose for Explosives," *The Hill*, May 25, 2010. http://thehill.com/capital-living/cover-stories/99617-a-nose-for-explosives (accessed February 6, 2013).

Yale Peabody Museum, "Fossil Fragments: The Riddle of Human Origins," New Haven, CT: Permanent Exhibit, n.d.

Young, Iris M., *Justice and the Politics of Difference*, Princeton, NJ: Princeton University Press, 1990.

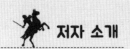

줄리 안제예프스키 Julie Andrzejewski 교육학 박사. 교수이자 학자 활동가이며, 미네소타 세인트클라우드 주립대학교의 사회적 책임 석사 프로그램 공동 책임자다. 《사회정의, 평화, 환경 교육Social Justice, Peace, and Environmental Education》(Routledge, 2009)의 발의자이자 책임 편집자다. 이 책에서 인간, 동물, 지구를 위한 종간interspecies 교육에 관해 공동 저술한 장은 동물 억압과 종차별주의가 범지구적인 사회적 책임과 교육을 온전히 종합적으로 이해하는 토대가 된다. 다른 저서로는 《억압과 사회정의 : 비판적 뼈대들Oppression and Social Justice: Critical Frameworks》, 미국 람다문학상을 받은 《새런 코왈스키는 왜 집에 올 수 없을까?Why Can't Sharon Kowalski Come Home?》(캐런 톰슨과 공저)가 있다. 안제예프스키는 LGBT, 페미니스트, 장애 문제 등을 다루는 전국적 규모의 여성 센터를 설립해 차별적 단체들을 상대로 법적 행동을 지원하고, 연합 대표로 일하면서 프로그램을 개발하고 범지구적인 사회적 책임을 위한 커리큘럼 전환에도 앞장섰다. 세인트클라우드 주립대학교에서 동물권에 관해 가르쳤다. 이 수업을 진행했던 경험을 토대로 《동물 해방 철학과 정책 저널Journal of Animal Liberation Philosophy and Policy》에 "대학에서 동물권 가르치기 : 철학과 실천Teaching animal rights at the university: Philosophy and practice"을 썼다. 이메일 주소는 jrandrzejewski@stcloudstate.edu이다.

주디 K. C. 벤틀리 Judy K.C. Bentley 철학 박사. 코틀랜드의 뉴욕 칼리지 주립대학교에서 재단과 사회행동학부의 조교수로 재직 중이며, 사회정의 학술지 《사회적 옹호와 체제 변화Social Advocacy and Systems Change》 편집장이다. 상징적 포함, 비판적 동물 연구, 자기 교육을 설계하는 장애 아동의 지혜와 역량 등의 연구에 관심을 두고 있다. 최근 저서로는《지구, 동물과 장애 해방 : 생태능력 운동의 출현Earth, Animal and Disability Liberation: The Rise of the Eco-Ability Movement》(공동 편집자이자 저자)(2012, Peter Lang)이 있다.

샬린 갈라 Shalin Gala 세인트루이스 워싱턴 대학교에서 인류학으로 학사학위를 받았고, 현재 페타의 실험연구 분과에서 실험방법 전문가로 일하고 있다. 다양한 산업(의료 장비 개발업체에서부터 식품과 음료 생산업체에 이르는 온갖 분야)의 기업 간부들과 소통하며 비동물 연구 방법을 촉진하고 있고, 기업이 잔인한 동물실험 대신 과학기술을 시행할 수 있는 방법을 전파하고 있다. 전 세계 관련 규정을 바꾸는 일에도 힘쓰고 있다. 그 일환으로 비인도적 의료교육 커리큘럼을 개선하기 위해 인도와 타이완 관리들에게 자세한 기술적 서류를 작성해 주는 일에 관여했고, 미 국방부에 잔인한 전투 트라우마 훈련에서 동물의 사지를 절단하는 방식을 대체할 새로운 대안에 관한 자세한 지침서를 제시하는 일에도 참여했다. 볼리비아로 날아가 의회위원회 개회 전에 국가 동물복지법 초안을 지지하는 증언을 하기도 했다.

저스틴 굿맨 Justine Goodman 페타의 실험연구 분과 부국장으로 동물실험에 반대하는 캠페인을 지휘한다. 코네티컷 대학교에서 동물권 운동에서의 비폭력 직접 행동을 공부했고, 사회학으로 석사학위를 받았다. 매리마운트 대학교 사회학과 범죄정의학부의 외래교수로 동물실험에 관한 수많은 논평을 발표해 왔다. 동물실험을 종식시키기 위한 그의 활동은《뉴욕 타임스New York Times》,《고등교육 연대기Chronicle of Higher Education》,《사이언티스트The Scientist》와 같은 매체에 소개되었다.

엘리엇 카츠 Elliot Katz 수의학 박사. 동물을 보호하는 사람들In Defense of Animals, IDA 대표이며, 1983년에 이 단체를 직접 세웠다. 코넬 대학교 수의대학을 졸업했고, 캘리포니아로 이주하기 전에 뉴욕 브루클린에서 동물병원을 운영했다. IDA는 국제 동물보호 단체로 동물의 권리, 복지, 서식지를 보호하고, 동물의 지위를 한낱 상품이나 재산, 물건, 미물 이상으로 끌어올려 동물에 대한 학대와 착취를 종식시키고자 힘쓰고 있다. IDA는 조사와 옹호 활동을 통해, 아프리카 카메룬에 있는 침팬지 보호구역, 인도 뭄바이에 있는 동물병원, 미시시피 시골 지역에 있는 학대받고 버려진 동물들을 위한 약 8만 평 크기의 보호구역을 운영하면서 강력한 목소리를 내고 변화를 촉구해 왔다. 카츠 박사는 두 딸 대니얼과 라켈의 아버지이고, 사랑하는 구조견 찰리와 함께 캘리포니아 코르테 마데라에서 살고 있다.

콜먼 매카시 Colman McCarthy 1969년부터 1998년까지《워싱턴 포스트》의 신디케이트 칼럼니스트Syndicated columnist(동일한 칼럼이 다양한 매체에 중복 게재되는 칼럼니스트를 말한다-옮긴이)였고, 1985년에 그가 직접 설립한 워싱턴 비영리 단체인 평화교육센터Center for Teaching Peace 대표다. 이 단체는 학교가 평화주의 철학과 비폭력 갈등 해결 방법에 관한 학술 프로그램을 시작하거나 확대하도록 모든 차원에서 지원하고 있다. 저서로는《평화 : 비폭력에 관한 에세이들*All of One Peace: Essays on Nonviolence*》,《나는 평화를 가르치겠다*I'd Rather Teach Peace*》(번역서 제목은 '19년간의 평화수업'),《평화의 방해자들*Disturbers of the Peace*》 등이 있고, 평화 에세이집《폭력의 해법*Solutions to Violence*》,《평화를 통한 힘 : 비폭력에 관한 생각과 사람들*Strength Through Peace: The Ideas and People of Nonviolence*》의 편집자다. 1982년부터 고등학교, 대학교, 대학원에서 비폭력 과정을 가르쳐 왔다. 현재는 조지타운 대학교 법 센터, 아메리칸 대학교, 메릴랜드 대학교, 인턴십 워싱턴 센터, 베데스다 체비 체이스 고등학교, 워싱턴 윌슨 고등학교에 출강하고 있다. 이제까지 그의 수업을 들은 학생은 총 8,000명이 넘는다. 미국 여러 대학의 고정 연설가이기도 하다.

애나 모론 Ana P. Morrón 뉴욕 퀸스 출신 학자이자 활동가다. 어릴 때 반려동물과 매우 밀접한 관계를 맺은 덕분에 더욱 연민어린 생활을 할 수 있었다. 2009

년에 윌리엄스 칼리지에서 멜론메이 장학생으로 영문학과 종교학 문학사를 취득했고, 졸업한 뒤에는 예일대학교 신학대학에서 종교학을 공부했다. 모론은 기본적으로 동물윤리 연구에 관심이 있으며, 이 주제에 관해 블로그를 비롯해 신문, 컨퍼런스에도 활발히 글을 쓰고 있다. 인간과 동물의 유대와 동물권 및 복지 운동에 관한 대학원 과정을 밟으려 한다. 동물정의와 환경정의에 대한 인식을 확산시키는 일에도 주력하고 있으며, 주 차원의 입법 활동뿐 아니라 풀뿌리 운동에도 참여하고 있다. 신앙은 에큐메니컬ecumenical이고, 인도주의적 실천으로부터 깊은 영향을 받았다.

앤서니 J. 노첼라 2세 Anthony J. Nocella II 수상 경력이 있는 작가이자 교육가, 평화활동가이며, 햄린 대학교 교육학부 초빙교수다. 시러큐스 대학교 맥스웰 학교에서 사회과학으로 박사학위를 받았다. 노첼라는 비판적 동물 연구, 장애 연구, 환경윤리, 도시교육, 평화와 갈등 연구, 비판적 교육학, 아나키스트 연구 분야의 대표적 학자다. 또한 비판적 미디어 연구, 비판적 범죄학, 포괄적 교육, 퀘이커 교육학, 힙합 연구에도 관심이 있다. 갈등과 협력에 관한 연구 발전 프로그램(PARCC)의 공동 운영자이기도 하다. 평화 구축과 갈등 연구로 문학석사를 받았고, 프레스노 퍼시픽 대학교에서 중재 연구로 준석사를, 교육의 문화적 토대로 이학석사를, 여성 연구로 고급 교육과정을 수료했으며, 시러큐스 대학교에서 초국가적 갈등으로 고급 교육과정을 수료했다. 중재와 전략적 분석 분야에서 워크숍을 진행해 왔고, 메노나이트 중앙위원회, 아메리카 프렌즈 봉사단, 콜럼비아의 기독교 평화중재자 팀을 비롯해 남북 아메리카의 여러 위원회를 지원해 왔다. 노벨 평화상 수상 단체인 아메리카 프렌즈 봉사단의 지역위원회, 프로그램위원회, 국제위원회에서도 활동하고 있다. 평화를 구축하고 폭력적 갈등을 비폭력적 전환으로 바꾸는 기술을 전수하기 위해 감옥, 소년원, 중고등학교, 비정부기구, ROTC, 미국 군대, 법집행 기관에서도 갈등 관리와 협상에 관한 워크숍을 제공한다. www.anthonynocella.org

라즈모한 라마나타필라이 Rajmohan Ramanathapillai 스리랑카 출신으로, 현재 펜실베이니아 게티스버그 칼리지에서 철학과 평화와 정의 조교수이자 평화와 정의 연구 프로그램 코디네이터로 재직 중이다. 스리랑카 고문 피해자들과 함께 일했고, 학생들과 인권 침해 사례를 예술의 형태로 기록하는 작업을 했다. 이 작업은 멤피스의 국립 시민권 박물관과 토론토의 왕립 온타리오 박물관에 전시되어 있다. 인권, 테러리즘을 넘어서 간디, 전쟁과 환경, 인간과 코끼리의 갈등이 그가 가르쳤던 수업 중 일부다. 간디, 인권, 전쟁 트라우마, 자연과의 전쟁, 학제 간 학술지에 종교 문제 등 광범위한 논문을 발표해 왔다. 멤피스에 있는 크리스천 브라더 대학교의 마하트마 간디 연구소에서 프로그램 감독으로 일하고 있고, 아프리카계 미국 아이들과 함께 '친절은 전염된다'는 이름의 프로그램을 진행했다. 캐나다 토론토에 있는 디아스포라 공동체와 함께 '평화의 문화' 어린이 프로그램을 기획하고 진행했다.

콜린 설터 Colin Salter 맥마스터 대학교 평화연구센터에서 조교수로 재직하다가 현재는 울런공 대학교 인문학부에서 법과 창의적 예술을 가르친다. 교육학 사와 문학사, 박사학위를 받았으며, 환경공학자로서 호주와 태평양 연안에서 사회적·문화적·환경적으로 적합한 과학기술 프로젝트들을 설계하고 감시하는 일을 했다. 대학으로 돌아온 뒤에는 연구 관심 분야를 확대해, 평화와 정의를 촉구하는 풀뿌리 캠페인과 운동의 효능을 탐구하고 있다. 또한 원주민들에 대한 존중과 인식을 지원하는 운동, 현재의 동물·환경·사회정의 운동의 전술과 전략, 남성성·예외주의exceptionalism·폭력과 비폭력 사이의 교차지점에 관한 연구와 논문을 발표해 왔다. 저서로는《백인성과 사회변화 : 오스트레일리아와 캐나다의 식민주의 잔재Whiteness and Social Change: Remnant Colonialisms in Australia and Canada》(2013)가 있다.

이언 스미스 Ian Smith 최근 몇 년 동안 동물해방 활동가로 일했다. 코네티컷 대학교에서 철학으로 석사학위를 받으며 윤리학과 정치 이론을 중심으로 공부했다. 동물해방을 위한 활동 이외에도 조합 조직책으로 노동운동에 관여해 왔고, '뉴욕 공공 인터넷 연구 그룹NYPIRG'의 학생위원으로도 참여했다. 뉴욕에서 다양한 환경운동과 반핵운동, 학생권리 캠페인 등에 매진해 왔다. 현재는 페타 실험연구 분과에서 협동 연구원으로 일하고 있다.

존 소렌슨 John Sorenson 인류학을 공부하고 요크 대학교 사회적 및 정치적 사고 프로그램에서 박사학위를 받았다. 에리트레아, 에티오피아, 수단, 파키스탄에서 현장 연구를 수행했다. 매니토바 대학교 재해 연구부와 요크 대학교 난민 연구센터에 관여했으며, 캐나다 소재 에리트레아인 구호협회에서 일했다. 저서로는 《에티오피아를 상상하다 : 아프리카 뿔 지역의 역사와 정체성을 위한 싸움 *Imagining Ethiopia*》, 《아프리카 뿔 지역의 재해와 개발*Disaster and Development in the Horn of Africa*》, 《아프리카 난민들*African Refugees*》, 《유령과 그림자와 편견 문화 *Ghosts and Shadows and Culture of Prejudice*》가 있다. 현재는 에리트레아 해방운동 과정과 독립 이후에 여성들이 겪어온 경험에 관한 글을 쓰고 있다. 사회정의 분야에 관심이 많고, 동물 해방과 환경 문제에 특별히 주목한다.

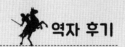 역자 후기

처음 이 책을 번역하기로 결정하고 책을 받아보기 전에 한 친구에게 '동물과 전쟁'에 관한 책을 번역할 예정이라고 말했다. 친구가 떠름하게 물었다. "과거에는 그랬겠지만 요즘 같은 세상에도 동물을 전쟁에 동원해?" 친구만큼이나 아는 것이 없던 나는 그런가 보다고, (언뜻 군견 정도 떠올리며) 폭발물도 찾게 하고 그러지 않겠냐고 대답했다.

평소 동물권에 관심을 두었으면서도 나는 전쟁 산업에 동물이 어떻게 전방위로 이용되는지 알지 못했고, 조심스레 말하건대 많은 한국인들이 크게 다르지 않으리라 짐작한다. 한국이 전쟁 위험이 상존하는 분단 국가이면서도 실제 전쟁이 끊이지 않는 분쟁 지역과 지리적·심리적 거리가 멀다는 점도 한몫 할 테고, 이 책의 서문에서 콜린 설터가 '전략적 무지'라고 지적했듯이, 무지하지 않았다가는 일상에서 편하게 즐기고 소비하던 모든 것이 힘들어지리라는 점 그리고 전쟁 산업에 관여하는 특권층과 언론 기업이 관련 정보를 철저히 은폐해 왔다는 점도 중요한 이유일 터다.

'살인 기계'로 개조하기 위한 동물 기반 군사 훈련

간단히 말하자면, 동물은 인간의 조상이 도구를 만들어 쓰기 시작하면서부터 무기로 이용되어 왔다. 중세와 근세에는 전쟁터에 물자와 병사를 실어 나르는 중요한 운송수단으로 이용되었고, 코끼리 군단이나 기병대 군마처럼 필수적인 전투 병력으로도 동원되었다. 20세기 이후부터는 '지

저자 소개

뢰 제거반'이나, 무기를 몸에 매단 채 적진으로 돌격하는 '자살폭탄 테러범'으로도 이용되어 왔고, 생물 무기, 화학 무기를 비롯해 각종 잔혹한 무기 실험과 훈련용으로도 이용되어 왔다. 몇 마리쯤? 식용으로 도축되는 어마어마한 숫자를 제외하고, 비인도적 실험에 동원되어 목숨을 잃는 동물만도 대략 1년에 100억 마리, 1분에 1만 9,000마리가량 된다. 세계 인구가 대략 70억 명인데 그보다 훨씬 많은 숫자가 '매년' 학살당하고 있지만, 군대는 이를 '부수적 피해'라고 일컫고 보통 사람들은 그들의 '보이지 않고 들리지 않는' 죽음의 현실을 까맣게 모르고 있(고 싶어 한)다.

혹자는 어차피 세계에서 전쟁이 사라지지 않는 한 인간도 무수히 죽어 나가는 판국에 동물의 그야말로 '부수적 피해'는 감수해야 하는 것 아니냐고 반문할지도 모르겠다. 하지만 사정이 그렇지 않다. 이 책에서 군·동물 산업 복합체를 해체해야 한다고 강력히 주장하는 이유는 첫째, 안보와 방위를 위해 불가피하다는 동물 기반 무기 실험과 훈련이 그들을 산 채로 가르고 자르고 쏘고 태우고 감염시키는 등 너무나 잔혹하여 윤리적으로 허용 가능하지 않을 뿐더러, 실제로는 인간 환자 시뮬레이터나 시체와 같은 비동물 방법이 훨씬 실험과 훈련 효과가 뛰어난 것으로 이미 많은 연구에서 입증되어 왔기 때문이다. 그렇다면 군대는 왜 굳이 살아 있는 동물을 학대하는 것일까?

공익 제보를 통해 인터넷에 공개된 동영상들을 보면, 군 의료 훈련 기관이 장병들을 모아놓고 의식이 또렷한 염소의 다리를 하나씩 자르게 한다. 개를 산 채로 묶어 놓고 훈련생들이 한 명씩 개를 난도질하거나 그 심장을 도려내 피를 마시게 한다. 왜? 살상에 관한 한 저명한 연구서는 "인간은 타고난 살인자가 아니"라는 결론을 내린 바 있고, 실제로 제2차 세계대전 때만 해도 전 세계 참전군인들을 통틀어 전쟁터에서 화기를 한 번도 발사하지 않은 군인들의 비율이 매우 높았다고 한다. 하지만 주요 전투에 참여하는 횟수가 늘어날수록 군인들의 '살상에 대한 반감'이 줄어들었고, 심지어 인간 형체로 된 과녁에 사격 연습을 시키기만 해도 화기를 훨씬 쉽게 발사할 수 있게 '정신적으로 무장'된다고 한다. 결국, 이미 대다수 민간 의료 훈련 기관에서는 비동물 훈련 방법을 선호하는데도 군대가 굳이 동물을 데려다 학대하는 이유는, 군인들에게 남성성 과잉과 폭력 문화를 가르치고, 나아가 '피를 보면 즐거워하는 잔혹한 살인 기계'로 개조하려는 데 있다고 합리적으로 의심할 수 있다. 이 책 저자들은 이렇게 진단한다. "동물을 해친 경험이 군인들을 동물의 고통에만 둔감해지게 하는 것이 아니라, 인간 전쟁 피해자들의 고난에도 무뎌지게 한다는 데에는 별 의심의 여지가 없어 보인다."

동물과 '타자화된' 인간에 대한 동시적 착취, 그리고 여섯 번째 대멸종

둘째, 군·동물 산업 복합체를 해체해야 하는 또 다른 이유는 전쟁 산업에 동물을 동원하는 것이 단순히 동물만의 문제에 그치는 것이 아니라, 종차별주의와 인종 차별, 성차별, 계급 차별, 지배주의와 같은 개념과 깊이 연관된 총체적 타자화와 소외, 폭력의 문제이기 때문이다. 한 극명한 예로, 과거에 오스트레일리아 육우 목장에서는 토착민을 노예로 부렸고, 오늘날에는 이주민과 불법 체류 노동자에게 '도축장의 비인간적이고 극도로 위험한' 작업을 떠맡긴다. 동물에 대한 착취와 인간 '타자'에 대한 착취가 동시에 일어나는 것이다.

또한 전쟁이 나면 글로벌 기업과 특권층은 엄청난 부를 축적하는 반면, 분쟁 지역의 가난하고 힘없는 인간 피해자들은 죽음으로 내몰리거나 삶의 터전을 잃는 등 절망적인 상태로 내몰린다. 이들은 난민이 되어 생존을 위해 야생 지역으로 들어가고, 거기서 동물의 서식지를 파괴하거나 사냥으로 생계를 이을 수밖에 없다. 전쟁은 어떠한 명목으로 수행되든 이렇듯 경제적 이득을 둘러싸고 벌어지는 폭력과 약탈 행위에 다름 아니며, 그런 점에서 힘없는 인간과 힘없는 동물의 처지는 많이 닮아 있다.

셋째, 군·동물 산업 복합체가 전쟁 산업을 통해 어마어마하게 부를 축적하는 메커니즘을 종식시켜야 하는 또 하나의 이유는 특정 지역의 환경과 생물을 전멸시키는 가공할 만한 현대 무기 때문이다. 가령, 대다수 미국 무기는 현재 '반감기가 47억 년에 이르는 방사성 열화우라늄을 함유'하고 있다. 생물 다양성 집중 지역에 편중되는 현대 전쟁의 특성상, 가난한 지역에 사는 사람들은 물론이고 우리가 지키고 보호해야 할 무수한 동식물과 그들의 서식지도 이런 무기의 세례를 받아 복원 불가능한 수준으로 파괴된다. 이런 무기는 실제 전쟁에서만 사용되는 것도 아니다. '실험'이라는 명목으로도 가난한 지역이나 동물의 서식지를 무참히 유린한다. 환경이 파괴되어 삶의 조건이 더욱 열악해진 지역에서는 정치가 불안정해지고 다시 전쟁이 일어날 가능성이 높아진다. 또다시 누군가는 배를 불리지만 누군가는 삶과 죽음의 경계로 내몰리는 셈이다.

이 끝은 어디일까. 바로 여섯 번째 대멸종이다. "이제 과학자들은 아무런 조처가 취해지지 않는다면 300년 안에 지구 종(양서류, 포유류, 식물, 어류)의 4분의 3이 멸종할 거라고 추정한다. 물론 이 긴박한 문제에 제동을 걸 아무런 조처도 취해지지 않을 것이다. 어마어마한 자금이 계속해서 제국주의와 탐욕, 전쟁을 후원하는 한."

이것은 바로 자본주의의 파괴를 의미한다

《동물은 전쟁에 어떻게 사용되나?》라는 제목을 달고 있지만 이 책은 동물권만 쟁점으로 다루고 있지 않다. 인간 쇼비니즘과 지배주의를 둘러싼 다양한 층위의 차별과 배제, 타자화 문제가 동물권과 어떻게 긴밀하게 작동하는지 밝혀내고, 그렇게 해서 우리가 발 딛고 사는 지구가 어떻게 소극적 평화를 쟁취하고 나아가 적극적 평화를 이룩할 것인지 구체적 방법론을 제시한다.

이 책은 세계의 전쟁사와 군사주의를 다루지만 아무래도 구체적인 사례는 미국에 편중되어 있다. 미국이 세계에서 압도적 1위 군비 지출 국가이자 동시에 압도적 1위 무기 수출 국가이기 때문이다. 미국이라는 강력한 나라가 그 자체로 거대한 군·동물 산업 복합체라고 한다면 지나친 표현일까. 여기서 더 가슴 철렁한 것은 우리나라의 경우다. 한국은 2014년 기준 세계 1위 무기 수입 국가이고, 전체 수입액 78억 달러 중에 70억 달러 이상을 미국으로부터 사들였다. 우리나라가 자체적으로 어떤 잔혹한 군사 훈련과 실험을 하는지는 '깜깜이'에 가깝지만, 이와 별개로 무고한 민간인과 동물의 목숨 값으로 만드는 미국산 무기를 잔뜩 사들여 우리의 안전 또는 '안전감'을 꾀한다는 사실만으로도 우리는 지구의 전쟁 현실과 대멸종으로부터 자유로울 수 없다.

무기만이 아니다. 국내에서만도 《긍정심리학》으로 책을 엄청나게 팔아치운 심리학자 마틴 셀리그만은 개를 잔인하게 학대하는 동물실험으로 무려 '긍정' 심리학을 정립했으며, 뿐만 아니라 자신의 이론으로 군대의 고문과 심문 기술을 설계하는 데 관여했다. 국내에서 번역된 셀리그만의 책 중에는 육아서도 많은데, 대체로 '낙관적인 아이'로 기르는 법에 관한 것들이다. '낙관적인 아이'로 기르고 싶은 나 역시 그런 책들 중 한 권을 살 뻔했는데, 전쟁 산업에 기여하고 동물학대로 심리학을 파는 학자에게서 육아법을 돈 주고 살 뻔했다고 생각하면 섬뜩하다. 물론 알지 못하는 상태에서 그런 '섬뜩한' 짓을 좀 많이 저지르겠냐마는.

슬프게도, 오늘날 전쟁과 무관하게 돌아가는 산업은 거의 없다. 어떤 식으로든 동물실험에 관여하거나 직간접적으로 방위산업과 연계된다. 그야말로 '전략적 무지'를 고수하지 않고서는 죄의식 없이 살아갈 수 없는 세상인지도 모르겠다. 아마 이것이 이 책의 저자들이 이렇게 일갈하는 이유일 것이다. 동물과 자연에 대한 모든 착취를 끝내는 것은 "존재하는 거의 모든 산업과 기업을 제거하는 것을 의미한다. 이것은 바로 자본주의의 파괴를 의미한다."

이탈리아 자율주의 이론가 파올로 비르노는 자본주의에 대항하는 가장 효과적인 방법이 '참여적 철수'라고 했다. 기존 지배체제에 반대하는 이들이 적극적으로 이탈하고 탈주하는 것만이 새로운 형태의 공동체를 건설하는 성공적인 전략이라는 얘기다. 혼자서 또는 크고 작은 연대를 통해 어떻게 이탈하고 탈주할 것인가 계획하고 싶다면, 세계의 전쟁 산업을 폭로하고 저항의 전략을 제시하는 이 책에서 단서를 찾아보면 어떨까?

책공장더불어의 책

영국에서 벌어진 개 고양이 대량 안락사

전쟁 중인 1939년 영국에서 40만 마리의 개와 고양이가 대량 안락사 됐다. 정부도 동물단체도 반대했는데 보호자에 의해 벌어진 자발적인 비극. 전쟁 시 반려동물은 인간에게 무엇일까?

동물주의 선언

(환경부 선정 우수환경도서)

현재 가장 영향력 있는 정치철학자가 쓴 인간과 동물이 공존하는 사회로 가기 위한 철학적·실천적 지침서.

동물학대의 사회학

(학교도서관저널 올해의 책)

동물학대와 인간폭력 사이의 관계를 설명한다. 페미니즘 이론 등 여러 이론적 관점을 소개하면서 앞으로 동물학대 연구가 나아갈 방향을 제시한다.

순종 개, 품종 고양이가 좋아요?

사람들은 예쁘고 귀여운 외모의 품종 개, 고양이를 좋아하지만 많은 품종 동물이 질병에 시달리다가 일찍 죽는다. 동물복지 수의사가 반려동물과 함께 건강하게 사는 법을 알려준다.

동물을 위해 책을 읽습니다

(한국출판문화산업진흥원 출판 콘텐츠 창작자금지원 선정, 국립중앙도서관 사서 추천 도서)

우리는 동물이 인간을 위해 사용되기 위해서만 존재하는 것처럼 살고 있다. 우리는 우리가 사랑하고, 함께 입고 먹고 즐기는 동물과 어떤 관계를 맺어야 할까? 100여 편의 책 속에서 길을 찾는다.

동물을 만나고 좋은 사람이 되었다

(한국출판문화산업진흥원 출판 콘텐츠 창작자금지원 선정)

개, 고양이와 살게 되면서 반려인은 동물의 눈으로, 약자의 눈으로 세상을 보는 법을 배운다. 동물을 통해서 알게 된 세상 덕분에 조금 불편해졌지만 더 좋은 사람이 되어 가는 개·고양이에 포섭된 인간의 성장기.

동물에 대한 예의가 필요해

일러스트레이터인 저자가 지금 동물들이 어떤 고통을 받고 있는지, 우리는 그들과 어떤 관계를 맺어야 하는지 그림을 통해 이야기한다. 냅킨에 쓱쓱 그린 그림을 통해 동물들의 목소리를 들을 수 있다.

실험 쥐 구름과 별

동물실험 후 안락사 직전의 실험 쥐 20마리가 구조되었다. 일반인에게 입양된 후 평범하고 행복한 시간을 보낸 그들의 삶을 기록했다.

인간과 동물, 유대와 배신의 탄생

(환경부 선정 우수환경도서)

미국 최대의 동물보호단체 휴메인소사이어티 대표가 쓴 21세기 동물해방의 새로운 지침서. 농장동물, 산업화된 반려동물 산업, 실험동물, 야생동물 복원에 대한 허위 등 현대의 모든 동물학대에 대해 다루고 있다.

고통 받은 동물들의 평생 안식처 동물보호구역

(환경부 선정 우수환경도서, 환경정의 올해의 어린이 환경책, 한국어린이교육문화연구원 으뜸책)

고통 받다가 구조되었지만 오갈 데 없었던 야생동물들의 평생 보금자리. 저자와 함께 전 세계 동물보호구역을 다니면서 행복 하게 살고 있는 동물들을 만난다.

동물원 동물은 행복할까?

(환경부 선정 우수환경도서, 학교도서관저널 추천도서)

동물원 북극곰은 야생에서 필요한 공간보다 100만 배, 코끼리는 1,000배 작은 공간에 갇혀서 살고 있다. 야생동물보호운동 활동가인 저자가 기록한 동물원에 갇힌 야생동물의 참혹한 삶.

동물 쇼의 웃음 쇼 동물의 눈물

(한국출판문화산업진흥원 청소년 권장도서, 한국출판문화산업진흥원 청소년 북토큰 도서)

동물 서커스와 전시, TV와 영화 속 동물 연기자, 투우, 투견, 경마 등 동물을 이용해서 돈을 버는 오락산업 속 고통받는 동물들의 숨겨진 진실을 밝힌다.

개에게 인간은 친구일까?

인간에 의해 버려지고 착취당하고 고통받는 우리가 몰랐던 개 이야기. 다양한 방법으로 개를 구조하고 보살피는 사람들의 이야기가 그려진다.

고등학생의 국내 동물원 평가 보고서

(환경부 선정 우수환경도서)

인간이 만든 '도시의 야생동물 서식지' 동물원에서는 무슨 일이 일어나고 있나? 국내 9개 주요 동물원이 종보전, 동물복지 등 현대 동물원의 역할을 제대로 하고 있는지 평가했다.

후쿠시마에 남겨진 동물들

(미래창조과학부 선정 우수과학 도서, 환경부 선정 우수환경도서, 환경정의 청소년 환경책 권장도서)

2011년 3월 11일, 대지진에 이은 원전 폭발로 사람들이 떠난 일본 후쿠시마. 다큐멘터리 사진작가가 담은 '죽음의 땅'에 남겨진 동물들의 슬픈 기록.

야생동물병원 24시

(어린이도서연구회에서 뽑은 어린이 청소년 책, 한국출판문화산업진흥원 청소년 북토큰 도서)

로드킬 당한 삵, 밀렵꾼의 총에 맞은 독수리, 건강을 되찾아 자연으로 돌아가는 너구리 등 대한민국 야생동물이 사람과 부대끼며 살아가는 슬프고도 아름다운 이야기.

숲에서 태어나 길 위에 서다

(환경부 환경도서 출판 지원사업 선정)

한 해에 로드킬로 죽는 야생동물은 200만 마리다. 인간과 야생동물이 공존할 수 있는 방법을 찾는 현장 과학자의 야생동물 로드킬에 대한 기록.

동물복지 수의사의 동물 따라 세계 여행

(학교도서관저널 청소년 추천도서, 한국출판문화산업진흥원 중소출판사 우수콘텐츠 제작 지원 선정)

동물원에서 일하던 수의사가 동물원을 나와 세계 19개국 178곳의 동물원, 동물보호구역을 다니며 동물원의 존재 이유에 대해 묻는다. 동물에게 윤리적인 여행이란 어떤 것일까?

후쿠시마의 고양이

(한국어린이교육문화연구원 으뜸책)

2011년 동일본 대지진 이후 5년. 사람이 사라진 후쿠시마에서 살처분 명령이 내려진 동물들을 죽이지 않고 돌보고 있는 사람과 함께 사는 두 고양이의 모습을 담은 평화롭지만 슬픈 사진집.

사향고양이의 눈물을 마시다

(한국출판문화산업진흥원 우수출판 콘텐츠 제작지원 선정, 환경부 선정 우수환경도서, 학교도서관저널 추천도서, 국립중앙도서관 사서가 추천하는 휴가철에 읽기 좋은 책, 환경정의 올해의 환경책)

내가 마신 커피 때문에 인도네시아 사향고양이가 고통받는다고? 나의 선택이 세계 동물에게 미치는 영향, 동물을 죽이는 것이 아니라 살리는 선택에 대해 알아본다.

대단한 돼지 에스더

(환경부 선정 우수환경도서, 학교도서관저널 추천도서)

인간과 동물 사이의 사랑이 얼마나 많은 것을 변화시킬 수 있는지 알려주는 놀라운 이야기. 300킬로그램의 돼지 덕분에 파티를 좋아하던 두 남자가 채식을 하고, 동물보호 활동가가 되는 놀랍고도 행복한 이야기.

묻다

(환경부 선정 우수환경도서, 환경정의 올해의 환경책)

구제역, 조류독감으로 거의 매년 동물의 살처분이 이뤄진다. 저자는 4,800곳의 매몰지 중 100여 곳을 수년에 걸쳐 찾아다니며 기록한 유일한 사람이다. 그가 우리에게 묻는다. 우리는 동물을 죽일 권한이 있는가.

채식하는 사자 리틀타이크

(아침독서 추천도서, 교육방송 EBS <지식채널e> 방영)

육식동물인 사자 리틀타이크는 평생 피 냄새와 고기를 거부하고 채식 사자로 살며 개, 고양이, 양 등과 평화롭게 살았다. 종의 본능을 거부한 채식 사자의 9년간의 아름다운 삶의 기록.

동물들의 인간 심판
(환경정의 올해의 청소년 환경책)

동물을 학대하고, 학살하는 범죄를 저지른 인간이 동물 법정에 선다. 고양이, 돼지, 소 등은 인간의 범죄를 증언하고 개는 인간을 변호한다. 이 기묘한 재판의 결과는?

물범 사냥
(노르웨이국제문학협회 번역 지원 선정)

북극해로 떠나는 물범 사냥 어선에 감독관으로 승선한 마리는 낯선 남자들과 6주를 보내야 한다. 남성과 여성, 인간과 동물, 세상이 평등하다고 믿는 사람들에게 펼쳐 보이는 세상.

동물과 이야기하는 여자

SBS <TV 동물농장>에 출연해 화제가 되었던 애니멀 커뮤니케이터 리디아 히비가 20년간 동물들과 나눈 감동의 이야기. 병으로 고통받는 개, 안락사를 원하는 고양이 등과 대화를 통해 문제를 해결한다.

인간과 개, 고양이의 관계심리학

함께 살면 개, 고양이와 반려인은 닮을까? 동물학대는 인간학대로 이어질까? 248가지 심리실험을 통해 알아보는 인간과 동물이 서로에게 미치는 영향에 관한 심리 해설서.

개가 행복해지는 긍정교육

개의 심리와 행동학을 바탕으로 한 긍정교육법으로 50만 부 이상 판매된 반려인의 필독서. 짖기, 물기, 대소변 가리기, 분리불안 등의 문제를 평화롭게 해결한다.

치료견 치로리
(어린이문화진흥회 좋은 어린이책)

비 오는 날 쓰레기장에 버려진 잡종개 치로리. 죽음 직전 구조된 치로리는 치료견이 되어 전신마비 환자를 일으키고, 은둔형 외톨이 소년을 치료하는 등 기적을 일으킨다.

용산 개 방실이
(어린이도서연구회에서 뽑은 어린이·청소년 책, 평화박물관 평화책)

용산에도 반려견을 키우며 일상을 살아가던 이웃이 살고 있었다. 용산 참사로 갑자기 아빠가 떠난 뒤 24일간 음식을 거부하고 스스로 아빠를 따라간 반려견 방실이 이야기.

사람을 돕는 개
(한국어린이교육문화연구원 으뜸책, 학교도서관저널 추천도서)

안내견, 청각장애인 도우미견 등 장애인을 돕는 도우미견과 인명구조견, 흰개미탐지견, 검역견 등 사람과 함께 맡은 역할을 해내는 특수견을 만나본다.

나비가 없는 세상
(어린이도서연구회에서 뽑은 어린이·청소년 책)

고양이 만화가 김은희 작가가 그려내는 한국 최고의 고양이 만화. 신디, 페르캉, 추새. 개성 강한 세 마리 고양이와 만화가의 달콤쌉싸래한 동거 이야기.

개.똥.승. (세종도서 문학나눔 도서)

어린이집의 교사이면서 백구 세 마리와 사는 스님이 지구에서 다른 생명체와 더불어 좋은 삶을 사는 방법, 모든 생명이 똑같이 소중하다는 진리를 유쾌하게 들려준다.

유기견 입양 교과서

보호소에 입소한 유기견은 안락사와 입양이라는 생사의 갈림길 앞에 선다. 이들에게 입양이라는 선물을 주기 위해 활동가, 봉사자, 임보자가 어떻게 교육하고 어떤 노력을 해야 하는지 차근차근 알려준다.

유기동물에 관한 슬픈 보고서
(환경부 선정 우수환경도서, 어린이도서연구회에서 뽑은 어린이·청소년 책, 한국간행물 윤리위원회 좋은 책, 어린이문화진흥회 좋은 어린이책)

동물보호소에서 안락사를 기다리는 유기견, 유기묘의 모습을 사진으로 담았다. 인간에게 버려져 죽임을 당하는 그들의 모습을 통해 인간이 애써 외면하는 불편한 진실을 고발한다.

임신하면 왜 개, 고양이를 버릴까?

임신, 출산으로 반려동물을 버리는 나라는 한국이 유일하다. 세대 간 문화충돌, 무책임한 언론 등 임신, 육아로 반려동물을 버리는 사회현상에 대한 분석과 안전하게 임신, 육아 기간을 보내는 생활법을 소개한다.

버려진 개들의 언덕

인간에 의해 버려져서 동네 언덕에서 살게 된 개들의 이야기. 새끼를 낳아 키우고, 사람들에게 학대를 당하고, 유기견 추격대에 쫓기면서도 치열하게 살아가는 생명들의 2년간의 관찰기.

펫로스 반려동물의 죽음

(아마존닷컴 올해의 책)

동물 호스피스 활동가 리타 레이놀즈가 들려주는 반려동물의 죽음과 무지개다리 너머의 이야기. 펫로스(pet loss)란 반려동물을 잃은 반려인의 깊은 슬픔을 말한다.

노견 만세

퓰리처상을 수상한 글 작가와 사진 작가가 나이 든 개를 위해 만든 사진 에세이. 저마다 생애 최고의 마지막 나날을 보내는 노견들에게 보내는 찬사.

강아지 천국

반려견과 이별한 이들을 위한 그림책. 들판을 뛰놀다가 맛있는 것을 먹고 잠들 수 있는 곳에서 행복하게 지내다가 천국의 문 앞에서 사람 가족이 오기를 기다리는 무지개다리 너머 반려견의 이야기.

고양이 천국

(어린이도서연구회에서 뽑은 어린이·청소년 책)

고양이와 이별한 이들을 위한 그림책. 실컷 놀고 먹고, 자고 싶은 곳에서 잘 수 있는 곳. 그러다가 함께 살던 가족이 그리울 때면 잠시 다녀가는 고양이 천국의 모습을 그려냈다.

깃털, 떠난 고양이에게 쓰는 편지

프랑스 작가 클로드 앙스가리가 먼저 떠난 고양이에게 보내는 편지. 한 마리 고양이의 삶과 죽음, 상실과 부재의 고통, 동물의 영혼에 대해서 써 내려간다.

고양이 그림일기

(한국출판문화산업진흥원 이달의 읽을 만한 책)

장군이와 흰둥이, 두 고양이와 그림 그리는 한 인간의 일 년 치 그림일기. 종이 다른 개체가 서로의 삶의 방법을 존중하며 사는 잔잔하고 소소한 이야기.

고양이 임보일기

《고양이 그림일기》의 이새벽 작가가 새끼 고양이 다섯 마리를 구조해서 입양 보내기까지의 시끌벅적한 임보 이야기를 그림으로 그려냈다.

우주식당에서 만나

(한국어린이교육문화연구원 으뜸책)

2010년 볼로냐 어린이도서전에서 올해의 일러스트레이터로 선정되었던 신현아 작가가 반려동물과 함께 사는 이야기를 네 편의 작품으로 묶었다.

고양이는 언제나 고양이였다

고양이를 사랑하는 나라 터키의, 고양이를 사랑하는 글 작가와 그림 작가가 고양이에게 보내는 러브레터. 고양이를 통해 세상을 보는 사람들을 위한 아름다운 고양이 그림책이다.

똥으로 종이를 만드는 코끼리 아저씨

(환경부 선정 우수환경도서, 한국출판문화산업진흥원 청소년 권장도서, 서울시교육청 어린이도서관 여름방학 권장도서, 한국출판문화산업진흥원 청소년 북토큰 도서)

코끼리 똥으로 만든 재생종이 책. 코끼리 똥으로 종이와 책을 만들면서 사람과 코끼리가 평화롭게 살게 된 이야기를 코끼리 똥 종이에 그려냈다.

고양이 질병에 관한 모든 것

40년간 3번의 개정판을 낸 고양이 질병 책의 바이블. 고양이가 건강할 때, 이상 증상을 보일 때, 아플 때 등 모든 순간에 곁에 두고 봐야 할 책이다. 질병의 예방과 관리, 증상과 징후, 치료법에 대한 모든 해답을 완벽하게 찾을 수 있다.

개·고양이 자연주의 육아백과

세계적인 홀리스틱 수의사 피케른의 개와 고양이를 위한 자연주의 육아백과. 40만 부 이상 팔린 베스트셀러로 반려인, 수의사의 필독서. 최상의 식단, 올바른 생활습관, 암, 신장염, 피부병 등 각종 병에 대한 대처법도 자세히 수록되어 있다.

우리 아이가 아파요!
개·고양이 필수 건강 백과

새로운 예방접종 스케줄부터 우리나라 사정에 맞는 나이대별 흔한 질병의 증상·예방·치료·관리법, 나이 든 개, 고양이 돌보기까지 반려동물을 건강하게 키울 수 있는 필수 건강백서.

개 피부병의 모든 것

홀리스틱 수의사인 저자는 상업사료의 열악한 영양과 과도한 약물사용을 피부병 증가의 원인으로 꼽는다. 제대로 된 피부병 예방법과 치료법을 제시한다.

개, 고양이 사료의 진실

미국에서 스테디셀러를 기록하고 있는 책으로 반려동물 사료에 대한 알려지지 않은 진실을 폭로한다. 2007년도 멜라민 사료 파동 취재까지 포함된 최신판이다.

암 전문 수의사는 어떻게 암을 이겼나?

암에 걸린 암 수술 전문 수의사가 동물 환자들을 통해 배운 질병과 삶의 기쁨에 관한 이야기가 유쾌하고 따뜻하게 펼쳐진다.

햄스터

햄스터를 사랑한 수의사가 쓴 햄스터 행복·건강 교과서. 습성, 건강관리, 건강식단 등 햄스터 돌보기 완벽 가이드.

토끼

토끼를 건강하고 행복하게 오래 키울 수 있도록 돕는 육아 지침서. 습성·식단·행동·감정·놀이·질병 등 모든 것을 담았다.

동물 권리 선언 시리즈⑧

동물은 전쟁에 어떻게 사용되나?

초판 1쇄 2017년 11월 30일
초판 2쇄 2022년 4월 28일

엮은이 앤서니 J. 노첼라 2세, 콜린 설터, 주디 K. C. 벤틀리
옮긴이 곽성혜

편 집 김보경
교 정 김수미

디자인 나디하 스튜디오(khj9490@naver.com)
인 쇄 정원문화인쇄

펴낸이 김보경
펴낸곳 책공장더불어

책공장더불어

주 소 서울시 종로구 혜화동 5-23
대표전화 (02)766-8406
팩 스 (02)766-8407
이메일 animalbook@naver.com
홈페이지 http://blog.naver.com/animalbook
출판등록 2004년 8월 26일 제300-2004-143호

ISBN 978-89-97137-27-5 (93300)